李江源 著

中國力量

中華文明復興的源泉

新民主出版社有限公司
SINMINCHU PUBLISHING CO. LTD.

中國力量：中華文明復興的源泉

責任編輯：郝　憶
封面設計：陳小巧
印　　務：林佳年

著者　　李江源　著

出版　　新民主出版社有限公司
　　　　香港九龍紅磡馬頭圍道 39 號紅磡商業中心 A 座 1107 室
　　　　電話：（852）2334 9327　傳真：（852）3149 8063

發行　　香港聯合書刊物流有限公司
　　　　香港新界大埔汀麗路 36 號
　　　　中華商務印刷大廈 3 字樓
　　　　電話：（852）21502100　傳真：（852）24073062
　　　　電子郵件：info@suplogistics.com.hk

印刷　　美雅印刷製本有限公司
　　　　香港觀塘榮業街 6 號海濱工業大廈 4 樓 A 室

版次　　2020 年 4 月初版
　　　　© 2020 新民主出版社

規格　　16 開（210mm×153mm）

ISBN　　978-962-3360-94-4

本書繁體字版由江西人民出版社授權出版

目　錄

引言：什麼是中國力量　　　　　　　　　　　　　　　　1

第 1 章　中國力量的歷史積澱和民族基因　　　　　3

「中國」一詞的由來　　　　　　　　　　　　　　　5

「中華民族」一詞的由來　　　　　　　　　　　　14

中國歷史上的四大盛世　　　　　　　　　　　　17

巧奪天工的水利工程　　　　　　　　　　　　　20

萬里長城：眾志成城的結晶　　　　　　　　　　28

中國的四項偉大發明　　　　　　　　　　　　　36

怛邏斯大戰與中國文明的西傳　　　　　　　　44

「百代都行秦政法」　　　　　　　　　　　　　47

「天下英雄盡入吾彀中矣！」　　　　　　　　　53

清朝的興盛與衰敗　　　　　　　　　　　　　　59

振興中華：對中國力量的呼喚　　　　　　　　65

第 2 章　中國共產黨：中華民族的中堅力量　　69

不會永遠酣睡的雄獅　　71

中國共產黨誕生　　73

中國共產黨：正確選擇了依靠力量　　77

張學良斷言：蔣介石消滅不了共產黨　　84

中國共產黨：非常善於凝聚力量　　88

中國共產黨的歷史性貢獻　　91

世界研究中國共產黨的熱潮　　99

第 3 章　中國特色社會主義：民族偉大復興的制度力量　　105

只有社會主義才能救中國　　107

中國共產黨抗戰時期的民主追求　　116

「第一軍規」的提出及演變　　126

毛澤東：要求縮小貧富差距　　131

高考制度的恢復　　136

建國初的經濟騰飛　　140

「三大件」的變遷　　149

中國先進文化的強大生命力　　150

第 4 章　社會主義核心價值觀：實現中國夢的精神力量　163

「國家社稷，賴以土存！」　165

姒氏家族：守陵四千年　167

賣國賊的可恥下場　172

聶耳與《義勇軍進行曲》　181

一名普通士兵與一篇著名悼詞　191

中日友好的一段佳話　197

焦裕祿：領導幹部的楷模　203

中國文化軟實力的強大力量　212

第 5 章　民族大團結：中華振興的凝聚力量　217

長征：紅軍創造的奇跡　219

民族正氣的史詩　231

人工天河紅旗渠　242

一紙密約引發改革大潮　251

日躍東方，叩啟天穹　262

汶川大地震：中國力量大凝聚　273

「一帶一路」：合作共贏的宏偉藍圖　279

結束語　292

引言：什麼是中國力量

　　一個人的力量，可以通過他的強壯體魄、深邃思想、高尚品格、建功立業的個人魅力展現出來；

　　一個群體的力量，可以通過信仰堅定、同心同德、以苦為榮、慷慨奉獻的集體主義精神展現出來；

　　一個民族的力量，可以通過共同信仰、共同文化、共同習俗、共同對外的民族性格展現出來；

　　一支軍隊的力量，可以通過不畏強敵、勇於亮劍、敢打敢拼、舍生忘死的大無畏精神展現出來；

　　一個國家的力量，可以通過該國各民族人民熱愛祖國、同心協力、眾志成城、排山倒海的合力展現出來。

　　什麼是中國力量？習近平在闡述中國夢時，對中國力量作了一個通俗的解說：「實現中國夢必須凝聚中國力量。這就是中國各族人民大團結的力量。」

　　他還強調了實現中國夢與發揮中國力量之間的辯證關係：「中國夢是民族的夢，也是每個中國人的夢。只要我們緊密團結，萬眾一心，為實現共同夢想而奮鬥，實現夢想的力量就無比強大，我們每個人為實現自己夢想的努力就擁有廣闊的空間。生活在我們偉大祖國和偉大時代的中國人民，共同享有人生出彩的機會，共同享有夢想成真的機會，共同享有同祖國和時代一起成長與進

步的機會。有夢想，有機會，有奮鬥，一切美好的東西都能夠創造出來。全國各族人民一定要牢記使命，心往一處想，勁往一處使，用 13 億人的智慧和力量匯集起不可戰勝的磅礴力量。」

中國共產黨的誕生至今，已經走過 90 多年的艱辛歷程。

年輕共和國的成立至今，已經走過 60 多年的曲折歷程。

中國實施改革開放至今，已經走過 30 多年的輝煌歷程。

在歷史的長河中，這都不過是短暫的一瞬。

但是，中國卻發生了翻天覆地的巨大變化。

以往被西方列強視為積貧積弱、不堪一擊的中華民族，今天已經挺直腰桿，在世界民族之林中擁有自己重要的一席之地。

以往被西方列強視為一盤散沙、被貶為「東亞病夫」的中國人，今天已經充滿自信、自尊、自強，近代以來受凌辱被欺壓的屈辱時代已經一去不復返了。

在這令世人驚歎的奇跡背後，正是在中國共產黨的堅強領導下，中國各族人民用智慧和力量匯集起來的不可戰勝的磅礴力量！

讓我們穿過時空隧道，去探尋中國力量形成和發展的歷史軌跡吧！

第 ① 章

中國力量的
歷史積澱和民族基因

中華民族具有五千多年連綿不斷的文明歷史，創造了博大精深的中華文化，為人類文明進步作出了不可磨滅的貢獻。

中華文明有着五千多年的悠久歷史，是中華民族自強不息、發展壯大的強大精神力量。

中華文明源遠流長，蘊育了中華民族的寶貴精神品格，培育了中國人民的崇高價值追求。自強不息、厚德載物的思想，支撐着中華民族生生不息、薪火相傳，今天依然是我們推進改革開放和社會主義現代化建設的強大精神力量。

—— 習近平

我們都耳熟能詳一首著名的歌曲《龍的傳人》，其中唱道：「古老的東方有一條龍，它的名字就叫中國。古老的東方有一群人，他們全都是龍的傳人。」「龍的傳人」世世代代所居住並繁衍生息的這個國家，就是在地球東半球的一個古老而遼闊的東方大國 ——

「中國」一詞的由來

「中國」一詞最早出現於距今約三千年的西周初期。1963 年在陝西寶雞賈村鎮出土的一件西周武王時的青銅器何尊上的銘文中有「中或」二字，據考證即「中國」。這是青銅器上首次發現「中國」二字，也是「中」「國」二字首次以一個詞的面目出現。載於史書則最早在《尚書·梓材》：「皇天既付中國民，越厥疆土於先王，肆王惟德用，和懌先後迷民，用懌先王受命。」這段話，並沒有具體說中國的位置。但既是周公之言，所指應是關中、河洛地區，用現在的行政地理來論，即陝西河南一帶。

不過，在古代的「中國」一詞並不是一個國家的概念，而是一個地域

西周青銅器何尊

的、文化的概念，它的含義是隨着歷史的發展而發展變化的。「國」的含義是「域」或「邦」，「中國」即「中央之城」或「中央之邦」。所以，「中國」並非指國家，而是指國都。在周朝，「中國」一般僅指京師。《詩經·大雅·民勞》：「惠此中國，以綏四方。」「表此京師，以綏四國。」以「中國」對「京師」，故《毛傳》解釋：「中國，京師也。」

東周時，「中國」的稱呼由周的直接統治區擴大到各個華夏諸侯國，但是衡量「中國」與「夷狄」的條件主要不以地域而是以文化為轉移。當時夷、夏雜交，只要是吸收周文化、尊行周禮的，即使是「夷狄」之國也可稱「華夏」，否則即便是周王室的同姓諸侯國，亦貶斥為「夷狄」。因而秦、楚、吳、越這些「蠻夷之邦」就受到許多諸侯國的歧視，直到後來才被列入諸夏，承認也是中國。進入戰國後，隨着統一條件的成熟，「定於一」的大一統思想廣泛流行，「中國」的稱號逐漸成為華夏諸侯國所在的中原地區的通稱。

戰國七雄不僅以「中國」自居，也相互認可皆是「中國」。所以，隨着各諸侯國的「另立中央」意識增強，皆稱中國，進而使「中國」的疆域越變越大。

從漢朝開始，連不屬黃河流域，但在中原王朝統轄範圍之內的地區，皆稱為「中國」。值得注意的是，人們不僅把漢族建立起來的中原王朝稱為「中國」，而且各少數民族入主中原後，也以「中國」自居。如南北朝時期，鮮卑人建立北魏，自稱「中國」，把南朝叫「島夷」；而漢族建立的南朝雖然遷離中原，但仍以「中國」自居，稱北朝為「魏虜」；遼與北宋、金與南宋都自稱「中國」，不承認對方為中國。可見在古人心目中，「中國」既有地域的定位，又有文化的傳承，還有正統的含義。

嚴格説，在古代，「中國」是個形容詞，不是專有名詞。而且實

際上，古代各個王朝都沒有把「中國」作為正式國名。漢朝國號是漢，唐朝國號是唐，清政府與外國簽訂的條約上簽署的國名還是「大清」。不過，到清朝時已經實現了全國空前的大統一，中國的疆域已確定下來，各個民族共同融合成為中華民族的歷史過程業已完成，「中國」的涵義大大拓展，實際上包含了中國的整個領土和所有民族。所以清朝在外交中有時也稱自己為「中國」，如 1689 年（康熙二十八年）與俄國簽訂《尼布楚條約》時，全權使臣索額圖自稱「中國大聖皇帝欽差分界大臣」，條約中作為中國主權國家的名稱也使用了「中國」一詞。不過此時清朝國號是「大清」，仍然沒有冠以「中國」二字。

「中國」正式作為國名，始於 1912 年「中華民國」的建立。國際上通稱 Republic of China，簡稱 China（中國）。中國也有了明確的地理範圍 —— 中華民國的全部領土。從此，「中國」一名才成為具有近代國家概念的正式名稱。

1949 年中華人民共和國成立，國際上通稱 The People's Republic of China，仍簡稱「中國」。

另外，「華夏」「中華」「九州」「四海」「赤縣」「神州」等詞也曾是中國的別稱。「華夏」二字，最早見於《周書·武成》：「華夏蠻貊，罔不率俾。」孔穎達疏曰：「華夏為中國也。」《說文解字》說：華，意為榮（華部）；夏，意為中國之人（夊部）。古時華夏族居於中央之地，稱其四境民族為蠻、夷、戎、狄，故自稱中國。《左傳》云：「中國有禮儀之大故稱夏，有服飾之美謂之華。」《尚書》則注曰：「冕服采章曰華，大國曰夏。」

「華夏」一詞，最基本的含義在於文化。自秦漢開始，隨着各民族之間文化交流的日益頻繁，以及「中國」範圍的不斷擴大，華夏文化也隨着發展、擴大。後來，凡是接受華夏文化的各族，大體上都納

入了華夏族的範疇，華夏因此逐漸成為中華民族的代名詞。

「中華」一詞最初指黃河流域一帶，《三國志》裴注中最早出現了該詞。隨着版圖的擴大，後來凡屬中原王朝所管轄的地方都稱為「中華」，泛指全國。

「九州」之名，起於戰國中期。當時列國紛爭，戰火連天，人們渴望統一，於是產生了區劃中原的思想。因而，在《尚書·禹貢》中便有了冀、兗、青、徐、揚、荊、豫、梁、雍九州。《淮南子·墜形訓》又載，中國古代設置九個州：神州、次州、戎州、弇州、冀州、台州、泲州、薄州、陽州。《周禮·職方》《呂氏春秋·有始覽》等都有「九州」的記載，從此，九州成了中國的代稱。

「赤縣」「神州」：赤縣、神州之稱，最早見於《史記·孟子荀卿列傳》。其中提到齊國有個名叫鄒衍的人，他說：「中國名為赤縣神州。」後來人們就把中國稱為「赤縣神州」。但更多的是分開來用，或稱赤縣，或稱神州。

至於國外，對中國也有多種稱呼。

—— 唐：時至今日，很多國家都有「唐人街」，遠在異邦的華僑要回祖國也喜歡稱回「唐山」。這其中的「唐」，就是外國對中國的稱呼之一。在唐朝，中華國勢強盛，聲名遠播，因此外國便有了稱中國為「唐」的習慣。一些有關中國的詞彙均冠以「唐」字，如唐

禹貢九州圖

家、唐舶、唐山、唐裝，等等。如《明史·真臘國傳》中説：「唐人，諸番呼華人之稱也，凡海外諸國盡然。」至於華僑當中，談到祖國也有叫「唐山」的，自稱則叫「唐人」。

　　—— 秦、秦尼：與稱「唐」相類似，稱中國為「秦」。春秋時代，秦穆公兼併了許多西北部的遊牧民族，並把翟（狄）人部落趕到漠北，即日後一直與秦漢為敵的匈奴。秦始皇又擊退匈奴七百餘里，迫其西遷。漢武帝時對匈奴進一步打擊，迫使匈奴人從東方跑到西方，自然也把秦的威名到處傳播，使得西方人認為秦就是中國的國號。甚至漢朝取代秦朝之後的一段時期，西方人還是把漢人稱之為秦人。《漢書·西域傳》載：「馳言秦人，我丐若馬。」意思是此來告訴中國人，我送給你們馬匹。晉代僧人法顯出訪西亞、南亞諸國，歸來後寫下《佛國記》，其中提到西域稱中國為「秦地」。由於「秦」的音轉演變，外國也有稱中國為「秦尼」「秦尼斯坦」「摩秦」「馬秦尼」「秦尼策」「秦那斯坦」等。現在伊朗的波斯語、印度的印地語、意大利語、英語中對中國的稱呼，通常都被認為是從「秦」的發音轉化而來。

　　—— 漢：漢朝國力強盛，曾多次派遣使臣出外。漢代以後，中國人常以漢來稱呼自己的國家，外國人也常稱中國為漢。現在人們常用的「好漢」一詞，原是漢時北方匈奴對漢族士兵的一種稱呼，後來才轉化為好男兒的意思。直到現在，在外國一般還是稱研究中國文化的學者為「漢學家」。

　　—— 契丹（Cathe）：契丹是中國古代北方少數民族，907 年建立遼國。遼代時期，當時的北方民族如女真、蒙古等都把中原地帶叫做「契丹」。隨着這些民族和北方或西方的交流融合，「契丹」這一名稱逐漸表示中國。契丹作為中國的代稱在西方也流傳很廣，現在俄語中對中國的稱呼即從契丹音轉來。

—— 震旦（Sinian）：古代印度對中國的稱呼，又譯作「振旦」或「真丹」。一種解釋是：「東方屬震，是日出之方，故云震旦。」由此可見，「震旦」之意是指日出之地。通行的説法，是「震」為「秦」的音轉，「旦」乃「斯坦」的簡稱。

—— 賽里斯（Seres）：意思是「絲的」或者「絲來的地方」，也即「絲國」之意。在公元前古希臘、羅馬等地學者的著作中，已出現「賽里斯國」之名，因為那時外國已知中國是世界上唯一能夠製作輕柔美麗絲綢的國家，漢代通過陸上和海上絲綢之路，曾向世界各國輸出大量絲綢。據記載，古羅馬共和國末期的愷撒大帝曾穿着中國絲綢袍子去看戲，引起轟動，被認為是空前豪華的衣裳。所以，西方學者在提到「賽里斯」時，多是讚譽之詞。

還有一種説法，即英語單詞 china 意為瓷器。但是，當第一個字母 C 為大寫時，又專指中國。「瓷器」和「中國」兩義集於音、形相同的一個單詞，無疑是因為中國乃是瓷器的故鄉之故。

但是，為什麼會用 china 來表示呢？對此雖然有幾種説法，但都認為這一單詞與漢語中的某些字詞的發音有關，其中最為流行的説法是：china 是漢語「昌南」一詞的音譯。

「昌南」是指昌南鎮，是瓷都景德鎮的舊稱之一。古代最初在現今的景德鎮所設的鎮叫新平鎮，又因其位於昌江之東南，故別名昌南鎮。到北宋景德年間（1004 — 1007），由於此地開設了專門燒製皇家官府所用瓷器（貢瓷）的官窯，並於貢瓷上署以「景德年製」的字樣，昌南鎮也就隨之更名為景德鎮了。然而此地所產的瓷器卻早在名為昌南鎮的時期就已馳名中外，西方人亦早已將這種瓷器稱為「china」（昌南），並進而以此來指稱產瓷之國的中國。China 既指瓷器又指中國，就是由此音譯而來的。

鏈接：我們現在生活和居住的中華人民共和國簡稱中國。位於亞洲大陸的東部、太平洋西岸。領土總面積約為 1430 多萬平方公里，其中陸地面積 960 萬平方公里，內海和邊海的水域面積約 470 多萬平方公里。領土東西跨經度有 60 多度，跨了 5 個時區，東五區到東九區。領土的中心位置在陝西省涇陽縣永樂鎮石際寺村。

中國領土北起漠河以北的黑龍江江心（北緯 53°30′），南到南沙群島南端的曾母暗沙（北緯 4°），跨緯度 49 度多；東起黑龍江與烏蘇里江匯合處（東經 135°05′），西到帕米爾高原（東經 73°40′），跨經度 60 多度。從南到北，從東到西，距離都在 5000 公里以上。

1935 年，地理學家胡煥庸發表《中國人口之分佈》。他繪製了一張與眾不同的中國地圖，這張地圖被一條線分為兩半。這條線從黑龍江的璦琿，也就是今天的黑河，直到雲南騰衝。線的西北一側是佔中國 64% 的土地，是草原、沙漠和雪域高原的世界，大約只有佔全國人口 4% 的遊牧民族生活在這裏，原因是生存環境太

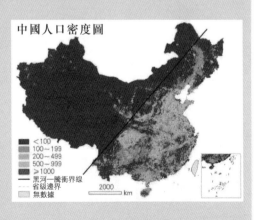

胡煥庸線

惡劣；線的東南方，土地面積佔中國的 36%，以平原、水網、丘陵、喀斯特和丹霞地貌為主要地理結構，養育着 96% 的中國人。就是說，同中國平均密度相比，東南部高出 2.67 倍，而西北部僅及其 1/16。

中國陸地邊界長達 2.28 萬公里，東鄰朝鮮，北鄰蒙古，東北鄰俄羅斯，西北鄰哈薩克斯坦、吉爾吉斯斯坦、塔吉克斯坦，西和西南與阿富汗、巴基斯坦、印度、尼泊爾、不丹等國家接壤，南與緬甸、老撾、越南相連。東部和東南部同韓國、日本、菲律賓、文萊、馬來西亞、印度尼西亞隔海相望。

中國大陸海岸線長約 1.8 萬公里。海岸地勢平坦，多優良港灣，且大部分為終年不凍港。中國大陸的東部與南部瀕臨渤海、黃海、東海和南海。海域面積 473 萬平方公里。渤海為中國的內海，黃海、東海和南海是太平洋的邊緣海。

中國內海有兩處：山東半島與遼東半島之間的渤海、雷州半島與海南島之間的瓊州海峽。中國最大的島嶼是臺灣島，第二大島是海南島，第三大島是崇明島，第四大島是舟山島。山東半島是中國最大的半島，遼東半島是中國第二大半島，雷州半島是第三大半島。

在中國海域上，分佈着 5400 個島嶼。其中最大為臺灣島，面積 3.6 萬平方公里；其次是海南島，面積 3.4 萬平方公里。位於臺灣島東北海面上的釣魚島、赤尾嶼，是中國最東的島嶼。散佈在南海上的島嶼、礁、灘總稱南海諸島，為中國最南的島嶼群，依照位置不同稱為東沙群島、西沙群島、中沙群島和南沙群島。

　　中國現有 23 個省、5 個自治區、4 個直轄市、2 個特別行政區（香港特別行政區、澳門特別行政區）；6 個國家級新區（上海浦東新區、天津濱海新區、重慶兩江新區、舟山群島新區、甘肅蘭州新區、廣州南沙新區）；6 個經濟特區（汕頭、深圳、珠海、廈門、海南、喀什）；15 個副省級城市（瀋陽、大連、長春、哈爾濱、南京、杭州、寧波、廈門、濟南、青島、武漢、廣州、深圳、成都、西安）；5 個計劃單列市（大連、青島、寧波、廈門、深圳）。

　　世界上有兩條地震帶，一條是地中海—喜馬拉雅地震帶，一條是環太平洋地震帶，中國正好在兩大地震帶的中間，所以中國是一個多地震的國家。中國冬季最冷的地方是黑龍江省漠河縣，夏季最熱的地方是新疆吐魯番。

　　這就是生於斯、養於斯且傳承於斯的中國。

　　這也就是每一個中國人都應該認知的中國。

在古老而遼闊的中國，生活着一個歷史悠久的族群，它就是中華民族 ——

「中華民族」一詞的由來

「中華民族」一詞，首創者是梁啟超。在此之前，中國人基本上沒有現代的民族觀念，甚至連「民族」一詞也沒有使用過。習慣上所說的「華夏」「漢人」「唐人」「炎黃子孫」，乃至外國人稱中國為「大秦」「震旦」等，都不是現代意義上的民族國家的稱謂。

1840 年鴉片戰爭之後，特別是 1894 年中日甲午戰爭之後，救亡圖存的熱潮迫使先進的思想家們去重新思考許多問題。在「保國、保種」的呼聲中，嚴復翻譯的《天演論》傳遞出一種世界民族之間相互競爭的族群理念，從而使國人意識到「合群」的重要性。遺憾的是，嚴復沒有進一步介紹西方的民族主義理論。梁啟超則沿着嚴復「保種」「合群」的思路，逐漸以現代民族主義理論來思考問題。

1898 年秋，梁啟超流亡日本後，比較系統地研究了歐洲的民族主義論著，並結合中國的實際，在民族問題上提出了許多新見解。1902年，梁啟超在《東籍月旦》一文中，通過對歐洲世界史著作的評介，使用了「民族」一詞。

1901 年，梁啟超發表《中國史敍論》一文，首次提出了「中國民族」的概念，並將中國民族的演變歷史劃分為三個時代：「第一，上世史。自黃帝以迄秦之一統，是為中國之中國，即中國民族自發達、

自競爭、自團結之時代也。」「第二，中世史。自秦一統後至清代乾隆之末年，是為亞洲之中國。即中國民族與亞洲各民族交涉繁賾競爭最烈之時代也。」「第三，近世史。自乾隆末年以至於今日，是為世界之中國，即中國民族合同全亞洲民族與西人交涉競爭之時代也」。梁啟超在這裏反覆用了三次「中國民族」，而且從宏觀上勾勒出三個時期的不同特點，顯然是經過了較長時間的思考之後得出的結論。

在「中國民族」一詞的基礎上，1902 年梁啟超正式提出了「中華民族」的概念。他在《論中國學術思想變遷之大勢》一文中，先對「中華」一詞的內涵做了說明：「立於五洲中之最大洲而為其洲中之最大國者，誰乎？我中華也；人口之居全地球三分之一者，誰乎？我中華也；四千餘年之歷史未嘗一中斷者，誰乎？我中華也。」接着，梁啟超在論述戰國時期齊國的學術思想地位時，正式使用了「中華民族」一詞：「齊，海國也。上古時代，我中華民族之有海權思想者，厥惟齊。故於其間產出兩種觀念焉，一曰國家觀；二曰世界觀。」

從「民族」到「中國民族」，再到「中華」和「中華民族」，梁啟超最終形成了「中華民族」這一中國人家喻戶曉的稱謂。

鏈接：中國自古以來就是一個統一的多民族國家。1949 年中華人民共和國成立以來，通過識別並經中央政府確認，中國共有民族 56 個，即漢、蒙古、回、藏、維吾爾、苗、彝、壯、布依、朝鮮、滿、侗、瑤、白、土家、哈尼、哈薩克、傣、黎、傈僳、佤、畬、高山、拉祜、水、東鄉、納西、景頗、柯爾克孜、土、達斡爾、仫佬、羌、布朗、撒拉、毛南、仡佬、錫伯、阿昌、普米、塔吉克、怒、烏孜別克、俄羅斯、鄂溫克、德昂、保安、裕

固、京、塔塔爾、獨龍、鄂倫春、赫哲、門巴、珞巴和基諾族。其中，漢族人口佔絕大多數，其他 55 個民族人口相對較少，習慣上稱為「少數民族」。

中華民族就是由這五十六個民族組成的一個和諧大家庭。正是：人口十三億，祖國大家庭。民族五十六，和諧一家親！

在中國歷史上，中華民族曾經幾次攀登上輝煌的高峰 ——

中國歷史上的四大盛世

　　當西方人還處在蒙昧的時期，中國人就已經創造了輝煌的文明。在漫長的歷史長河中，出現過四次大的盛世。

　　中國歷史上第一個盛世，首先是西周成王康王時代的成康之治。它大約始於公元前 1017 年，到公元前 901 年結束。這 50 多年的盛世，是由大政治家周公旦奠定基礎的。當時放棄刑法達 40 多年，社會安定，國家太平，沒有發生大的動亂和戰爭。《詩經·周頌》中就有歌頌成康之治的詩篇。直到春秋時人們還在懷念，稱成王「靜四方」，康王「息民」。

　　第二個盛世，是西漢前期的「文景之治」。漢文帝和漢景帝在位 39 年（前 179 — 前 141），他們採取道家清靜無為的政治思想，推行「休養生息」的基本國策，十分重視經濟的發展；並在法律上進行了一些改革，禁止苛政，減輕刑罰；削弱諸侯勢力，平定吳楚七國之亂，鞏固中央集權；大搞水利和城市交通等基本建設；對外則文武兼施，力推中外的經濟文化交流，使漢帝國達到了它的鼎盛時期，成為當時與西方羅馬帝國並駕齊驅的兩大帝國。

　　第三個盛世，是唐朝的貞觀、開元盛世。這是中國封建社會發展的另一個鼎盛時期，對世界影響很大。在海外的華人至今仍稱自己是唐人，聚居的地方多設有唐人街，把中國稱為「唐山」，把中國

古裝稱為唐裝。這一盛世的基礎始於唐太宗的貞觀年間，即從 627 年到 649 年。唐太宗把隋朝的滅亡作為警戒，以古為鏡，善於用人和納諫，做到任人唯賢，唯才是舉，從諫如流，廣開言路，刑罰寬簡，推行「國以民為本，民以衣食為本」的政策，輕徭薄賦，使社會經濟迅速恢復，整個社會出現空前繁榮的景象。後人評價貞觀年的盛況是：「商旅野次，無復盜賊，門不閉戶，行旅不帶糧。」

到唐玄宗前期的「開元之治」，唐代的經濟繁榮和文化興盛達到頂峰，歷史上稱為「盛唐氣象」。著名詩人杜甫的《憶昔》寫道：「憶昔開元全盛日，小邑猶藏萬家室。稻米流脂粟米白，公私倉廩俱豐實。」當時外國留學生達 3 萬多人，外國僑民達長安一百多萬人口的 2% 到 5%。長安當時已是世界性大都市。從敦煌壁畫的飛天來看，當時唐朝女人的着裝美麗、瀟灑、大方、開放，實為西方所不及。唐代的文化藝術更是中國古典文學的全盛時期。唐代文化的開放、拓展、陽剛和博大，有力地推進了世界的文化發展。

到了清朝前期的康熙、雍正、乾隆年間，又出現了又一個盛世 ——「康雍乾盛世」，而且這一階段長達 133 年（1662 — 1795），是中國歷史上發展程度最高、最興旺繁榮的盛世。漢朝盛世只有 5900 萬人口，唐朝盛世時期在玄宗天寶年間是人口高峰，達到 8000 萬。而在乾隆後期，耕地面積增加 40%，全國人口約 3.6 億。當時全世界人口約 9 億，中國就養活了佔世界 1/3 的人口。其最大特徵是實行民族統一政策，加強了多民族國家的大一統，蒙古、新疆和西藏問題都在這一時期得到解決。以乾隆二十四年（1759）為準，當時清朝的疆域西到巴爾喀什湖（現在哈薩克斯坦境內），東到庫頁島，北抵西伯利亞南部撒彥嶺和外興安嶺，南及南沙群島，將 50 多個民族置於清政府的統一管轄之下，建立起空前統一的多民族國家。

鏈接：1924 年 6 月 23 日，孫中山在菲律賓勞動界代表的談話時說：「二千年前，中國甚強，不獨雄踞東方，且威震歐洲。」

1956 年，毛澤東在《紀念孫中山先生》一文中說：「中國是一個具有九百六十萬平方公里土地和六萬萬人口的國家，中國應當對於人類有較大的貢獻。而這種貢獻，在過去一個長時期內，則是太少了。這使我們感到慚愧。」

鄭國渠、都江堰、靈渠並稱「秦代三大水利工程」，至今仍在發揮作用，堪稱 ——

巧奪天工的水利工程

中國古代長期以來以農立國，而農業離不開水。

因此，是水養育了中華民族，浸潤了中華文明。

特別是中國耕植業發達最早，在很古的時候就已經脫離遊牧生活而進入農業社會。為了保障和發展農業生產，減少水患，更好地利用水資源，中國古代很早就開始興建水利設施。

在春秋戰國時期，中國已有水利工程的偉大成就。如魏國西門豹引漳水灌鄴，使河內一帶地域富庶起來；楚相孫叔敖在廬江起芍陂稻田，陂長百里，灌田萬頃。但是當時最有名的，還是並稱為秦代三大水利工程的鄭國渠、都江堰和靈渠。

鄭國渠是中國古代最大的一條灌溉渠道，這個源於一場政治陰謀的浩瀚工程，不僅在當時發揮了巨大的水利作用，千百年來仍恩惠綿延。

在陝西北部群山中，涇河自仲山西麓的峽谷沖出，行至禮泉便緩緩流入關中平原。公元前 246 年，秦國採納了韓國一位著名的水利專家鄭國的建議，在洛水和涇水之間開鑿一條大型灌溉渠道，在涇河谷口一帶開始興修關中最早的大型水利工程 —— 鄭國渠，工程長達十年。秦國舉全國之力，才得以完工。

　　韓國君主韓惠王通過鄭國建議秦國修建鄭國渠，原是一個「疲秦之計」，即希望以這個浩大的工程來消耗秦國的實力並牽制其兵力，以便讓這個「戰國七雄」中疆域最小、處於各個強國之間且已勢如累卵的韓國能多苟延殘喘幾年。但在施工過程快要結束時，韓國「疲秦」的陰謀敗露，鄭國的身份和使命也被發覺。此時已親理朝政的秦王嬴政勃然大怒，要殺鄭國。鄭國慷慨陳詞，表示雖然自己為韓國延緩了幾年壽命，但卻為秦國建立了萬世之功，秦國才是真正的受益者。同時，由於秦國的水利工程技術還比較落後，在技術上離不開鄭國。此時的秦王嬴政表現出了一位卓越政治家的偉大之處，對鄭國一如既往加以重用，命令他修完水渠，並命名此渠為「鄭國渠」。

　　鄭國渠渠首起於涇陽瓠口（今陝西涇陽境內），西引涇水東注洛水（北洛水，渭水支流）。涇河從今陝西北部群山中沖出，流至禮泉，後進入關中平原。鄭國充分利用關中平原西北略高、東南略低的有利地形，在禮泉縣東北的谷口開始修幹渠，使幹渠沿北面山腳向東伸展，很自然地把幹渠分佈在灌溉區最高地帶，不僅最大限度地擴大了灌溉面積，而且形成了全部自流灌溉系統。

　　鄭國渠由西向東橫跨渭北高原，工程西引涇水東注洛水，長達 300 餘里，可灌田地 200 多萬畝。而且因渠水中含有大量泥沙，

鄭國渠

不僅可以用來抗旱，還有改造鹽鹼地之效，關中平原遂成為沃野千里、旱澇保收的一塊寶地。從此，鄭國渠和都江堰一北一南，遙相呼應，使關中平原和成都平原都贏得了天府之國的美名。

1986 年，經對鄭國渠渠首工程進行實地調查、勘測和鑽探，終於發現並確定了當年攔截涇水的大壩殘餘。它上距涇河出山口 2.5 公里，下距涇河與汧河的交匯處 3 公里。大壩河谷部分約長 450 米的壩體已經不存在了，但在河東西兩岸階地上仍分佈 2000 多米壩體，其中河西約長 110 米，河東約 2100 米。兩岸壩體一般呈梯形斷面，頂寬 20 米上下，底寬 100 米至 150 米，坡度很低，其築土總厚約 5 至 10 米，足見工程浩大。

同樣令人稱奇的是，大壩壩體軸線呈正東西方向，以今天的標準來衡量，仍誤差極小，這也反映了古代測量技術的高度發達。鄭國渠首攔河大壩遺址的發現和認定，被視作是近年來中國水利考古的一件大事。這也是中國目前所發現時代最早、規模最大的古代攔河壩工程，也有國外的水利史研究者曾認為鄭壩高 30 米，是公元前世界上最高的土石壩。雖然鄭國渠已經幾近湮滅，歷代以來在涇河谷口地方不斷改變着河水入渠處，但谷口以下的幹渠渠道始終不變，可見鄭國渠對後世貢獻良多。

都江堰原名「都安堰」，是公元前 300 年左右秦昭襄王時，由蜀郡太守李冰父子率眾修建的。它是世界上唯一一處保持完整的 2200 多年前的「生態水利工程」，創造了世界單項水利工程灌溉面積之最和世界古老無壩引水工程之最的紀錄，被譽為活的「水利博物館」和「水文化搖籃」。

當時之所以要修建都江堰，是因為四川西部的岷江流到成都西面灌縣一帶後，分為外江和內江兩條支流。但是內江灘淺口狹，水流

都江堰

不進去，江水只能外流，導致內江一帶農田常常苦於乾旱；而外江一帶土地，卻嫌水多。李冰通過觀察地勢和水情，選定灌縣為堰址。

都江堰渠首工程位於都江堰市城西，岷江中、上游交界處，建築在山川與平原的咽喉要衝。李冰創造性地發明了「深淘灘、低作堰」和「遇灣截角、逢正抽心」的治水思路，其工程採用「無壩引水」，主要由魚嘴、寶瓶口、飛沙堰三大部分組成。

魚嘴是岷江江心的分水堤，形如魚嘴，伸入江心，將岷江分為內外兩江，外江是岷江正流，內江水則通過寶瓶口引入成都平原灌溉千萬畝農田。寶瓶口由人工開鑿，進水口僅有十多米寬，控制內江水量。飛沙堰是中段的泄洪道，洪水期間湧入內江多餘的水量和泥沙可從這裏自動排出外江。三者的有機配合，科學地解決了江水的自動分流、自動排沙、自動排水和引水的難題，使內外江的水量始終按洪水時四六分成，枯水時六四分成。兩千多年過去，這一偉大的水利工程至今完好。每歲淘江修堰，也還是遵循着李冰「深淘灘，低作堰」的六字遺教來施工的。

都江堰工程原理之科學，設計之精密，技術之巧妙，營構之宏偉，被譽為是人類科技史上的一大創舉，世界水利史上的一座豐碑，更是古代水利工程至今仍在造福人類的罕見範例。它的創建，使成都平原「水旱從人，不知饑饉」，使四川成為聞名中外的「天府之國」。

從此，在中國古代大型工程史上，便形成了「北有長城，南有都

江堰」的格局。

2014 年，在四川成都溫江區紅橋村寶墩文化晚期遺址中，曾發現一處距今四千年左右的護岸堤，比都江堰水利工程要早近兩千年，這也是目前在成都平原發現的最早的史前水利設施。

據了解，這處護岸堤為寶墩文化三期的遺存。目前能找到的護岸堤長約 147 米，大體呈西北 — 東南走向，剖面呈梯形，上寬 12 米，下寬 14 米，現存高約 1.3 米。據介紹，遺址建築方法為夯築，中間平夯，兩側堆築，和同時期寶墩文化城牆的建造方法比較一致。最大的區別在於護岸堤上發現 8 道人工開挖的溝槽，內有較為密集的柱洞，表明在建造的時候曾經在溝槽內安插木樁，以起到加固的作用。

在堤壩的近水一側，一排排鵝卵石清晰可見。經專家分析，這應該是當時人用竹籠裝着石頭，將堤壩固定起來。都江堰水利工程就利用了竹籠固定沙石的原理。

此前，在護岸堤東側已發現一處寶墩文化的聚落，清理出灰坑 200 多個，房屋 5 座，還有由 54 座墓葬組成的家族墓地。成都博物院副院長江章華認為，該護堤的主要作用是保護這一聚落所在的臺地。成都博物院院長王毅表示，此次發現的護岸堤，與傳說中的大禹治水年代相當，比戰國時期李冰在都江堰主持的水利工程要早近兩千年，和此前發現的良渚文化水壩均為目前國內已知最早的史前水利設施。

靈渠，秦滅六國統一中原之後，為了向秦嶺以南的廣袤地區繼續擴張而修築了一條全長 37 公里、運送糧草的水渠 —— 靈渠。

由於大軍南下，糧草需求量大，如果走陸路翻山越嶺困難較大，而走水路的話，相比陸路而言要省時省力得多。當時，派來設計這條貫通南北的航運路線的人名叫史祿。從秦朝所在的關中平原到嶺南地區要橫跨黃河、長江和珠江三大水系，而南嶺是眾多河流的發源地，

向北流的水多進入長江水系，向南流的水大多進入珠江水系。為了找到連接這兩大水系最近的地方，史祿經過實地考察後，選擇了湘江和灕江。他從湖南湘水一路上去，走到興安縣後發現，在那裏湘水和灕水就相差幾十里，山勢也不是很陡，是連接湘水和灕水的最佳地點。

史祿首先在湘江上建渠首工程（即攔水大壩），連接灕江的部分稱為南渠，連接湘江的部分稱為北渠，建成後的靈渠工程就是由這三部分組成的。人字形的攔水大壩斜向南渠的一側叫「小天平」，長 120 公尺，坪下即靈渠；斜向北渠的一側叫「大天平」，長 440 公尺，坪下便是湘水。它們將湘水一分為二，一部分經由南渠流入灕江，從而達到分湘入灕、連接長江水系和珠江水系的作用，而另一部分曲折一段之後則回到湘江的主河道。

這座攔河大壩還是溢流壩，即一部分來水可以從壩頂越壩而過，這樣就可以控制水位，平衡水量。人字形長短邊之比是 3：7，江水也是按這個比例被分開，水滿時恰好使得南北渠兩邊水量一致，都是 1.5 米深。通過適量分水，就使多餘的水能越壩流回湘江故道，而且在洪水來臨的時候，它也可以保護壩身不被沖垮。

攔河大壩的壩身，是由許多每塊重達千斤的巨石所砌築而成。在兩塊巨石之間有鑿出的「Ｘ」形石槽（被稱之為燕尾槽），槽裏擱上鐵錠，用鐵錠把兩個石頭鎖緊。這樣可以確保兩塊石頭始終緊密相連，既能有效分解洪水的衝擊力，也使整個大壩渾然一體。在大壩後面的傾斜面上，則豎插着許多高高

魚鱗石

低低、參差不齊的石頭，這些直豎砌築而成的石頭能在江水的衝擊下阻擋水流中夾帶的泥沙，這樣就分擔了江水對壩身的衝擊。這些石頭由於遠遠望去像魚背上的鱗片，所以被形象地稱之為魚鱗石。

另外，在水運交通方面，遇着水位高低不平、船難上行時，靈渠的建造者們也想出了極聰明的辦法：用水閘把水一級一級積成樓梯那樣，每一級的水都是平的。所以船用人工拉上一級以後，就可以航行了。這樣一級一級地拉上去，便可爬到高地，溝通南北航行。上下共置陡門三十六道，壅水分成階級。舟船循着一道一道地盤過陡門上來，到了最高處，又可循級而下。這種方法，在水利工程上叫做「累級加水閘」。

1941 年湘桂鐵路通車後，靈渠在航運方面的作用被逐漸取代，近代主要是以灌溉為主，現今仍承擔着灌溉和供水的任務。

由於獨具匠心的設計，地理位置的獨特，靈渠與鄭國渠、都江堰一道，被譽為「秦代三大水利工程」。我們的祖先在兩千多年前就能創造出如此令人驚歎的奇跡，充分展示了他們的聰明才智和創新能力。

鏈接：美國漢學大師費正清在《偉大的中國革命》一書中，由中國的河道和水利作為切入點，分析中國的歷史。

有學者認為，黃河和長江從四個方面影響着中國歷史的進程：

首先，河患可覆滅古代的文明，考古學家發現長江的泛濫導致良渚文明的滅亡。

其次，有效的治河可促成統一的局面。史學家黃仁宇曾經做

過統計：在 1911 年中華民國成立前的 2177 年內，共有水災 1621 次和旱災 1392 次，平均每年約有 1.392 次。他認為歷史上只是治水一事，中國已無法避免需要一個統一的中央集權政府。因此，秦統一中國的一個常被忽略的原因，是人民期望一個統一的集權政府，防止水患。（《中國大歷史》）

再次，治河失效又可導致朝代衰亡。美國史學家竇得士認為元代的滅亡是由於黃河水患，在 14 世紀中期，在黃河流域地區，水災與旱災十分頻繁。雖然元末的政府盡了最大努力賑濟和治河，但也束手無策，難逃亡國之命運。（《劍橋中國史》）

最後，黃河更有「護國」的功能。1938 年徐州失陷後，蔣介石政府炸開黃河鄭州花園口的大堤，製造大規模的水患，阻止日軍向西推進，但河南、安徽、江蘇三省 44 縣變成澤國，80 多萬人民被淹死。由此可知，黃河和長江見證了中國一代又一代的興衰。

而中國歷史上治河最有效的人是誰呢？很多水利史學家認為是王景，他的治導之法，使東漢以後黃河「千年無患」。著名歷史地理學家譚其驤持否定態度，他認為王景的水利工程只能收一時之效，而真正減少王景黃河水患的原因是黃河中上游之土地運用。黃河水患是隨着這兩個地區由畜牧業轉農業帶來的原始植被的破壞和水土流失而開始的，並隨着農業人口所佔比重的變化而變化。黃河在東漢以後出現「千年無患」的局面，原因在於黃河地區中上游在特定的歷史條件下，由農業為主轉變為以畜牧業為主的生產方式。

中國北方遼闊的土地上，橫亙着一條巨龍延伸長達萬里。它就是——

萬里長城：眾志成城的結晶

舉世聞名的萬里長城，雄峙在中國的北方。

據 2012 年 6 月國家文物局發佈的數據，中國歷代長城分佈於北京市、天津市、河北省、山西省、內蒙古自治區、遼寧省、吉林省、黑龍江省、山東省、河南省、陝西省、甘肅省、青海省、寧夏回族自治區、新疆維吾爾自治區等 15 個省區市，總長度為 21 196.18 千米，包括長城墻體、壕塹、單體建築、關堡和相關設施等長城遺產 43 721 處。

長城始建於戰國時期。那時秦、趙、燕、楚、齊等國分別在國境築城，既抵禦北方的遊牧民族，也互相防範。因為春秋戰國時期中國進入了一個由分裂到統一的歷史大變革、大動盪、大發展的時期，在不到三百年的時間內，就發生過規模不同的戰爭 480 餘次。而各國之間不斷的戰爭，又迫切要求加強防禦工事，所以修築長城是各國當時通用的手段之一。因此，各國在邊界形勢險要處修築烽火臺和城堡，後又用城墻把它們聯繫起來，從而構成完整的防禦體系。

中國見於記載最早的長城是楚長城。春秋戰國時期，處於江漢平原的楚國欲爭強中原，築列城於北方。列城就是修築一系列城堡、烽火臺，依託陡峭的山嶺、河流的堤防，用長墻將其連成長條形的防禦

工程，屯兵戍守。結合文獻和前期掌握的情況，現已查清楚長城主要分佈在豫南的平頂山、南陽、駐馬店、信陽 4 個地級市的 25 個縣（區）。通過調查，確定的楚長城墻體 30.51 公里，被歷代破壞而消失的楚長城墻體約 25.37 公里、

萬里長城

山險 81.34 公里，共計 137.22 公里。

　　戰國時期的秦長城有兩道。公元前 5 至公元前 4 世紀，秦國力不振，東部領土屢被魏國攻佔，遂退守洛水西岸，在魏河西長城的對面削掘河岸，而成「塹洛長城」。另一道西北邊地長城始建於秦昭王時代，西起今甘肅岷縣，向東北橫貫黃土高原，止於內蒙古托克托縣黃河南岸，長達千餘里，是為了防禦西北草原地區匈奴部族的襲擾。如今，尚能找到數段痕跡。

　　秦始皇統一天下以後，為防禦北方遊牧民族的南侵，動員 30 萬人，經過 20 年，才把秦、趙、燕的長城連起來，形成了「西起臨洮（今甘肅岷縣），東止遼東，蜿蜒一萬餘里」的萬里長城。

　　漢長城在秦長城的基礎上修建，延長了距離，而且修築了外長城，總長度達到兩萬里。此後歷代對長城都有增修，尤其北魏時動員了百萬人，北齊時動員了 180 萬人，隋朝時動員了百餘萬人的幾次大的修造，工程實為最大。最後到明朝永樂年間，才完成了像今日規模的偉大長城。

　　明長城東起遼寧虎山，西至甘肅嘉峪關，跨越 10 個省、自治區、直轄市的 156 個縣，總長度為 8851.8 千米。雖然中國歷史上曾有

20 多個諸侯國家和封建王朝修築過長城，但是明長城是歷史上修築的最後一道長城，也是修建規模最大、工程最堅固的長城。現存留於世的，也主要是明長城。

由此可見，在中國古代，修築長城經歷了近兩千年的漫長過程。現在我們通常稱「萬里長城」，但是如果把各個時代修築的長城加起來，總長約 50000 公里，也即 10 萬華里。「上下兩千年，縱橫十萬里」，萬里長城業已成為中華民族精神的象徵。

長城的功用，首先在於它的軍事性。其軍事功能主要體現在抵禦搶掠、遲滯大規模進攻、掩護部隊出塞殲敵等方面。長城防禦的特定作戰對象主要就是為了抵禦遊牧民族的侵擾和進攻，尤其是中國北方草原上的遊牧民族侵擾中原長達數千年。所以早在戰國時期，秦、趙、燕等與遊牧民族接壤的諸侯國為了保護農業生產和人民的安全，開始在北方修築長城。

過去一直認為長城是防禦擾掠的，目的在於封閉。但是著名長城學家羅哲文指出，長城還有保護通訊和商旅往來的重要的對外開放的功用。秦始皇時沿長城 12 郡有大道相通，傳遞文書，商旅往來絡繹不絕。長城和烽燧正是保證這些交通大道暢通的重要條件。漢代又打通了西域的交通大道，使節往來，商旅往還還是走這條大道。長城、烽燧正是沿此道修築，用以保護被稱作「絲綢之路」的中西交通大道。

長城還有另一種功用：防止漢族人民向北方少數民族地區逃亡。自先秦以來，長城以北就是少數民族生活棲息的地方。那裏的少數民族雖然經常變換，因時而異，但其興起時多半處在原始的部落社會，剝削制度還不發達。而那裏的水土十分肥沃，利於遊牧，也利於耕作。因此，如果不發生戰亂，那裏人民的生活比內地相對要安定。這樣，漢族人民在遭受壓迫和動亂時，自然就視長城以北為樂土，而趨

之若鶩了。譬如西漢元帝時，南匈奴與漢朝和好，請求拆除阻礙雙方交通的長城，熟悉邊事的大臣侯應疏言不可，舉出十條理由，其中三條就是說長城有防止漢族人民向北方少數民族地區逃亡的作用。

據《漢書·匈奴傳》載，長城一是可以防止往日征討匈奴當了俘虜的將士的子孫不安貧困，越境投奔親人；二是可以防止邊境奴婢因不堪愁苦而羨慕「匈奴之樂」，向北逃亡；三是可以防止被迫起義的漢族人民，在情況緊急時北奔投敵。兩漢以下，直到明朝，漢族人民翻越長城投奔少數民族的事例仍史不絕書。所以，各代封建統治者大多有修補長城之舉，目的不僅僅限於防禦北方少數民族的侵擾，而且可以防止漢族人民向北方少數民族地區逃亡，古代長城的這種作用也是十分明顯的。

對於長城的重要性，孫中山曾以宏大的戰略眼光指出：「由今觀之，倘無長城之捍衛，則中國之亡於北狄，不待宋、明而在楚漢時代矣。如是則中國民族必無漢唐之發展昌大而同化南方之種族也。」

羅哲文曾指出，過去人們認為長城是漢民族用於防禦少數民族的，這實屬又一個誤會。其實，若把先秦各諸侯國家修築長城除外，秦始皇以後漢族統治的朝代大規模修築長城的只有漢、隋、明三朝，而少數民族統治的朝代則有北魏、北齊、北周、遼、金五個朝代。所以，長城是中國各族人民共同勞動和智慧的結晶。

萬里長城作為一個歷經 2200 年、累計有 10 萬華里以上的防禦性軍事工程，其參與人數之多、延續時間之長、工程難度之大，在人類歷史上無出其右。

它的修建充分證明了中華民族是一個愛好和平的民族，同時它也是中國力量在古代中國的一個完美體現，見證了中華民族生生不息的強大生命力！

鏈接：今人所說的萬里長城，指的是明代最後完成的長城幹線。但除此之外，中國還有七條古老的小長城，其遺址至今仍保存完好。

—— 穆陵齊長城：位於山東省沂水縣城北 50 公里穆陵關兩側。係戰國時齊國所修長城的遺址，長約 45 公里。

—— 華陰魏長城：在陝西華陰縣華山腳。長城由此向北蔓延，穿過韓城到達黃河邊，長約 150 公里。

—— 燒鍋營子燕長城：在遼寧建平縣張家灣村。乃燕時所築長城遺址，長約 7 公里。

—— 圍場古長城：在河北圍場滿族蒙古族自治縣岱尹上村附近。是乾隆十七年乾隆帝狩獵時發現的一座燕、秦長城真跡，城東西綿亙達 200 餘公里。

—— 寧夏戰國秦長城：在寧夏西吉縣境內，甘肅鎮原縣有一部分。

—— 臨洮秦長城：在甘肅北部臨洮縣，是秦統一六國後所建長城的西向起點。呈南北走向，高約 1 米，全為黃土結構。

穆陵齊長城   臨洮秦長城

　　—— 疏勒河漢長城：在甘肅西北疏勒河南岸，是漢朝所築長城，長約 150 餘公里。

　　2011 年秋，英國探險家威廉‧林賽領導的探險隊在蒙古國距離中蒙邊界約 40 公里的南戈壁省發現一段約 100 公里長且目前地圖上沒有標明的中國古長城，是以沙土和當地灌木為材料建成的。林賽肯定地說，他發現的長城部分建於漢代，後來經過修復和續建。

　　另外，長城不僅中國有，外國也有。比較著名的國外長城有：

　　—— 德國古長城：1 世紀時，古羅馬人在萊茵河和多瑙河之間修建了一座防禦牆，以後不斷擴建加長，總長 584 公里，是國外最早的長城，但比中國的長城仍要晚 4 個世紀。

　　—— 古羅馬長城：修建於 2 世紀初，是羅馬帝國的邊牆，從現今的英國、德國至黑海、紅海經北非直至大西洋岸，長達數千公里，其中尤以英國的哈德良皇帝（117 — 138）命名的哈德良

德國古長城　　　　　　　　　　　　　　　　古羅馬長城

長城最為有名。考古及歷史學家認為，中國長城曾對羅馬長城的修建產生過影響，人類歷史上的兩個偉大軍事工程存在「血緣關係」。

—— 英國長城：沿着英格蘭與蘇格蘭的分界線，有一條逶迤低矮的土牆，稱之為英國的哈德里安長城。它從東海岸至西海岸，全長約 118 公里，高約 5 米，底寬 3 米，頂寬約 2 米，上面築有堡壘、瞭望塔等，工程動用了 3 個軍團的人力耗時 6 年才修築完成。作為古代羅馬帝國在英國不列顛島的北部疆界，它是古羅馬皇帝哈德良下令建造的。

—— 朝鮮長城：從朝鮮西北部的鴨綠江下游起，沿着崇山峻嶺伸展到東海的東朝鮮灣海濱，有一個 370 多公里的城牆，被稱為朝鮮的千里長城。這條長城是 1033 年至 1044 年修築的。

印度長城

—— 印度長城：五百多年前印度人民為了抵禦外來侵略，修建了一條全長 70 公里的長城，建有烽火臺 32 座，是國外至今保存最完好的長城。

—— 越南長城：北起越南中部的廣義省，南至平定省，全長 127 公里，1819 年由越南

越南長城

名將黎文悅接受越南嘉隆皇帝阮福映的命令開始建造，這段城牆有些部分是用石塊壘成的，有些是由泥土建成的，其最高處可達 4 米，被部分越南歷史學家稱之為阮氏王朝時期「最偉大的工程業績」。

——澳大利亞長城：建於 20 世紀 60 年代，位於昆士蘭州，長達 5531 公里，高 1.08 米，是國外最長的長城。

但是，這些國外長城無論從時間、規模還是長度、寬度、高度等方面而言，都無法與中國的萬里長城相比！

在古代，中國為人類文明的進步做出了巨大的貢獻。其中最著名的，是——

中國的四項偉大發明

四大發明，是指中國古代對世界具有很大影響的四種發明，即造紙術、指南針、火藥和活字印刷術。此一說法最早由英國近代生物化學家和科學技術史專家李約瑟提出，並為後來許多中國的歷史學家所繼承，普遍認為這四種發明對中國古代的政治、經濟、文化的發展產生了巨大的推動作用。而且這些發明經由各種途徑傳至西方，對世界文明發展史也產生了很大的影響。這四大發明是：

　　——造紙術的發明：東漢蔡倫在總結前人製造絲織品的經驗基礎上，發明了用樹皮、破漁網、破布、麻頭等做原料，製成適合書寫的植物纖維紙，才使紙成為普遍使用的書寫材料。東漢元興元年（105）蔡倫向漢和帝獻紙，受到漢和帝的讚譽，並向各地推廣，造紙術由此廣為天下所知。漢安帝元初元年（114），朝廷封蔡倫為龍亭侯，所以後來人們都把蔡倫造的紙稱為「蔡侯紙」。到了三四世紀時，紙就基本上取代了簡帛成為主要書寫材料。造紙術的發明為人類提供了經濟、便利的書寫載體，從而掀起一場人類文字載體革命。

　　——印刷術的發明：印刷術始於隋朝的雕版印刷。雕版印刷是用刀在木板上雕刻成凸出來的反寫字，再上墨印到紙上，速度極慢。平民出身的北宋刻字工人畢昇經過反覆試驗，在宋仁宗慶曆年間

（1041─1048）製成了膠泥活字，實行排版印刷。他的方法是用膠泥做成長柱體，刻上反寫的單字，一字一個印，用火燒硬，形成活字，可循環使用。畢昇的膠泥活字版印書方法，如果印量較少，並不算省事，如果印成百上千，工作效率就極其可觀了。不僅能夠節約大量的人力、物力，而且可以大大提高印刷的速度和質量，比雕版印刷要優越得多。這種印刷方法雖然原始，卻與現代鉛字排印原理相同。畢昇的發明，使「死版」變成「活字」，這在人類印刷史上是一個根本性的變革。直到電腦出現之前，印刷術的改進還沒有脫離畢昇的基本思路。造紙術、印刷術對文化、教育的普及，有着不可估量的意義。它的發明加快了文化的傳播，改變了歐洲只有上等人才能讀書的狀況。

　　── 指南針的發明：指南針是利用磁鐵在地球磁場中的南北極性而製成的指向儀器。傳說軒轅黃帝大戰蚩尤時已經用上了指南車，但史家一般相信，指南針的前身「司南」在戰國時已普遍使用，它利用天然磁石琢磨而成，樣子像勺，底部圓，可以放在平滑的盤上保持平衡，亦可自由旋轉，轉動停下後勺柄總是指向南方。宋朝，人們發明人工磁化方法加強磁性，製成指南針。其後將其裝置在方位盤上，稱為羅盤。雖然國內外公認正式的指南針發明於宋朝，但是現在發現早在唐朝中期已有記載用羅盤測定墳墓方向，把指南針的發明推前了三百年。

　　大致在北宋時，指南針就被用於航海。北宋時出現四種指南針，其中水浮法指南針用於海船導航，開創了世界航海史的新紀元。1119年，宋代朱彧在《萍州可談》中寫道，當時，廣州的一些海船出海，遇有陰雨，就用指南針指示方向。這是世界航海史上使用指南針最早的記載。指南針的發明，促進了中國人的航海事業。中國人配合對潮汐、季風等的觀察，在航海中創造了一套實用性很強的導航技術。正

是憑藉這樣的導航技術，才出現像鄭和下西洋那樣的海上壯舉，將中國人的航海事業推進到一個新時代。而且，指南針的發明也為歐洲航海家進行環球航行和發現美洲提供了重要條件，大大加速了航運的發展，促進各國間的文化交流與世界貿易的發展。

　　—— 火藥武器的發明：火藥用硝石、硫黃和木炭混合製成。秦漢以後，煉丹家用硫黃、硝石加木炭等物煉丹，從偶然發生爆炸的現象中得到啟發，找到火藥的配方。在寫於 850 年左右的《真元妙道要略》煉丹書中，記載了原始火藥的第一個配方：有些用硫黃、雄黃與硝石同蜂蜜（蜂蜜中含有碳，蜂蜜越乾，含碳量越多）混合一起燒，生煙起焰，就會燒着手和臉，甚至他們工作的整個房屋都會被燒毀。還有一種説法是在 9 世紀（唐朝時期），一位煉金術士在一次使用木炭、硫黃和硝石的混合物時碰到火，結果發明了火藥。唐朝末年，這種黑色粉末狀的火藥開始應用於軍事。994 年，人類在戰爭中首次使用火藥，將點燃的火藥包拋射出去燒傷敵人，這是最原始的火炮，是近代槍炮的老祖宗。此後不久，就開始在工廠製造以幾萬、幾十萬計算的「火箭彈」。

　　火藥的製造法，在 11 世紀普及到了整個中國。後來隨着火藥工藝的改進，爆炸性能越來越強，新型的火器也層出不窮。約十二三世紀，火藥、火器通過阿拉伯地區傳到歐洲。成吉思汗率軍西征，圍攻巴格達時使用了「震天雷」，後在大馬士革作戰失利，火器製造工匠落入阿拉伯軍隊之手。據史書記載，歐洲人是在與阿拉伯人的戰爭中，接觸和學會了製造火藥和火藥武器的，英、法各國直至 14 世紀中期，才有了應用火藥和火器的記載。由此可見，火藥的發明改變了作戰方式，幫助歐洲資產階級摧毀了封建堡壘，加速了歐洲的歷史進程。

　　這些凝聚着古代中國人民無窮智慧的發明和發現，先後經陸上和海上絲綢之路傳播到東亞、東南亞、西亞、非洲和歐洲，極大地促進這些地區生產力的發展。尤其是傳播到歐洲後，與其內在經濟結構的深刻變化結合起來，西歐各國實現了從封建社會形態到資本主義社會形態的飛躍。例如，印刷術傳入歐洲之前，全歐洲僅有 50000 本圖書，而且大多為教會所擁有。在中世紀，歐洲很多貴族都是文盲，文化知識完全控制在教會手裏。到 15 世紀中期，印刷術傳入歐洲後，極大地降低了圖書及獲取知識的成本。僅僅過了 50 年，到 15 世紀末，歐洲的圖書就激增了 200 倍，達到 1000 萬本，內容涉及各個領域，其中很多是技術和農業方面的書籍。這些書大部分掌握在商人和有土地的貴族手裏，從而打破了教會對知識的壟斷。正如習近平指出的那樣：「中國的造紙術、火藥、印刷術、指南針四大發明帶動了世界變革，推動了歐洲文藝復興。」

　　意大利數學家傑羅姆·卡丹早在 1550 年就第一個指出，中國對世界所具有影響的「三大發明」，即司南（指南針）、印刷術和火藥，並認為它們是「整個古代沒有能與之相匹敵的發明」。

　　英國哲學家、思想家和科學家弗朗西斯·培根曾在 1620 年這樣頌揚中國人：「印刷術、火藥和指南針，這三項發明已經改變了整個世界的面貌和事物的狀況。第一項發明關係到學習，第二項發明關係到戰爭，第三項發明關係到航海。這三個領域內的變化將引起其他領域內的無數新發現。」還指出，「不管什麼帝國，什麼宗教，什麼星座或人類的任何影響都不會像發明這些東西來得巨大。」

　　1861—1863 年，馬克思和恩格斯更是將這些發明的意義推到了一個高峰。馬克思在《機械、自然力和科學的運用》中寫道：「火藥、指南針、印刷術 —— 這是預告資產階級社會到來的三大發明。火藥把

騎士階層炸得粉碎，指南針打開了世界市場並建立了殖民地，而印刷術則變成了新教的工具，總的來說變成了科學復興的手段，變成對精神發展創造必要前提的最強大的槓桿。」

恩格斯則在《德國農民戰爭》中明確指出：「一系列的發明都各有或多或少的重要意義，其中具有光輝的歷史意義的就是火藥。現在已經毫無疑義地證實了，火藥是從中國經過印度傳給阿拉伯人，又由阿拉伯人和火藥武器一道經過西班牙傳入歐洲。」

來華傳教士、漢學家艾約瑟，最先在上述三大發明中又加入了造紙術。他在比較日本和中國時還特意指出：「我們必須永遠記住，他們（指日本）沒有如同印刷術、造紙、指南針和火藥那種卓越的發明。」

鏈接：事實上，中國「四大發明」的說法來自西方。此說一經提出，就有學者提出不同的看法。英國皇家學會會員、世界著名科技史家李約瑟博士曾經列舉了中國傳入西方的 26 項技術，認為中國重要的發明技術不止這四大發明。他通過 30 多年對中國古代社會生產和科學技術歷史發展的研究後指出，中國的發明和發現，遠遠超過同時代的歐洲，特別是在 15 世紀之前更是如此。

事實上，早在距今七千至四千餘年前的新石器時代中後期，中國曾出現第一個科學技術發明創造的繁榮時期。當時中國境內的原始人已擅長製作和使用石器、玉器；開始栽培植物和馴養動物；七千年前就創造了原始農具耜，隨後發明陶器和冶煉銅器；還在醫藥衛生、工藝冶煉、航海工具、天文氣象、數學物理等諸多方面都有發明創造。這些數千年前的首批科研成果，有些方面在世界上是空前的。例如在甘肅大地灣遺址發現古代房址地面鋪

有人工燒製的混凝土，其擠壓強度相當於現今的 100 號水泥。又如彩漆的應用，養蠶術和蠶絲織造技術，都屬於世界最早的發明創造。此後，中國歷朝歷代的能工巧匠們都曾創造發明了許許多多舉世驚歎的科技成就。

據 1975 年出版的《自然科學大事年表》記載，明朝以前，世界上的重要的創造發明和重大的科學成就大約 300 項，其中中國大約 175 項，佔總數的 57% 以上，世界各國才佔 42% 多。

1986 年，羅伯特·坦普爾在李約瑟博士指導下，在英國出版了一本名叫《中國：發明和發現的國度（西方對中國的債務）》的書，這本書在學術界被公認為是李約瑟博士的巨著《中國科學技術史》的濃縮精華本；李約瑟本人也在序言中稱讚此書是對《中國科學技術史》的精彩提煉。它用通俗的語言列舉了中國古代的一百項天才的發明和發現的世界第一。這一百項發明是（按發明先後順序）：

1. 鼓；2. 二進位制；3. 繩索；4. 指南針；5. 養魚法；6. 赤道式天文儀；7. 十進計數制；8. 印刷術；9. 漆——世界第一種塑料；10. 銅鏡；11. 傘；12. 風箏；13. 米酒；14. 弓箭；15. 古代機器人；16. 分行栽培與精細耕地法；17. 鐵犁；18. 大定音鐘；19. 長明燈；20. 算盤；21. 地毯；22. 雙動式活塞風箱；23. 水湧鉢；24. 空位表零法；25. 化學武器；26. 馬胸帶換具；27. 石油照明法；28. 鑄鐵術；29. 馬肩套挽具；30. 硝石鑒別方法；31. 世界上第一條等高運河靈渠；32. 立體地圖；33. 吊橋；34. 記譜法；35. 造紙術；36. 降落傘；37. 焰火；38. 微型熱氣球；39. 墨水；40. 曲柄搖手；

41. 耬；42. 旋轉式揚穀扇車；43. 平衡環；44. 白蘭地與威士忌；45. 豆腐；46. 走馬燈；47. 百煉法 —— 用生鐵煉鋼法；48. 指南車；49. 曲柄；50. 獨輪車；51. 密封實驗室；52. 傳動帶；53. 滑動測繪儀；54. 水力風箱；55. 龍骨水車；56. 船尾舵；57. 瓷器；58. 地動儀；59. 催淚彈；60. 船中水密艙；61. 平衡四角帆；62. 定量製圖法；63. 紡車；64. 純硫提煉法；65. 七根桅桿船；66. 車前橫木；67. 馬蹬；68. 自動控制機；69. 人造金；70. 初級砷提煉法；71. 捲線釣魚器；72. 直升飛機水平旋翼和螺旋槳；73. 槳輪船；74.「西門子式」煉鋼法；75. 油印技術；76. 水力磨麵機；77. 海灘航行；78. 指針式標度盤裝置；79. 火柴；80. 國際象棋；81. 弓形拱橋；82. 浮板；83. 熨斗；84. 紙幣；85. 火藥；86. 撲克牌；87. 火焰噴射器；88. 槍炮；89. 麥卡托投影；90. 鏈式傳動裝置；91. 凸輪；92. 運河船閘；93. 種痘免疫法；94. 機械鐘；95. 水雷；96. 大炮；97. 火箭；98. 眼鏡；99. 古代直升飛機；100. 回音壁。正是這些發明，曾改變過世界發展的進程。

近年來，也有不少中國學者提出了新的四大發明。有的專家認為，新四大發明是絲綢、青銅、造紙印刷和瓷器；有的專家認為，現代中國的四大發明是：雜交水稻、漢字激光照排、人工合成牛胰島素、複方蒿甲醚；還有的專家認為新四大發明是被稱為「吳方法」的數學家吳文俊發明的數學機械化方法；雜交水稻的發明（袁隆平）；人工合成牛胰島素；陸相成油理論的發明（李四光）。

目前，各國學術界已經達成這樣的共識：中國在古代和中世紀的大量發明創造遙遙領先於其他國度。正像李約瑟博士所指出

的：「中國文獻清楚地向我們展示了一個又一個不平凡的發明與發現，考古證據或繪畫實物證實中國的發明與發現比歐洲類似的或照搬的發明與發現往往領先很長一段時間……不管你探究哪一項，中國總是一個接一個地位居『世界第一』。」

通過這些介紹，讓我們能夠系統地了解到中國古代文化的偉大成就和對人類文明所作出的傑出貢獻。其實，我們並不在意這些林林總總的發現和發明是否是世界第一，但它們是每一個中國人都應該了解的有關過去的富強與輝煌。我們為自己的祖國感到驕傲！

一場大戰，改寫了中西文明的交流史 ——

怛邏斯大戰與中國文明的西傳

　　歷史上，中國人一直認為中國是世界的中心，四周都是蠻夷之地。而且認為世界上其他地方應該主動到中國來接受教育，因此並沒有主動傳播自己文明的傳統。

　　7—9 世紀，世界上出現了兩個強大的帝國：唐帝國和阿拉伯帝國（當時中國史書中稱為黑衣大食的阿拔斯王朝）。到唐中晚期的唐玄宗天寶十年（751），兩大帝國之間發生了一次重大的軍事衝突。

　　起因是此前一年，西域的石國（現烏茲別克斯坦首都塔什干一帶）國王「無藩臣禮」，唐安西節度使高仙芝帶兵討伐，石國國王不敵而降。但因高仙芝在處理石國問題上舉措不當，激起西域各國義憤，幫石國到大食求救。751 年，唐朝軍隊與阿拉伯軍隊在今哈薩克斯坦的怛邏斯城（現今的江布爾城）相遇，雙方展開激戰。關鍵時刻，隨唐軍遠征的西突厥的葛邏祿部落突然陣前倒戈，使唐軍腹背受敵，遭到慘敗。幾萬戰俘中有很多工匠，如織造工、金銀匠、造紙工人等。阿拉伯最早的造紙工廠，就是由中國人幫助建造起來的，造紙技術也是由中國工人親自傳授的。中華文明亦隨着這批戰俘的腳步向西迅速傳播，直至歐洲國家。其中造紙術最具影響力，它先傳到撒馬爾罕（今烏茲別克斯坦），再傳到巴格達，最後又隨着阿拉伯軍隊的四處出征傳到歐洲，從而為歐洲的文藝復興準備了條件。

　　文化的交流從來就是雙向的。這批戰俘中有不少人後來又歷盡千辛萬苦回國，帶回外來的文明。如杜環在巴格達居住了 11 年，762 年才隨商船東歸。回國後，他撰寫了中國較早記錄阿拉伯世界情況的《經行記》一文，收錄於他的堂叔杜佑所編的《通典》，流傳至今。

　　在古代，雖然人類文化的傳播往往伴隨着劍與血，但是從文化交流的角度看，它也有助於推動社會的發展和文明的進步。因此，怛邏斯大戰對中華文明傳播的意義無疑是深遠的。

　　鏈接：西域是漢朝以後對今甘肅敦煌西北玉門關以西地區的總稱，包括亞洲中部和西部、印度半島、歐洲東部和非洲北部。漢武帝曾派張騫初通西域，西漢神爵二年（前 60）設西域都護府，轄西域三十六國，後增至五十國。唐時亦在西域設置了安西、北庭二都護。

　　中國古代外銷的商品以絲綢最為著名。除此之外，中國在商代已使用隕鐵製造兵器，春秋時代開始人工冶鐵。到漢代，中國出現了低硅灰口鐵、快煉鐵滲碳鋼、鑄鐵脫碳及生鐵炒鋼等新工藝和新技術。在絲綢之路上的中外貿易中，鋼鐵亦成為很受西域歡迎的商品。安息人就曾努力獲取中國的鋼鐵兵器，並使之漸漸流入羅馬帝國。

　　中國紙張的西傳也非常早，敦煌及甘肅西部都曾發現過漢代的原始紙。大約 4 世紀末，中國造紙術傳到朝鮮；西晉時，越南人也掌握了造紙技術。610 年，朝鮮和尚曇征渡海到日本，把造紙術獻給日本攝政王聖德太子，聖德太子下令推廣全國，後來日本人民稱他為「紙神」。傳到印度則不晚於 8 世紀。9 世紀末，中國

造紙術傳入埃及，不久便淘汰了當地的紙莎草。12 世紀，造紙術從北非傳到西班牙和法國，1150 年，阿拉伯人在西班牙的薩狄瓦建立了歐洲第一家造紙廠；1276 年，意大利的第一家造紙廠在蒙地法羅建成，生產麻紙；法國於 1348 年在巴黎東南的特魯瓦附近建立造紙廠，而德國的紐倫堡 1391 年才出現了第一家造紙廠。到了 17 世紀，歐洲幾個主要國家都有了自己的造紙業。

中國的雕版印刷術很可能是在宋元之際，通過蒙古人的西征或其他途徑傳到了中亞、西亞，進而傳到了北非與歐洲。14 世紀末，歐洲一些國家如德國出現宗教圖像，這是歐洲出現最早的雕版印刷品。後來，又出現了上圖下文的印刷圖像。這樣，逐漸演變成雕版印刷本書籍。中國開始發明和應用雕版印刷術，比歐洲要早大約八百年，畢昇發明的活字印刷術則比德國人谷登堡使用的金屬活字印刷要早四百年。紙和雕版印刷術的發明與西傳，大大促進了科學技術的突飛猛進，並導引歐洲脫離中世紀的黑暗時期而進入文藝復興時期，因而對促進歐洲近代文明的發展具有不可估量的重大意義。

歐洲人用作航海導航的羅盤，也是從中國傳過去的。英國科學家李約瑟甚至推測：在 9 — 10 世紀的中國，可能就已經在航海中應用指南針了。為了便於在航海中確定方位，人們將它置於圓盤內，圓盤上劃分刻度，於是發明了羅盤。從阿拉伯文獻提供的材料可知，在 13 世紀初，阿拉伯海員已經使用羅盤。

由此可見，中華文明的西傳，對人類文明的發展起到了巨大的推動作用。

從分封制到郡縣制，是中國古代政治制度的一項重大變革。從此 ──

「百代都行秦政法」

分封制是中國奴隸社會的政權組織形式，史稱「封建」。

在古代，「封建」即「封土建國」的簡稱。

古時帝王將自己開拓的疆土，分封給自己的同姓親族和有功的臣民，讓他們在封定的區域內建立諸侯國，以屏天子，因此稱「封土建國」。

「諸侯」，即中央政權所分封各國國君的統稱。相傳禹的七世孫、夏王少康將幼子曲列分封於繒（今山東棗莊市東），其後裔延續到商、周，一直是諸侯。商王子孫除了繼位為王或在朝廷供職者外，大都封為諸侯。而且，商朝分封還有不少異姓諸侯。

周武王滅掉商朝後，以鎬為國都，建立了西周王朝。西周建國後，為了鞏固新生的政權，打破了從傳說中的堯、舜、禹到夏、商以來一直延續的「部落天下」，建立「家天下」，實行分封制，大規模分封親族、功臣、姻親到各地為諸侯，全國除王畿以外的土地被劃分成若干個諸侯國，由周天子分封給在滅商大業中作出貢獻的可靠的同姓親戚和有功之臣以及古帝王之後，作為周王朝中央政府的藩屏。

根據與周天子血緣關係的親疏以及功勞的大小，分封有了等級之別，同姓親族、功臣、姻親所封之地或為戰略要地，或為富庶地區。

武王、周公、成王先後設置了七十一國，其中武王的兄弟有 15 人（一說 16 人），同姓 40 人；異姓諸侯中以姜姓貴族居多。諸侯接受封地的同時還得到了大量的財物、士卒和人口。

分封的目的是「封建親戚，以蕃屏周」，被分封的諸侯對周天子有鎮守疆土、捍衛王室、交納貢稅、朝覲述職的義務。各諸侯可分封制以擁兵，但必須隨時聽從周天子調遣，諸侯在封國內享有世襲統治權，對周天子定期朝貢、述職、出兵、服役，名義上也要服從王朝的政令。分封從武王統治時期，一直持續到成王時期。

西周實行的分封制，使周天子居於至高無上的絕對支配地位，成為「天下共主」，其王位由嫡長子世襲繼承。周天子的其他庶子則作為小宗被分封為各地諸侯，庶子們在各自封國內又是同姓宗族的大宗。諸侯的王位也是由嫡長子世襲繼承，其餘庶子作為小宗分封為卿大夫。在諸侯國內亦實行分封制，諸侯在其封國內是君主，國內土地的一部分歸諸侯直接管轄，其他土地被諸侯作為采邑分封給卿大夫，卿大夫又以同樣的規則分土地給士，士直接統治庶民。

在分封制下，國家土地不完全是周王室的，而是分別由獲得封地的諸侯所有，他們擁有分封土地的所有資源和收益。這樣，根據宗法制和分封制，便形成天子、諸侯、卿大夫、士等各級宗族貴族組成的金字塔式等級制機構。各個等級之間的相互關係，既是大、小宗關係，也是上、下級關係。

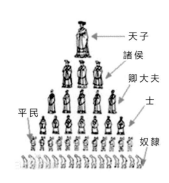

分封制

分封制是周王朝一項重要的政治制度。正是通過周初的大分封，周王

朝消滅了商朝小邦林立的現象，起到了統天下於一尊的作用，把勢力
範圍擴大到各地，有效地統治了全國，穩定了周初的政局，諸侯們也
的確起到了拱衛王室的作用。而且，由此還奠定了中華民族大一統的
理念、體制和規模，奠定了天下一家的傳統價值觀。

　　戰國時，各國仍多分封侯君，但侯君已多不掌握封地的政權和軍
權，而且封地偏小，多不世襲。至戰國後期，分封制崩潰。崩潰的原
因是周王室日益衰微，大諸侯國為爭奪土地、人口及對其他諸侯國的
支配權，不斷進行兼併戰爭，形成了諸侯爭霸的局面。葵丘會盟使齊
桓公的霸主地位得到正式承認，標誌着分封制的崩潰。

　　國君要進行戰爭，需要統一調度全國的人力物力，一些大國便
採取由國君直接控制的郡縣制。郡守、縣大夫（或縣令、縣尹）由國
君任免，食俸祿而不享有封地，不得世襲，從而有助於加強國君的集
中統治。由此，各諸侯國很快形成郡、縣地方政權的組織體系。如秦
國、楚國征服新地區後都不分封子弟功臣，而是設縣治理。秦始皇統
一六國後，廢除了分封制，結束了封建割據的局面，普遍推行郡縣
制，分國內為 36 郡，後來又增至 40 多個郡，為郡縣政治之始，也從
此建立了第一個專制主義中央集權
的封建王朝。

　　從地方設置為郡、縣兩級來
看，郡是地方最高一級行政機構，
最高行政長官為郡守，又稱郡太
守。郡下轄若干縣，縣級最高行政
長官稱「令」或稱「長」。郡守和縣
令作為地方最高行政長官，由中央
直接任命，完全聽從於中央，不稱

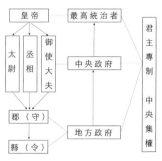

郡縣制

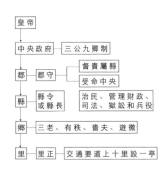

秦朝的權力組織機構

職者隨時撤換。以後歷代儘管行政區劃不斷調整，地方官權力也時有伸縮，但地方主官一直由中央任命。

至於縣以下，則分轄若干鄉。每鄉設三老一人，掌管教化；設嗇夫一人掌管賦役和聽訟，有時設鄉佐作為助理；設遊徼掌管循禁盜賊，維持社會治安，遊徼由縣派出。鄉下設里，里有里典來管理。里中又設伍，五家為一伍，由伍老監管，里、伍互相監督，互為擔保。另外，在城市和交通要道設亭，每十里設一亭，亭由亭長掌交通治安。

這樣，秦朝就在地方上建立起一套自郡、縣至鄉、里、伍的嚴密的權力組織機構，為後世所沿用。秦之所以能統一全國，郡縣制的普遍推行發揮了重要作用。

自古以來，中國的特點是民族眾多，地域遼闊，區域之間的差別較大，這就給大一統的實現帶來了極大的挑戰。但是如果不能實現大一統，就會出現地方割據，各自為政，從而使整個國家陷入殺伐爭奪、天下大亂的災難之中。因此，要想保證大一統的政治體制穩定，關鍵問題就是要有一個穩固的中央政權體系。在用人上，則要由中央統籌安排，特別是作為執政根基的地方政權，其人事任免必須要由中央掌握。

另一方面，中國古代的基層組織往往是在血緣和地緣結合的情況下建立起來的，人們依靠土地為生，很少遷徙，致使鄉里組織從結構上講一般比較穩定，地方豪強容易坐大。如果對鄉間豪族勢力不加以控制，就會出現兼併土地、蔭庇人口、收養私從等問題，一旦社會發

生動盪時就會由患而生亂，導致與國家利益發生直接的衝突。而地方官是國家權力的代表，是政令下達和民情上達的關鍵環節，必須不受地方豪強勢力的掌控，並能對其進行制約。所以古代治理中十分強調慎選臨民官，這主要是考慮到要對民眾進行善治，另外就是要加大對地方豪族勢力的控制。

與分封制相比，郡縣制具有明顯的優勢：

—— 分封制與宗法制相聯繫，是以血緣關係為基礎的；郡縣制則是在大一統的條件下實行的，是按地域劃分的；

—— 分封的諸侯王位世襲，並擁有封地；郡縣的官吏則由皇帝或朝廷任免調動，官位不得世襲，官吏只有俸祿沒有封地，只行使行政管理權，負責管理人民，收取賦稅，徵發兵役和徭役，對土地和人口逐漸失去統治權；

—— 諸侯國擁有很強的地方獨立性，容易發展為割據勢力；郡縣則是地方行政機構，有利於加強中央集權，防止地方割據分裂，保證政治安定、經濟發展和國家的統一。

至於分封制與郡縣制的主要區別，在於中央對地方的制約關係及其地方權力的大小。

實行郡縣制以後，中央的命令可以一級一級下達，一直到達鄉里。同時郡、縣的主要官吏職責各有分工，相互牽制，難以形成個人專權的局面，這樣更有利於皇帝對各級官吏的控制。而且，皇帝還可以通過各級負有監察之職的官員和每年年終對官吏的考核，加強對各級官吏的控制。

關於分封制與郡縣制的利弊得失問題，是秦漢以後法家和儒家長期爭論的一個大問題。分封制確實有限制天子權力的效用，但導致分裂割據，最後陷入諸侯的暴政。而秦朝確立起來的郡縣制建立了統一

的中央集權國家，在歷史上起了很大的進步作用，消除了在分封制下諸侯割據所造成的禍害，給廣大平民百姓帶來一定的好處，但也容易造成統治者的獨斷專權。

鏈接：1973 年 8 月 5 日，毛澤東作《七律·〈封建論〉呈郭老》，其中對秦始皇作了評價：「勸君少罵秦始皇，焚坑事業要商量。祖龍魂死秦猶在，孔學名高實秕糠。百代都行秦政法，十批不是好文章。熟讀唐人封建論，莫從子厚返文王。」「百代都行秦政法」一句，點明了作為一種政治制度，郡縣制在中國從古至今所發揮的重要作用。毛澤東又說：歷代政治家有成就的，在封建社會前期有建樹的，都是法家。這些人主張法治，主張厚今薄古。

同年 9 月 23 日，毛澤東在會見埃及副總統沙菲時又提到秦始皇。他說：「秦始皇是中國封建社會第一個有名的皇帝，我也是秦始皇，林彪罵我是秦始皇。中國歷來分兩派，一派講秦始皇好，一派講秦始皇壞。我贊成秦始皇，不贊成孔夫子。因為秦始皇第一個統一中國，統一文字，不搞國中有國，而用集權制，由中央政府派人管理各地，幾年一換，不用世襲制度。」

唐初一次科舉開考期間，唐太宗在玄武門上看見士人成群結隊進入考場，得意洋洋地說了一句名言——

「天下英雄盡入吾彀中矣！」

科舉制，是中國隋代以後歷代王朝設科考試選拔官吏的制度，由於分科取士而得名。

早在春秋之前，官吏多是通過「世卿世祿」制度產生，如西周的世襲世祿制。

戰國後，這一制度被逐漸廢除。在秦朝統一之前，「仕進之途，唯闢田與勝敵而已」，而「勝敵」是主要途徑，所以秦統一後的官吏多出於軍功，形成了軍功封爵制。

到漢代，為適應中央集權封建國家統治的需要，逐步建立起一整套選舉人才的制度，包括「察舉」（自下向上推選）、「徵辟」（自上而下甄選）、「辟除」（高官任用屬吏）等多種方式，「鄉舉里選」，且可交互使用。同時也有考試取士之法，但只是臨時措施，並未形成定制。

魏晉時期，實行的是由豪族壟斷的「九品中正制」的選官標準，導致出現「上品無寒門，下品無世族」的格局。雖然這一制度一開始就被有識之士抨擊為「埋沒人才的制度」，但還是延續了很長時間。

隋朝建立後，隋文帝楊堅為了加強中央集權，廢除了「九品中正制」，將選官權力收歸中央。規定各州每年以文章華美為標準選拔三人，推薦給朝廷。後又命令京官五品以上，地方官總管、刺史等以

「志行修謹」（有才）、「清平、幹濟」（有德）二科薦舉人才。隋煬帝楊廣即位後，又創置了進士科，國家用考試的方法以才取人，考取的就可以到中央或地方政府中做官，這就是中國科舉制度的開始。通過公開考試甄別人才高下，然後量才錄用，這是人才甄選制度具有積極意義的重大改革。

唐代貞觀年間「盛開科舉」，考試科目在隋朝時的秀才、明經、進士三科基礎上，新增加了明法、明書、明算（大約相當於現在的法學、書法、數學）三科，這六門功課只要精通一門，有一技之長，就可以應試求官。此外，還有五經科、詩科等等。國家擴大招生範圍，效果立竿見影，應試考生很快就由隋朝時的幾百人一下子增加到數千人。

武則天稱帝後，於天授元年（690）在宮中的洛成殿上接連幾天親自主持考試，對考生破格錄用。其目的是表示皇帝關懷、提攜士人，使被錄取者對她感恩戴德，並藉以籠絡人心。此後，殿試便作為最高一級的科舉考試，一直為歷代皇帝所襲用，直至清末。武則天長安二年（702）還首創武舉科，選拔武藝出眾者擔任軍官。

在唐宋時期，考試科目甚多。宋中期後經反覆變動，到元明時則歸於一科，即進士科。在宋代，科舉制的考試體系也逐步完善，形成三級構架：地方的解試、中央的省試和殿試。從考試內容看，唐宋進士科主要考試詩賦。宋神宗熙寧時，時任參知政事的王安石對科舉考試的內容進行改革，取消詩賦、帖經、墨義，專以經義、論、策取士。所謂經義，與論相似，是篇短文，只限於用經書中的語句作題目，並用經書中的意思去發揮。所以有學者認為，明清時期的八股文就起源於宋代的經義。

宋代還確立了州試、省試和殿試的三級科舉考試制度，並建立防止徇私舞弊的糊名制和謄錄制，元、明、清均沿用其法。宋朝時，

《論語》《孟子》只是作為兼經而非主經對待，到元朝時「四書」則成為正式的考試內容，明清時期更是如此。

明清兩朝的經義以儒家經典《四書》《五經》的文句為題，規定文章格式為八股文，解釋須依朱熹《四書集注》等書。科舉制經過唐代的完善和宋代的改革，在明代達到鼎盛。

作為中國歷史上執行時間最長、影響最大的一種人才選拔方式，科舉制的積極意義在於不限門第，公平競爭，擇優錄取。因不設門檻，而且沒有年齡的限制，不管你屬於什麼社會階層，都可以通過科舉考試取得功名，步入官僚隊伍，從而改變自身命運和家庭地位，實現階層的上行流動。由於幾乎沒有身份、階層、職業等限制，這種開放性突破了血緣關係對政治權力的壟斷，體現出一種平等精神。可見，科舉制最大限度地摒除了權力的干擾，保證了官員選拔的公正、公平。

由於科舉制度將讀書、考試與做官緊密聯繫在一起，不僅有利於發現和籠絡人才，而且客觀上也提高了官員隊伍的文化素質，推動了教育和科技文化的發展。

科舉的直接結果，是選拔出了八百多名狀元，十萬名以上的進士，百萬名以上的舉人。這個龐大的群體是中國歷代官員的基本隊伍，其中產生了一大批極其出色的政治家和軍事家。其中既有從文天祥到林則徐這樣的民族英雄，從白居易、柳宗元、劉禹錫到歐陽修、蘇軾、辛棄疾這樣的文學家，從王安石、包拯到海瑞、張居正這樣的政治家，從韓愈、朱熹到蔡元培、黃炎培這樣的教育家，甚至還有沈括、宋應星、徐光啟這樣的古代科學家。

同時，科舉考試以儒家學說為考試內容，又在客觀上繼承和弘揚了以儒家文化為核心的傳統文化。而且，通過科舉制選拔了從隋唐至

明清大部分政治家、文學家和著名學者。因此，科舉制對傳統中國的政治、經濟、文化、思想、教育以及社會生活各個方面，都起到了樞紐和調節作用。這較之以往主要側重門第和血統的制度而言，具有明顯的優越性。

但是也要看到，科舉制亦有弊端。其考試內容過於狹窄單一，不外四書五經，且只能為「聖賢」作注，不能越雷池一步，確實禁錮了人們的思想。發展到後來越來越程式化、格式化，最終形成了「八股」，束縛了知識分子的創造性。

另外，科舉制的另一重要弊端是「官本位」，教育、讀書的目的只是為了做官，所以與科考無關的知識都被視為「形下之器」，是君子不屑的「奇技淫巧」。自然科學在中國不發達的原因儘管可以列出很多，但科舉制無疑是其中一重要因素。

進入近代以後，中國不得不面對社會的近代化轉型，科舉制的弊端日益凸顯，科舉考試「代聖人立言」「八股取士」的做法日益脫離實際，許多讀書人因「埋首故紙堆」而不諳世事。因此，「廢除科舉，興辦學堂」已成為歷史的必然。

在這種背景下，晚清重臣袁世凱、張之洞、趙爾巽、周馥、岑春煊、端方等將軍督撫於清光緒二十七年（1905）會銜上奏要求立停科舉，以便推廣學堂，咸趨實學。1905 年舉行了最後一科進士考試，同年 9 月 2 日清廷正式詔准自 1906 年開始，所有鄉會試一律停止，各省歲科考試亦即停止，並令學務大臣迅速頒發各種教科書，責成各督撫統籌，嚴飭府廳州縣趕緊於鄉城各處遍設蒙小學堂。至此，宣告實行了 1300 多年的科舉制永遠退出了中國的歷史舞臺。

儘管科舉制已經廢除，但它所體現的考試、選拔人才的客觀、公平、公正，仍值得今天借鑒和繼承。

　　鏈接：中國古代官僚政治的創新並不僅僅只是貢獻了科舉制，而且在長期實踐中逐步形成了一整套嚴密的官僚管理制度，包括俸祿、晉升、考核、獎懲、監督、彈劾、迴避、退休，等等。儘管這些制度在實行中常常被徇私、破壞，但在總體而言還是起到了很大效用的。

　　從世界的視野看，在中國古代，統治和管理一個大國的經驗可以說是最悠久、最先進的。西方傳教士利瑪竇在他的《利瑪竇中國劄記》第一卷第六章中專門論述了《中國的政府機構》，其中如實地描述了明代的官僚政治制度。最使歐洲人感興趣的是「標誌着與西方一大差別而值得注意的另一重大事實，是他們全國都是由知識階層，即一般叫做哲學家的人來治理的」。這一階層是由科舉制度選拔的，應該承認，科舉制度在擴大封建統治的社會基礎方面確實起了巨大作用。宋明以後，這一科舉制度得到嚴格執行。它給平民世子提供了進入官僚層的公平機會，較之當時歐洲盛行的貴族政治和領主經濟而言確實要先進得多。中國封建社會之所以能夠長期延續，與科舉制這種彈性的、具有自我調節機能的制度的運用是分不開的。

　　科舉對東南亞和西方國家也產生過深遠的影響。日本曾一度仿行過科舉，韓國、越南曾長期實行科舉制度。其中，韓國的科舉制是 1894 年在日本殖民者的逼迫下廢止的；而越南遲至 1919 年才在法國殖民者的壓力下被迫廢止科舉。

　　不少外國學者考證，西方盛行的文官制度就源於中國古代的科舉考試制度。1583 年葡萄牙人岡薩雷斯出版了《偉大的中國》

一書，裏面就介紹了中國的科舉制。法國思想家伏爾泰、孟德斯鳩都在其著作中盛讚中國古代的官吏制度。在 1855－1870 年英國文官制度形成時期，英國的《倫敦雜誌》《紳士雜誌》都載文介紹了中國古代官員的考試和聘用程序。1867 年的《北美評論》也曾介紹過中國的科舉取士。1870 年，美國人斯皮爾出版《中國與美國》一書，亦高度評價了中國古代的文官制度。中國古代官吏制度中關於公開競爭、開科取士、官吏考績等重要內容，被廣泛吸收到西方文官制度中。美國著名漢學家費正清曾給予科舉制以高度評價：「在一個我們看來特別注重私人關係的社會裏，中國的科舉考試卻是驚人的大公無私。」另一位美國學者柯睿格曾說，「以科舉考試為核心的中國文官行政制度的創立，是中國對世界最重要的貢獻之一」。

近些年來，學者劉海峰教授從科舉制對英國文官制度產生和對世界文明貢獻的角度出發，稱科舉制是繼指南針、造紙術、火藥和印刷術四大發明之外的中國「第五大發明」，還提出了建立「科舉學」的主張，這種呼聲同時也引起了西方學者的關注和積極回應。

在清朝的早期和晚期，中國的命運全然不同 ——

清朝的興盛與衰敗

清朝共歷時 268 年，既有最強大的時代（康乾盛世），又有最衰敗的時代（從道光帝開始）。當年滿族僅 83 萬人口，卻統治了已有 5000 萬人口的漢族。

論文治：清初康熙、雍正、乾隆三朝的 130 多年期間，國泰民安，「三代以下無斯盛」。而且，清朝是中國歷史上唯一沒有全國性「徭役制」的朝代。在這三朝，人丁劇增，民豐物阜，與同時期的歐洲相比毫不遜色。

論武功：清朝前期開疆拓土，其幅員之廣在中國歷史上是空前的。經過康雍乾三代皇帝七十餘年的不懈努力，以乾隆二十四年（1759）統一新疆為標誌，真正實現了國家的完全統一，領土面積達 1300 多萬平方公里，是世界上版圖最遼闊的國家。康乾盛世從此達到了繁榮的頂峰，即所謂「鼎盛」「全盛」時期。周邊一些國家東至琉球、朝鮮，南至安南、緬甸、暹羅（泰國）、南洋蘇祿群島、婆羅洲及藏邊廓爾喀（尼泊爾）、布魯克巴、哲孟雄諸國，西至中亞細亞國家，都向清朝稱藩進貢。其疆域之廣，民族之多，為中國兩千餘年所僅見！甚至乾隆時東南亞的「香料群島」一帶（今印尼東端）一些小國 —— 如蘇祿等 —— 被葡萄牙、西班牙、荷蘭等海盜嚇怕了，主動向北京上表「求內附」作藩屬，乾隆卻下詔「險遠不許」，這與西方

列強和日本到處侵略掠奪的強盜行徑大相徑庭！

論經濟：清朝曾大規模墾荒百餘年，耕地面積穩步增長。康熙六十年（1721）底，全國耕地達 735 萬公頃（7.35 億畝），超出明末的 6.7 億畝；到雍正二年（1724），耕地為 890 萬公頃（10 億畝）。由於經濟發展，社會安定，導致人口增長迅速。1722 年突破 1 億，雍正十二年（1734）達到 1.4 億，乾隆二十七年（1762）突破 2 億，到乾隆五十五年（1790）突破 3 億，佔當時世界人口的 1/3，而當時人均土地不過 3 畝多一點。儘管畝產多少史載不一，但是一年的糧食產量能夠養活 3 億人口，可見當時的糧食產量相當可觀，以往任何朝代都未能達到這一水平。此外，商業、貿易、採礦、冶煉、手工業等都蓬勃發展起來，城鎮大量湧現。

論學術文化：雖然還很封閉，沒有了解並跟上西方資本主義科學技術的迅猛發展，沒有思想的解放，沒有觀念的更新。但在傳統的文化、教育領域還是達到空前昌盛的程度，文學藝術如詩歌、詞賦、戲劇、小說、散文、繪畫、書法等異彩紛呈，是繼漢唐宋後又一個文學藝術輝煌的時代。康乾時期古籍研究、整理所涉獵的範圍異常廣泛，包括經學、史學、天文、古算、地理、農學、醫學等方方面面，從比較寬廣的範圍展現了中國傳統文化的博大精深。當然，古籍整理最重要、最具代表性的成果，是乾隆時開館修的《四庫全書》。《四庫全書》將中國歷代重要典籍抄錄下來，第一次系統地整理了中國古代的典籍和社會思想，並分編於經史子集四部四十四類之下，內容浩瀚，包羅萬千，可以說是中國傳統學術文化之總匯。故《四庫全書》的編纂一直被清代學術界譽為「會諸家之大成，光稽古之聖治」，乃「文治之極隆而儒士之殊榮」。特別是《四庫全書》的編纂進一步推動了清朝學術的全面發展，時「海內從風，人文炳蔚，學術昌盛，方架漢唐」。

當然，由於清廷在思想文化領域嚴厲的禁錮和「文字獄」的盛行，極大地窒息了人們的思想和眼界，編纂《四庫全書》過程中存在着大量刪改、銷毀「違礙」「悖逆」書籍的一面。但即便如此，剩下的卷帙，其分量仍然大於當時全世界其他各國現存書籍的總和。

論財政：順治時入不敷出，但到康熙時已有盈餘；雍正五年（1727）庫存銀增至五千萬兩，乾隆時常年庫存六七千萬兩，最高達八千萬兩左右。由於中國產品豐富，與外國進行產品交換時常年出超。西方國家則因物品不足，只能拿銀子來換，使大量白銀流入。16世紀後的兩百多年中，全世界白銀的總產量達 12 萬噸，其中約 6 萬噸流入中國，對中國經濟的發展起到了非常大的刺激作用。由於財政充足，所以能施惠於民，從康熙元年到四十六年（1707），累計免去全國各地錢糧達一億餘兩。自康熙五十年（1711）始，三年內「總蠲免天下地畝人丁新徵、舊欠，共銀三千二百六萬四千六百九十七兩有奇」。又宣佈：自五十年後所生人丁「永不加賦」。取消千百年所行人頭稅，是一項劃時代的變革。乾隆時免錢糧規模之大，歷代望塵莫及。期間先後四次全免，總額達一億兩千萬餘兩。

但是，乾隆後期卻急劇由盛轉衰，直接原因是嘉慶元年（1796）北方三省爆發白蓮教起義，僅軍費就耗費二億多兩，使國家財政元氣大傷。加上由於人口的急速膨脹，乾隆、嘉慶後已是「無田者半天下」，以致「盜賊滋蔓，訟獄如茶」，社會動亂連綿不絕。另外，康雍乾三朝雖是盛世，但貪官污吏橫行天下，僅和珅的家產就多達白銀八億兩，相當於國家四年財政收入的總數。所以這個清代最大貪官被抄家之日，朝野便有「和珅跌倒，嘉慶吃飽」一說。

到了晚清，更是被內憂外患徹底壓垮，終於走到了盡頭。

　　鏈接：美國政治學家保羅·肯尼迪在其所著《大國的興衰》一書中估計，在乾隆十五年（1750），中國的工業產值是法國的8.2倍，英國的17.3倍；到1830年，仍是法國的5.7倍，英國的3倍。中國的人口，也從順治八年（1651）的6500萬左右增加到嘉慶年間（1812）的3.6億。按照英國著名經濟史和經濟統計學家安格斯·麥迪森（Angus Maddison）在《世界經濟千年史》中的統計，從17世紀末到19世紀初，清王朝統治下的中國在經濟上的表現相當出色。1700年到1820年，中國的GDP不但排名世界第一，在世界的比例也從22.3%增長到32.9%；與此同時，中國人口從佔世界總量的22.9%增長到36.6%。1830年中國經濟的總量佔世界GDP總量的1/3，這不但是日本從來不能和不敢想象的，它也超過了現在美國經濟佔世界25%的水平，是至今無可匹敵的經濟總量的世界紀錄。

　　從18世紀60年代開始，英國率先進行工業革命，並擴展到法國等國。根據《大國的興衰》一書的計算，1860年，英國的生鐵產量佔世界的53%，煤和褐煤的產量佔世界的50%，其現代工業的生產能力相當於全世界的40%—50%，人均工業化水平是中國的15倍。而中國仍停留在農業和手工業時代，經濟呈現出粗放型增長。我們經常說近代的中國「積貧積弱」，但如果按照近20年來經濟史學家提供的數據，近代中國其實一直是個經濟大國。《大國的興衰》引用經濟史學者貝羅克的統計，中國經濟總量世界第一的寶座直到1895年才被美國搶去。麥迪森也認為：「中國在之前近兩千年的時間裏一直是世界上最大的經濟體，但到了19世

圓明園遺址

紀 90 年代，它的這個位置被美國所取代。」他認為，中國 GDP
被美國超過的確切時間，是中日簽訂《馬關條約》的 1895 年。

　　1820 年，中國的 GDP 約為英國的 7 倍，卻在 1840 — 1842 年
的鴉片戰爭中被英國擊敗。1870 年中國的 GDP 仍是英國的 1.8
倍，而且大於英法的總和，卻沒能阻止英法聯軍在 1860 年火燒
圓明園。1884 — 1885 年，中國在中法戰爭中不敗而敗，此時中國
的 GDP 卻是法國的 2 倍多。1890 年，中國的 GDP 約為日本的 5
倍，但中國軍隊卻在 1894 — 1895 年的中日甲午戰爭中一敗塗地。

　　從 1840 年開始，作為世界最大經濟體的中國卻在對外戰爭中
連續失敗，領土日益縮小，國際影響力日趨低落，中國喪失了約
12% 的國土。無論從何意義上，晚清的中國都不是一個強國，而
是一個屢遭侵略、屢屢割地賠款的弱國，還是一個主權不完整的
半殖民地國家。

　　從近代中國的境況來看，儘管有幾千年未曾中斷的悠久的歷史，有遼闊的國土，眾多的人口，經濟總量也非常大，1700 年到1820 年，中國的 **GDP** 不但排名世界第一，而且在世界的比例也從22.3% 增長到 32.99%。儘管如此，那只是一個落後於時代的農業國的「落日輝煌」。由於嚴厲的閉關鎖國政策，妄自尊大、拒絕開放、反對變革、禁錮思想、蔑視科學技術，完全不知道世界已發生了翻天覆地的變化，因而對勃然而起的工業革命，對迅速崛起的資本主義，中國人全然不知。與當時的先進國家相比，無論是制度上，還是在工業與科技等領域，不得不承認，中國已經大大地落後了。到 1840 年，中國年產鐵約 2 萬噸，不及法國的 1/10，不及英國的 1/40。1825 年英國建造了世界上第一條鐵路，到 1840年，全世界的鐵路總里程達 9000 公里，而這時中國還不知鐵路為何物。

　　封閉必然落後，而「落後就要捱打」！

　　「富」「強」二字，缺一不可！

面對不斷入侵、咄咄逼人的外國列強，中國人民一直沒有停止救亡圖存、民族復興的努力 ——

振興中華：對中國力量的呼喚

1874 年，中國近代改良主義思想家王韜曾提出「振興中國」的口號。1894 年 11 月和 1895 年 2 月，孫中山在檀香山和香港建立資產階級革命團體「興中會」，鄭重宣告：「本會所設，專為聯絡中外有志華人，講求富強之學，以振興中華……」第一次發出「振興中華」的號召。

不久後，康有為、梁啟超等發動變法維新運動，也提出「振厲」中國的問題。他們說的「唯有激恥以振之」「中國可以自振」等，與「振興中華」含義相同，雖走的是改良道路，但根本動因是救亡圖存。

後來，義和團運動中，農民愛國英雄們也提出「振興中國」的口號。在 19 世紀後期，不同的政治派別不謀而合地提出了大體相同的口號，當然不是偶然的巧合，表明「振興中華」在當時已是時代的要求，人心之所向。

正是這一口號所激發出的正能量，鼓舞了許多志士仁人前赴後繼地投入「振興中華」的愛國鬥爭。

正如毛澤東在中國人民政治協商會議第一屆全體會議的開幕詞中所指出的那樣：「中國人從來就是一個偉大的勤勞的勇敢的民族，只是在近代是落伍了。這種落伍，完全是被外國帝國主義和本國反動政

府所壓迫和剝削的結果。」對比中國古代的輝煌和近代的恥辱，就不難理解，「振興中華」的口號一提出，為什麼能在中國人民中會產生如此強烈的共鳴！

自從 1840 年鴉片戰爭爆發以來，不管災難怎麼深重，危機怎麼深刻，中國人一直都有一個振興中華、實現中華民族偉大復興的中國夢。因此，習近平從理論上對「中國夢」作了高度概括之後，由於反映了一百多年來中國人民的心聲，因此才會引起強烈的反響和共鳴。

毛澤東曾經指出：「帝國主義的侵略打破了中國人學西方的迷夢。很奇怪，為什麼先生老是侵略學生呢？中國人向西方學得很不少，但是行不通，理想總是不能實現。」他還指出：「在一個半殖民地的、半封建的、分裂的中國裏，要想發展工業，建設國防，福利人民，求得國家的富強，多少年多少人做過這種夢，但是一概破滅了。許多好心的教育家、科學家和學生們，他們埋頭於自己的工作或學習，不問政治，自以為可以所學為國家服務，結果也化成了夢，一概破滅了。」

正因為如此，鄧小平指出，資本主義不能救中國。他説：「國民黨搞了二十幾年，中國還是半殖民地半封建社會，證明資本主義道路在中國是不能成功的。」1927 年蔣介石發動「四一二」反革命政變以後，5 月就在南京成立了國民政府。從 1927 年到 1949 年這 22 年裏，蔣介石實際上走的就是資本主義道路。事實證明，這條道路在中國是走不通的。鄧小平還指出，三民主義也不能救中國，「蔣經國提出用『三民主義』統一中國，這現實嗎？你那個『三民主義』在中國搞了 22 年，1927 年到 1949 年，中國搞成了什麼樣子？」他強調，「『中國人站起來了』，是什麼時候站起來的？是 1949 年。使中國人站起來的，不是蔣介石，而是共產黨，是社會主義。」

2012 年 10 月 29 日，習近平率領新一屆中央領導集體參觀北京

《復興之路》展覽的時候，第一次提出「中國夢」。他指出：「每個人都有理想和追求，都有自己的夢想。……實現中華民族偉大復興，就是中華民族近代以來最偉大的夢想。」此後，中國夢成為中國人堅定的追求。

習近平還談到了「中國夢」的基本內涵：國家富強，民族復興，人民幸福。儘管只有 3 句話、12 個字，但是內涵非常豐富，即涉及三大層面：從國家的層面講，突出的是富強；從民族的層面講，突出的是復興；從人民的層面講，突出的是幸福。

可見，正是中國共產黨領導全國各族人民經過 28 年的浴血奮戰，才使中華民族一洗百年恥辱，使中國人終於站起來了，從而在世界民族之林中擁有了自己的一席之地，也為「中國夢」的實現、為中華民族的偉大復興，奠定了一個堅實的基礎！

第 ② 章

中國共產黨：
中華民族的中堅力量

　　中國共產黨是領導和團結全國各族人民建設中國特色社會主義偉大事業的核心力量，肩負着歷史重任，經受着時代考驗，必須堅持立黨為公、執政為民，堅持黨要管黨、從嚴治黨，全面加強黨的建設，不斷提高黨的領導水平和執政水平、提高拒腐防變和抵禦風險能力。

　　歷史反覆證明，人民群眾是歷史發展和社會進步的主體力量。

　　堅持群眾路線，就要堅持人民是決定我們前途命運的根本力量。

—— 習近平

法國傑出的政治家、軍事家、法蘭西第一帝國的創建者拿破崙對中國曾有一個「中國睡獅論」的評價 ——

不會永遠酣睡的雄獅

1814 年，不可一世的法國皇帝拿破崙一世被歐洲反法聯軍擊敗後，東山再起，於 1815 年組織 30 萬大軍向歐洲反法聯軍發動進攻，結果在滑鐵盧遭到慘敗。6 月 22 日，拿破崙被迫退位，不久被英國軍隊押送到遙遠的大西洋的聖赫勒拿島監禁起來。

在拿破崙被監禁的第三個年頭，被嘉慶皇帝嚴詞駁斥的英國貿易使團團長阿美士德，正垂頭喪氣地從中國返回。在回國途中，他經過聖赫勒拿島。當阿美士德聽說這裏關押着拿破崙一世時，很想見一見他，聽聽這位傳奇人物對中國問題的看法。

見面之後，阿美士德講了自己在中國的經歷，認為只有通過戰爭敲開中國的大門。而拿破崙對英國的做法不屑一顧，並對英國用戰爭解決問題的提法發表評論說：「要同這個幅員廣大、物產豐富的帝國作戰是世界上最大的蠢事。」他說，「開始你們可能會成功，你們會奪取他們的船隻，破壞他們的軍事和商業設施，但你們也會讓他們明白他們自己的力量。他們會思考；他們會建造船隻，用火炮把自己裝備起來。他們會把炮手從法國、美國甚至倫敦請來，建造一支艦隊，把你們打敗。」阿美士德反駁說：「中國在表面強大的背後是泥足巨人，很軟弱。」但拿破崙認為，中國並不太軟弱，它只不過是一隻睡

眠中的獅子。「以今天看來，獅子睡着了連蒼蠅都敢落到它的臉上叫幾聲。」接着，拿破崙説了一句名言，「中國一旦被驚醒，世界會為之震動。」

　　不過，在這句話的中間還有一句：「它在沉睡着，謝謝上帝，讓它睡下去吧。」

　　拿破崙的預言是對的。但是，中國這頭雄獅不會永遠酣睡。它一旦被驚醒和激怒，就會爆發出令世界震動的巨大能量！

中國歷史的轉折點，出現在 1921 年。因為正是在這一年，中國歷史上第一個無產階級政黨——

中國共產黨誕生

中國共產黨是圍繞自己的政治綱領、按照自己的政治路線、為實現自己的政治目標而組織起來的政治集團，是用馬克思列寧主義、毛澤東思想、中國特色社會主義理論體系武裝起來的中國工人階級先鋒隊，同時也是中國人民和中華民族的先鋒隊，是中國特色社會主義事業的領導核心。

中國共產黨的性質、宗旨和指導思想，決定了它必須把全心全意為人民服務、誠心誠意為中國人民謀利益作為自己全部活動的出發點和歸宿。

在中國共產黨 80 多年的奮鬥歷程中，這一神聖宗旨始終是貫穿其間的一條紅線。

1917 年俄國十月革命後，馬克思主義在中國逐步得到了廣泛傳播。上海、北京、武漢、長沙、廣州、濟南以及旅居日本、法國的中國共產主義者們先後成立了一些黨的早期組織。儘管叫

中國共產黨「一大」舊址

法不一，但由於性質相同，後被統稱為各地共產主義小組。它們建立後積極開展工作，推動了馬列主義與中國工人運動的相結合，也使正式成立中國共產黨的條件得以成熟。在共產國際的幫助下，由七個地區各派出兩名代表（旅法小組因路遠未派代表出席），於 1921 年 7 月 23 日在上海法租界貝勒路樹德里 3 號（後稱望志路 106 號，現改興業路 76 號）祕密召開了第一次代表大會。

　　參加中共一大的各地代表共 12 人，他們是：來自上海小組的李達、李漢俊；來自武漢小組的董必武、陳潭秋；來自長沙小組的毛澤東、何叔衡；來自北京小組的張國燾、劉仁靜；來自濟南小組的王燼美、鄧恩銘；來自廣州小組的陳公博；來自旅日小組的周佛海。另外，武漢小組成員、書記包惠僧在廣州與陳獨秀商談工作期間，受陳獨秀個人委派參會。共產國際執委會派來協助建黨的馬林和國際遠東書記處所派、以赤色職工國際理事會代表身份的尼克爾斯基，列席了第一天的會議（馬林還出席了第六次會議）。

　　7 月 31 日，在浙江嘉興南湖一游船上召開第七次會議，通過了《中國共產黨黨綱》《關於當前實際工作的決議》，選舉了中國共產黨的領導機構，陳獨秀任中央局書記，張國燾任組織主任，李達任宣傳主任。

　　中國共產黨的誕生，標誌着中國進入了新的歷史轉折點。

嘉興南湖紅船

鏈接： 中國共產黨成立後因長期處於戰爭年代，沒有條件紀念黨的誕生日。1938 年 5 月，由於中共中央所在的延安是抗日的大後方，具備了紀念黨的誕辰的條件，但面臨的一個問題是搞不清具體的日期。當時在延安參加過「一大」的代表只有毛澤東和董必武二人，可他們也記不清楚。經兩人商量後，決定就用 7 月的頭一天作為紀念日。

同年 5 月 26 日，毛澤東在延安召開的抗日戰爭研究會上發表了著名的《論持久戰》演講，明確提出：「7 月 1 日，是中國共產黨建立十七週年紀念日。」到 1941 年 6 月，中共中央發出《關於中國共產黨誕生二十週年抗戰四週年紀念指示》，正式規定了 7 月 1 日為中國共產黨的誕生紀念日。

但長期以來，中外史學界一直認為中共一大存在着疑而未決的三大懸案。一是出席一大的代表人數究竟有多少？二是究竟是哪個月、哪一天開幕，又是哪一天閉幕的？三是會址究竟在哪裏？

1950 年，時任上海市市長的陳毅把尋找中國共產黨的誕生地列為一項重要的政治任務，並專門成立了工作組，歷時一年半終於找到一大會址，解決了第三個懸案。其後，中國人民解放軍後勤指揮學院的黨史教員邵維正經十年研究，又解決了另外兩個懸案。他的論文在中國革命博物館的內刊上發表後，引起時任中央書記處書記胡喬木的注意，並推薦在《中國社會科學》雜誌創刊號上發表，即《中國共產黨第一次全國代表大會召開日期和出席人數的考證》。中央書記處為此還專門召開會議，討論改不改

「七一」紀念日。最後決定黨的紀念日不改，但是要把這個問題向全黨和全國人民、向世界澄清。有關方面又委託邵維正寫了《黨的誕生紀念日與「一大」的召開日期》一文，在中共中央的機關刊物《求是》上發表。

邵維正考證中共「一大」的論文還被翻譯成英文、日文、俄文等，國外多家報刊轉載，引起美國、日本、蘇聯、法國等國專家學者的高度重視。

中國共產黨之所以能領導人民取得革命的勝利，是因為找到了工農大眾 ——

中國共產黨：正確選擇了依靠力量

中國共產黨自 1921 年誕生，從 53 名黨員、13 名代表起家，只用了短短的 28 年就領導全國人民奪取了政權，成為執政黨，截至 2015 年底，更是成為擁有 8875.8 萬黨員的世界第一大政黨。一般而言，我們說這是歷史的選擇、人民的選擇。但是，中國共產黨也有兩個正確的選擇：一是正確選擇了馬克思主義作為黨的指導思想，二是正確選擇了依靠力量 —— 工農大眾。

回顧中國近代史，我們不難看到：林則徐虎門銷煙、抗擊英軍，主要依靠的是道光皇帝，一旦靠山動搖，就落了個革職流放、充軍伊犁的結局；太平天國依靠的是拜上帝會，最終失敗；康有為、梁啟超主張變法維新，依靠的是光緒皇帝，結果戊戌變法只持續了一百零三天，就在慈禧太后的鎮壓下宣告流產；孫中山先生主張三民主義，依靠的是華僑、會

中國早期工人

黨、知識分子、小軍閥，雖然推翻了清王朝，但也多次失敗，最終革命的果實被袁世凱篡奪；蔣介石依靠的是大地主大資產階級、軍隊和兩大特務組織（中統和軍統），靠血腥鎮壓來維持個人獨裁，但還是逃脫不了逃離大陸、敗走臺灣的命運。

而把馬列主義作為自己理論基礎的中國共產黨，從成立伊始就以代表中國先進生產力的工人階級作為自己的階級基礎。當時的工人多是破了產的農民，因在農村無法生存而被迫到城裏打工謀生，並沒有任何社會地位。但由於中國共產黨信仰馬克思主義，而馬克思主義認為工人階級是最先進、最革命的階級，也是先進生產力的代表階級。在中國，工人階級是近代以來中國社會發展特別是社會化大生產發展的產物，具有嚴格的組織性、紀律性和革命的堅定性、徹底性等品格。因此，中國共產黨從成立之日起，就把自己定位為中國工人階級的政黨。

中國共產黨成立僅一個月，就在上海成立了領導工人運動的專門機關 ──「中國勞動組合書記部」，其後又在北京、武漢、長沙等地成立了分部，以便加強全國各大城市工人運動的聯繫並協調和統一行動。中國共產黨最早的一批黨員主要是知識分子，但都深入工人群眾中從事工人運動。不過，在中國工人數量只有 200 萬左右的 20 世紀20 年代，指望僅佔全國人口 0.5% 的工人階級去孤軍奮戰，在反動勢力佔絕對優勢的城市裏舉行罷工、暴動並以此為起點奪取政權，顯然是不現實的。

毛澤東是較早認識到這一點的共產黨人之一。1923 年 6 月，他在中共「三大」第一次明確地提出要「重視農民革命」的主張；1926 年9 月在《國民革命與農民運動》一文中他又進一步指出：「農民問題乃國民革命的中心問題。」他還主辦過農民運動講習所，並擔任了中共

中央專門設立的農民運動委員會書記，直接從事農民運動。

　　1925 年 12 月 1 日，毛澤東在國民革命軍第二軍司令部編印出版的《革命》半月刊第四期上發表了著名的《中國社會各階級的分析》一文。這篇重要論著回答了中國革命提出的許多重大問題，辨明了中國革命的敵人和朋友和依靠力量。

　　在這篇文章中，毛澤東運用馬克思主義的階級分析方法，將中國社會各階級分為五大部分：地主階級和買辦階級、民族

《中國社會各階級的分析》

資產階級、小資產階級、半無產階級、無產階級。關於無產階級，毛澤東指出：「現代工業無產階級約二百萬人。中國因經濟落後，故現代工業無產階級人數不多。二百萬左右的產業工人中，主要為鐵路、礦山、海運、紡織、造船五種產業的工人，而其中很大一個數量是在外資產業的奴役下。工業無產階級人數雖不多，卻是中國新的生產力的代表者，是近代中國最進步的階級，做了革命運動的領導力量。我們看四年以來的罷工運動，如海員罷工、鐵路罷工、開灤和焦作煤礦罷工、沙面罷工以及『五卅』後上海香港兩處的大罷工所表現的力量，就可知工業無產階級在中國革命中所處地位的重要。」

　　工業無產階級之所以能夠成為革命運動的領導力量，是因為「他們所以能如此，第一個原因是集中。無論哪種人都不如他們的集中。第二個原因是經濟地位低下。他們失了生產手段，剩下兩手，絕了發財的望，又受着帝國主義、軍閥、資產階級的極殘酷的待遇，所以他們特別能戰鬥」。

　　對於農村無產階級，毛澤東也作了分析：「所謂農村無產階級，是指長工、月工、零工等僱農而言。此等僱農不僅無土地，無農具，又無絲毫資金，只得營工度日。其勞動時間之長，工資之少，待遇之薄，職業之不安定，超過其他工人。此種人在鄉村中是最感困難者，在農民運動中和貧農處於同一緊要的地位。」

　　至於中國還存在的數量不小的遊民無產者，毛澤東認為他們「為失了土地的農民和失了工作機會的手工業工人。他們是人類生活中最不安定者。……這一批人很能勇敢奮鬥，但有破壞性，如引導得法，可以變成一種革命力量」。

　　通過對當時中國社會各階級的分析，毛澤東得出結論：「一切勾結帝國主義的軍閥、官僚、買辦階級、大地主階級以及附屬於他們的一部分反動知識界，是我們的敵人。工業無產階級是我們革命的領導力量。一切半無產階級、小資產階級，是我們最接近的朋友。那動搖不定的中產階級，其右翼可能是我們的敵人，其左翼可能是我們的朋友 —— 但我們要時常提防他們，不要讓他們擾亂了我們的陣線。」

　　後來，毛澤東把《中國社會各階級的分析》一文作為開卷篇收入《毛澤東選集》，並親自寫了這樣一個題注：「此文是反對當時黨內存在着的兩種傾向而寫的，當時黨內的第一種傾向，以陳獨秀為代表，只注意同國民黨合作，忘記了農民，這是右傾機會主義。第二種傾向，以張國燾為代表，只注意工人運動，同樣忘記了農民，這是『左』傾機會主義。這兩種機會主義都感覺自己力量不足，而不知道到何處去尋找力量，到何處去取得廣大的同盟軍。」

　　毛澤東還通過對農民運動的實地考察，發表了《湖南農民運動考察報告》，在中共內外對農民運動的一片懷疑和指責的喧囂聲中旗幟鮮明地加以支持，批駁了各種攻擊、指責農民運動的論調，初步提出

了解決中國民主革命的中心問題 ── 農民問題的理論和政策。

　　1927 年大革命失敗後，以毛澤東為代表的一批中國共產黨人根據中國國情，毅然開始了從以城市為中心到以鄉村為中心的戰略轉移，依靠廣大農民走以農村包圍城市的新道路。毛澤東在 1927 年 7 月 4 日召開的中共中央常委擴大會議上提出農民自衛軍應該上山，並預料「上山可造成軍事勢力的基礎」。同年 9 月，他親自領導了三大武裝起義中唯一選擇在農村舉行的湘贛邊界的秋收起義，而且很快將起義部隊帶到井岡山，創建了井岡山革命根據地。

　　正因為中國共產黨重視工農群眾，把他們作為依靠力量，從而代表了人民群眾的根本利益，所以得到了廣大人民群眾的支持和擁護，並取得了中國革命的勝利。

　　鏈接：19 世紀 40 ─ 50 年代，隨着外國資本勢力的侵入，中國開始出現直接受到外國資本奴役的僱傭勞動者，主要是在外輪上的船員、香港及沿海通商口岸的船塢工人、碼頭工人以及其他很少數的工廠工人。

　　19 世紀 60 年代以後，外國資本在中國設立的工廠日見增多，封建官僚也開始舉辦軍事工業和民用工業，民族資本的工業亦開始產生，由此導致無產階級的數量逐步增加。據 1894 年的估計，中國近代產業工人的總數已近 10 萬。在外資直接經營的企業中，工人約有 34000 人；官辦企業也約 34000 人（其中軍事工業約 10000 人，礦山及冶煉工人約 24000 人）；民族資產階級企業（包括工廠、礦山）中的工人約 27000 人。三項合計，共約 95000 人左右，他們成為中國第一代產業工人。當時屬於無產階級的還

有海員、船員、碼頭運輸工人、城市建築工人、手工業的僱傭勞動者和商店店員，以及農村的僱農和其他城鄉無產者。儘管總數比產業工人大得多，但是產業工人（包括一部分船員）仍是整個無產階級隊伍中的核心。

1925 年的工人運動

　　據 1918 年農商部的調查，全國工人共有 1 749 339 人。其中礦山工人 530 885 人，外國工廠工人 324 362 人，染織工人 302 666 人，飲食 151 677 人，海員約 150 000 人，化學 119 789 人，鐵道 71 811 人，雜工廠 35 085 人，政府直轄工人 21 640 人，機械及器具 16 361 人，特別工廠 13 063 人，市政工人（郵差）12 000 人。到 1919 年五四運動前夕，產業工人已達 200 萬人以上，再加上 1000 多萬手工業者和店員，已成為中國社會上一支舉足輕重的階級力量。

　　中國工人階級的生活是非常困苦的。1927 年 5 月，李立三在工運報告中統計：在中國，有許多工人除了吃僱主的飯以外幾乎完全沒有工資。漢口煤業店的僱工每月工資只有 2 元，漢口火柴廠的童工最少只有 3 角錢一月。全國非熟練工人每月工資平均 9 元，而每人必須生活費將近 12 元；熟練工人每月工資平均 15 元，而每人必須生活費需 19 元餘。工人所得工資，「不能維持本身的生活，更無法維持他家庭的生活，因非熟練工人 5 人家庭的生活費需 21 元

餘，熟練工人 5 人家庭的生活費需 35 元餘」。工人家庭為了生存，只得全家出動，妻子當女工，孩子當童工，老人拉黃包車，全體家庭成員的掙扎，才能過上「時而舉債夾以半飽」的生活。

從 1914 年到 1919 年五四運動前，據不完全統計，全國共發生罷工 108 次。而且從 1916 年起，每年發生的罷工數逐年上升：1916 年 17 次，1917 年 21 次，1918 年 30 次；1922 年全國共發生大小罷工 100 多次，罷工人數在 30 萬以上，其中 9 月至 12 月的罷工就有 41 次。在這 41 次罷工中提出條件 97 項，其內容如下：要求增加或維持工資 37 項；反對管理規則 15 項；承認工會 11 項；給假休息 10 項；養老撫恤 6 項；恢復革工 5 項；反對工頭 5 項；響應他處 5 項；減少工作時間 3 項。從罷工的情況看，已經充分表現了中國工人的階級意識和覺悟。

張學良曾經與蔣介石有過一次關於共產黨的辯論 ——

張學良斷言：蔣介石消滅不了共產黨

張學良曾跟蔣介石辯論，斷言蔣介石消滅不了共產黨。蔣介石問為什麼？張學良說了一句非常形象的話：「因為我們背後的老百姓，沒有他們背後的老百姓多。」

張學良還具體舉了兩個他親身經歷的例子來說明這一點：「有一次，他們看到一個老太婆坐在房門口縫鞋子，門旁立着一根竹竿，竹竿上用一根繩子拴着。這個老太婆就是紅軍的情報員，她把繩子一拉，竹竿倒下，就是通報國民黨軍隊來了。」

張學良與蔣介石

還有一次，「我們的軍隊在那駐紮，一個小孩，十五六歲的小孩跑來玩兒，一邊玩兒，一邊他把我們的軍隊都數了，有多少炮，大概有多少兵，他都給你數了，然後，他

跑去向共產黨報告。」張學良由此感歎道，「你沒辦法對付老百姓呀！」

張學良說，打了那麼多的仗，最不值得的是和紅軍打仗。他晚年一回想起「剿共」戰爭，就感到傷心：「那所謂『剿匪』，真讓人傷心啊。『剿匪』的軍隊都實行堅壁清野，這可不是胡說八道。我是在後頭，前頭的軍隊呀，我也出去視察了，我一看傷心透了，那房子都給人家燒了，堅壁清野呀！」「事實用不着燒房子，為什麼燒了，軍隊可以佔便宜，可以把好東西都拿走啊。」「所以我反對內戰，那內戰真是沒有人性啊。連我到前線去都沒有地方睡覺，房子都被燒了。」

由此，張學良總結說：「逼得老百姓都當共產黨了，跟共產黨一塊兒和我們鬥爭。那雜牌軍沒有軍餉咱不說，正規軍也是一樣，連燒帶搶啊。老百姓被逼得沒辦法了，只好投奔共產黨，和我們對打，我承認，這是官逼民反！」

而這一切，在張學良看來，「那是自己找的。不是國民黨把大陸丟了，是大陸人民不要國民黨啦。簡單說，國民黨在大陸時，把大陸看成征服地一樣，沒有想到這是自己的國家，什麼都要，房子、女人、錢，這幫壞蛋，真讓人傷心。」

張學良以自己的親身經歷所說的這些話，從一個政黨與人民群眾的關係角度，形象而生動地點出了國民黨必敗、共產黨必勝的歷史性結論。

得民心者勝，失民心者敗，這是古往今來已經反覆證明了的一條規律，也是一條真理。

鏈接：1947 年 2 月，人民解放軍華東野戰軍發起萊蕪戰役時，山東人民基本上靠人挑、畜馱、小車推，把集中在臨沂附近的上億斤糧食、彈藥、作戰物資奇跡般地迅速轉移到萊蕪前線，保障了前線的急需。僅 120 戶人家的朱家宅子，在 2 月 15 日一天內做好 1850 斤煎餅，蒸好 1200 斤白麵饃，打出 2800 斤小米，磨好 1800 斤麥麵，集中 6000 斤柴草，運送到前方；靠近萊蕪城的顏莊區群眾一次就為部隊辦好煎餅和小米各 20 萬斤，而他們自己卻吃糠咽菜！

在人民群眾的大力支持下，華東野戰軍共殲滅國民黨軍第二綏靖區前方指揮所，第四十六軍軍部及其新十九師、一七五師、一八八師，第七十三軍軍部及其新十五師、七十七師、一九三師，第十二軍新編三十六師 2 個團，共 56000 餘人。其中斃傷 1 萬人，俘虜 46800 人。連同阻擊部隊和地方武裝所殲第九十六軍暫十二師一部、第八軍一〇三師一部、一六六師大部、交警十五總隊全部等，總共 7 萬餘人。生俘國民黨徐州綏靖公署第二綏區中將副司令官李仙洲以下將級軍官 21 名，擊斃第七十三軍七十七師少將師長田君健等將級軍官 2 名。繳獲各種戰炮 457 門，輕重機槍 2056 挺，長短槍 16168 支，各種炮彈 26258 發，各種槍彈 291 萬餘發，戰馬 1027 匹，汽車 56 輛，電台 29 部，電話機 290 部，鐵甲車 1 列，火車 1 列……並擊落飛機 5 架，擊毀汽車 15 輛，毀鐵橋 6 座，鐵軌 140 餘根。解放了萊蕪、新泰、博山、淄川、長山、鄒平、章丘、臨淄、益都、掖縣、昌邑、高密、膠縣等 13 座縣城及張店、周村等重要市鎮數十處，控制了膠濟鐵路

500 華里，取得了萊蕪戰役的大捷！

1986 年，當年的一縱司令員葉飛將軍回憶起這段往事時，滿懷深情地慨歎：「山東人民真是好啊！正當我們着急的時候，山東人民提出了一句口號：『破家支前！』為了部隊打勝仗，他們作出了極大的犧牲，紛紛把自家房頂的草揭了，把整間草房拆了，把好草理出來餵馬。要知道當時剛下過大雪，一家男女老少往哪裏安身呀？部隊不忍心，上前勸阻，大爺、大娘的回答是『不礙事，等你們打了勝仗再蓋新的！』『這些日子可以蹲山洞』。有這樣的人民支援前線，我們的部隊怎麼能不打勝仗！」

毛澤東曾經深刻地指出：「一切反動派都是紙老虎。看起來，反動派的樣子是可怕的，但是實際上並沒有什麼了不起的力量。從長遠的觀點看問題，真正強大的力量不是屬於反動派，而是屬於人民。」

有了人民的支持，中國共產黨、中國共產黨的軍隊就無往而不勝！

中國共產黨的一大優勢，是具有極強的組織能力 ——

中國共產黨：非常善於凝聚力量

中國共產黨的基層組織是中共的全部工作和戰鬥力的基礎。

中國共產黨的基層組織建設，也是中共的建設中的一項基礎性工程。

中國共產黨歷來重視基礎黨組織的作用。在民主革命時期，中國共產黨有一個非常大的優勢，即具有極強的組織能力。毛澤東曾經指出：「我們的方針要放在什麼基點上，放在自己力量的基點上，叫做自力更生。……我們能夠依靠自己組織的力量，打敗一切中外反動派。」特別是中國共產黨能夠把歷來一盤散沙狀的農民通過各種方式組織起來，從而形成一整套基層組織體系：

—— 政治組織：工會、農會、參議會、抗敵協會等；

—— 軍事組織：工農暴動隊、赤衛隊、民兵、自衛隊等；

—— 經濟組織：耕田隊、生產合作社等；

—— 文化組織：農民夜校、工農劇社、掃盲班、秧歌隊等；

—— 按性別：婦女解放協會、婦女抗日救國會等；

—— 按年齡：兒童團、少先隊等。

古今中外，沒有一個政黨建立過如此細密、靈活而有效的組織體系和基層組織。正是依靠各級各類基層組織，使中國共產黨形成了具有統一意志、統一行動、統一紀律的具有堅強戰鬥力的

劉少奇在中共「七大」

有機整體。

共產黨不是一個興趣相同者的俱樂部，它有着嚴密的組織和民主集中制，有着高度自覺的鐵的紀律，這是它戰勝各種困難、永遠保持戰鬥力的組織保證。

劉少奇 1945 年 5 月在中共七大關於修改黨章的報告中首次提出：黨的基層組織應該是一個個戰鬥堡壘。

中國共產黨在中華人民共和國成立前，黨員的數量一直都不算多：1921 年 7 月，黨員僅有 53 人；1927 年 4—5 月統計，黨員發展到 57000 多人；但是到了 1927 年 8 月，由於大革命的失敗，中國共產黨人遭到國民黨反動派的血腥屠殺，只剩下 10000 多人；到 1933 年土地革命的高潮時，黨員增加到 30 萬人；1937 年抗日戰爭開始時，黨員只有 40000 人；1945 年 4 月召開中共「七大」時，黨員發展到 121 萬人；到 1949 年 10 月中華人民共和國誕生後，黨員達到 488 萬多人，基層組織約 20 萬個。由於中國共產黨充分發揮了基層黨組織的作用，所以取得了中國革命的勝利。

在當前，中共的基層組織更是成為實現「中國夢」的組織者、推動者和實踐者。

鏈接：江西萍鄉的安源，是中國少年先鋒隊的誕生地。

早在 1922 年 4 月，安源的少年兒童就在安源路礦工人俱樂部的領導下，組織起來，並於次年正式成立了兒童團。這些年齡為 8－15 歲的兒童團員們從小接受中國共產黨的教育，聽從中國共產黨的指揮。當時分配給他們的主要任務就是站崗、放哨，為工人俱樂部送文件、傳遞消息。

安源兒童團的組織機構嚴密，紀律嚴明。據 1924 年安源的《小學國語教科書》記載：「童子軍的編制，九個人算一隊，兩隊算一團。每隊有個隊長，每團有個團長，團長上面，更設立一個總團長帶領着。」

不少少年兒童經過兒童團的培養，從安源走向了井岡山，走向了延安，走向了中華人民共和國的重要崗位，如 1955 年被授予將軍軍銜的王耀南、吳烈、幸園林、唐延傑等。被譽為中國的「保爾」、中國人民解放軍兵工事業的開拓者吳運鐸《在安源的日子裏》寫道：「1926 年，北伐軍到安源，工人俱樂部辦起了學校，我又進學校讀書了。這時，又成立了兒童團，團長叫楊世橋，我是東區兒童團的宣傳委員。」

安源兒童團開創了中國共產黨領導下中國少年兒童組織運動的先河，成為中國少年先鋒隊的先驅組織，安源因而成為中國少年先鋒隊誕生的搖籃。

中國共產黨之所以能夠成為執政黨，是因為中國共產黨為中華民族的偉大復興付出了巨大的犧牲 ——

中國共產黨的歷史性貢獻

據中央民政部門和組織部門統計，全國有名可查和受到優撫待遇的烈士有 370 多萬人；

—— 僅在北伐戰爭、土地革命時期和抗日戰爭時期，人民軍隊在戰場上犧牲的就達 76 萬多人，其中有 32 萬餘人是共產黨員，佔了將近一半。而當時在軍隊中的共產黨員最多只佔 1/3；

—— 1927 年大革命失敗後，據不完全統計，僅從 1927 年 3 月到 1928 年上半年，遭到國民黨反動派屠殺的革命群眾和共產黨人就達 31 萬多人，其中共產黨員就有 26000 多人。而據 1927 年 4 —5 月的統計，全國的共產黨員才不過 57000 多人！

經過一場血腥的屠殺，到 1927 年 8 月，全國的共產黨員僅剩下 10000 多人。但是他們並沒有屈服，而是像毛澤東指出的那樣：「中國共產黨和中國人民並沒有被嚇倒、被征服、被殺絕。他們從地下爬起來，揩乾身上的血跡，掩埋好同伴的屍首，他們又繼續戰鬥了。」

1927 年 8 月 1 日凌晨那劃破南昌夜空的第一聲槍響，不僅打出了年輕的中國共產黨人在面對敵人血淋淋的屠刀時毫不屈服、奮起抗爭的英雄氣概，也打出了未來新中國的第一縷曙光！

抗日戰爭時期，中國共產黨領導的人民抗日武裝力量對日作戰125 165 次，斃傷俘日偽軍 1 714 117 人，其中殲日軍 527 422 人，繳獲長短槍 682 831 支，輕重機槍 1.1 萬多挺、各種火炮 1852 門，收復國土 104.8 萬平方公里，解放人口 1.255 億。

同時，敵後解放區軍民也付出了重大犧牲。據不完全統計，解放區平民死亡 890 餘萬人，八路軍、新四軍和華南抗日遊擊隊共傷亡584 267 人，為中華民族的獨立和解放作出了不可磨滅的歷史貢獻。人民軍隊由抗戰開始時的 3 萬多人發展到 127 萬多人，民兵達 260 萬人。中國共產黨領導的根據地有 19 塊，其地域包括華北、華中、華南19 個省的廣大地區，總面積近 100 萬平方公里，人口近 1 億。

據民政部 2009 年的不完全統計，在新民主主義革命的 28 年中，犧牲在戰場上和刑場上的先烈多達 2000 餘萬人。其中有姓氏可考、收入各級人民政府編輯的《烈士英名錄》的就有 176 萬人。正是無數共產黨人前仆後繼，英勇奮戰，始終把全心全意為人民服務、誠心誠意為人民謀利益視為己任，為實現國家富強、民族復興和人民幸福的「中國夢」進行了可歌可泣的英勇奮鬥，從而使中國一洗百年恥辱，在世界民族之林中有了自己的一席之地！

楊得志將軍在回憶錄《崎嶇的井岡》裏有這樣的記錄：在井岡山時期，紅軍中的黨組織是祕密的，但究竟誰是共產黨員，大家都能猜出個八九不離十。那就是打仗時衝鋒在前，不怕犧牲，甚至用自己的生命掩護戰友；誰吃飯時不爭先恐後，甚至把僅有的一點食物也讓給別人。每當這種情況出現，大家就能猜到：「他一定是共產黨員。」實際情況也是如此。

有這樣一組真切的數據：中華人民共和國成立前，中央委員與候補委員共 170 多人，其中 42 人犧牲遇難，佔總人數的 25%。政治局委

員與候補委員總數 55 人，其中 15 人犧牲遇難，佔總人數的 27%。根據民政部提供的數字，有案可查的烈士一共是 176 萬人，這些人大多數是共產黨人。而從建黨到現在，中國共產黨發展了 9000 多萬黨員，其中有相當一部分是在各個時期光榮犧牲、遇難或因公殉職的，總數難以統計……

中共十五大報告指出：「在中國，從來沒有任何一個政治組織像中國共產黨這樣集中了那麼多先進分子，組織得那麼嚴密和廣泛，為中華民族作出了那麼多犧牲。」

中共十八大報告也指出：「在中國特色社會主義道路上實現中華民族偉大復興，寄託着無數仁人志士、革命先烈的理想和夙願。在長期艱苦卓絕的奮鬥中，我們黨緊緊依靠人民，付出了最大犧牲，書寫了感天動地的壯麗史詩，不可逆轉地結束了近代以後中國內憂外患、積貧積弱的悲慘命運，不可逆轉地開啟了中華民族不斷發展壯大、走向偉大復興的歷史進程，使具有五千多年文明歷史的中華民族以嶄新的姿態屹立於世界民族之林。」

鏈接：在革命戰爭年代，為了人民的利益，無數革命先烈面對敵人的屠刀，大義凜然，從容就義。

李大釗，中國共產黨的創始人之一。1927 年 4 月 28 日下午，他在敵人的絞刑架下作了最後一次演說：「不能因為你們絞死了我，就絞死了共產主義。……我深信，共產主義在世界、在中國，必然要得到光榮的勝利！」

楊超，中共江西德安縣委書記。1927 年 12 月 27 日，面對敵人的槍口，他高聲朗誦：「滿天風雪滿天愁，革命何須怕斷頭。留

李大釗　　　　　楊超　　　　　周文雍、陳鐵軍　夏明翰

得子胥豪氣在，三年歸報楚王仇！」

　　陳鐵軍，年僅 24 歲的中共兩廣區委婦女委員。1928 年 2 月 6 日下午，她與年僅 23 歲的中共廣州市委工委書記兼工人赤衞隊總指揮周文雍在刑場上舉行了一個特殊的婚禮。她莊嚴宣告：「當我們就要把自己的青春和生命獻給黨的時候，我們要舉行婚禮了。讓反動派的槍聲，來作為我們結婚的禮炮吧！」

　　夏明翰，中共湖北省委委員。1928 年 2 月 9 日清晨，他在臨刑前揮筆寫下了氣壯山河的就義詩：「砍頭不要緊，只要主義真。殺了夏明翰，還有後來人！」

　　劉伯堅，贛南軍區政治部主任。1935 年 3 月 11 日，因在突圍中彈盡糧絕負傷被俘，英勇就義。他氣宇軒昂，坦然信步，「戴鐐長街行，志氣愈軒昂，拚作階下囚，工農齊解放！」

　　方志敏，紅軍北上抗日先遣隊軍政委員會主席。1935 年 1 月 24 日在作戰時因叛徒出賣被捕。兩個國民黨士兵從他「上身摸到下身，從襯領捏到襪底，除了一隻時錶和一支自來水筆之外，一個銅板都沒有搜出」。

劉伯堅　　　　　方志敏　　　　　趙一曼　　　　　楊靖宇

趙一曼，東北抗聯第三軍第二團政委。中彈被俘後拒不投降，於 1936 年 8 月 2 日被敵殺害。這位抗日女英雄以自己光輝的一生，實踐了她的誓言：「白山黑水除敵寇，笑看旌旗紅似花。」

楊靖宇，東北抗聯第一路軍總指揮。1940 年 2 月 23 日在長白山的密林裏英勇犧牲後，日寇將其腹剖開，發現「胃裏連粒飯都沒有」，只有草根、樹皮和棉絮！

劉胡蘭，一位年僅 15 歲的女共產黨員。1947 年 1 月 12 日，她面不改色地躺在敵人的鍘刀下，以自己的熱血和生命譜寫了「生的偉大，死的光榮」的光輝篇章。

董存瑞，東北野戰軍第 11 縱隊某部六連班長。在一次戰鬥中他捨身炸碉堡，用自己不滿 20 歲

劉胡蘭　　　　　董存瑞　　　　　江竹筠

的年輕生命，為部隊開闢了通往勝利的道路。

江竹筠，人們所熟知的「江姐」。面對敵人的各種酷刑，她寧死不屈，被難友譽為中華兒女的革命典型。1949 年 11 月 14 日，她帶着對新中國的向往，倒在了敵人血腥的槍口下。

為了神聖的共產主義信仰，無數革命先烈向着反動勢力的頑固堡壘發起一次次猛烈的衝擊，終於迎來了新中國的第一縷曙光！

為了神聖的共產主義信仰，在中國共產黨人和全國人民的共同努力下，年輕的共和國在短短的六十幾年裏就徹底改變了一百年來受盡西方列強欺凌的屈辱地位，昂首挺立在世界的東方！

建國以來，中國共產黨人的隊伍中，又湧現出不少全心全意為人民服務、誠心誠意為人民謀利益的先進楷模。

雷鋒，一位普普通通的戰士。他把為人民服務視為自己最大的幸福，向人民真誠地詮釋了偉大寓於平凡的深刻道理。

王進喜，一名普普通通的石油工人。他以「寧肯少活二十年，拚命也要拿下大油田」的英雄氣概和「有條件要上，沒有條

雷鋒　　　　　王進喜　　　　　焦裕祿　　　　　孔繁森

件創造條件也要上」的英雄壯舉，留
下了寶貴的「鐵人精神」。

鄭培民

　　焦裕祿，一名普普通通的縣委書
記。他把為人民服務視為自己最崇高
的職責，以鞠躬盡瘁、死而後已的感
人精神，讓人民真切地感受到了為人
民服務的真諦。

　　孔繁森，一名服從安排、兩次進
藏的地委書記。他以一顆為人民服務的赤誠之心，讓藏漢人民看
到了一個人民公僕的光輝形象。

　　鄭培民，一名倒在工作崗位上的省委副書記。他以一心為
民、鞠躬盡瘁，求真務實、清正廉潔的一生，實現了自己「做官
先做人，萬事民為先」的諾言。

　　周恩來總理直到臨終，胸前仍佩戴着一枚寫着熠熠生輝的
「為人民服務」五個金
字的徽章。

　　他以自己全心全
意為人民服務的光輝一
生，為中國人民乃至全
人類樹立起一座完美人
格的精神豐碑！

　　中國共產黨的宗
旨，在他們身上得到了

周恩來

實在而完美的體現。他們以自己的一言一行、一舉一動，向人民展示了共產黨人全心全意為人民服務、誠心誠意為人民謀利益的高尚情操。

習近平指出：「堅定理想信念，堅守共產黨人精神追求，始終是共產黨人安身立命的根本。對馬克思主義的信仰，對社會主義和共產主義的信念，是共產黨人的政治靈魂，是共產黨人經受住任何考驗的精神支柱。」

在革命、建設、改革各個歷史時期，有無數共產黨員為了黨和人民事業英勇犧牲了，支撐他們的就是「革命理想高於天」的精神力量。

歷史賦予中國共產黨人的使命是神聖而偉大的。這一神聖使命，就是要實現國家富強、民族復興和人民幸福的中國夢。

這是一項宏偉而艱巨的歷史偉業。

偉大的時代、偉大的事業，呼喚着每一個共產黨人積極投身於偉大的建設、偉大的實踐。

每一個共產黨人都要堅定信仰，牢記全心全意為人民服務的宗旨，誠心誠意為人民謀利益，把自己的一切獻給偉大的祖國、偉大的人民！

中國的快速崛起和飛速發展以及所取得的巨大成就，引起了全世界的高度關注，研究中國、研究中國模式、研究中國共產黨的相關論著、報道和話題逐年增多。特別是中共十八大召開之後，世界各地又一次掀起了 ——

世界研究中國共產黨的熱潮

美國前總統國家安全事務特別助理李侃如認為，「中國有 13 億人口，比美國、加拿大、西歐和原來組成蘇聯的 15 個國家加在一起的人口還要多」，治理「有着如此規模和如此多樣性的發展中國家」，顯示了中共「令人驚歎的強大行政能力」。但他也注意到「中共的發展既不同於它的蘇聯導師，也不同於歐洲的各馬克思主義政黨，具有一種『深刻的本土化』特徵」。

美國的中國問題研究專家、喬治·華盛頓大學政治科學和國際關係教授沈大偉認為，中國共產黨「沒有讓自己局限於研究前社會主義國家，而是真正放眼於全世界的各種政治體制，學習可能對中國有用的東西」。他指出，「中國共產黨在過去 90 年裏戰勝種種艱難險阻，取得非凡成就，世界為之驚歎。這既要歸功於勤勞智慧的中國人民，也是中國共產黨正確領導的結果」。西方學者喜歡唱空中國，沈大偉也是一個，但他對中國共產黨也有如此認識，不容易。

美國學者，《中國大趨勢》一書作者約翰·奈斯比特說：「中共執政理念與方式在過去 30 年中已經發生了巨大變化，轉變為吸納民眾自

下而上參與的執政黨」，「中國的縱向民主是建立在自上而下與自下而上力量的平衡上的」，「兩者的合力」促進了國家的強大和人民生活水平的提高。

歐洲外交事務委員會執行主任馬克·萊昂納德說，「與西方民主政權中的政黨不同，中國共產黨具有自我批評的能力，簡而言之就是知道如何對自己提出質疑」。俄羅斯學者馬馬耶娃認為，中共從「古田會議、遵義會議」到「實踐是檢驗真理唯一標準的大討論以及文革後的撥亂反正」，無不顯示出中共在不同的歷史時期「勇於認識、糾正錯誤的勇氣和魄力」，這是中共「贏得革命、建設和改革勝利的一個重要原因」。

美國的「中國通」、美國庫恩基金會主席、美國國際投資銀行家羅伯特·勞倫斯·庫恩博士在同中國近 30 年的接觸中，深刻感受到中國在共產黨的領導下不斷崛起。他相信中國共產黨與時俱進的自我完善能力將引領中國變得更強大，並將在國際事務中發揮更大的作用。他說：「中國共產黨的故事、中國的故事是一個宏大且非常複雜的故事，可說是現代史上最神奇的故事，縱觀（中國共產黨的）95 年歷史，基本上充斥了世界重大事件的不斷衝撞。因此縱覽中國共產黨的歷史絕對堪稱是人類歷史上最偉大的故事。」

庫恩博士尤其推崇中國共產黨領導的改革開放，認為這一場改革不僅在極短的時間裏創造了巨大的財富，更使得五六百萬中國人脫貧跨入了中產階層，堪稱人類的奇跡。他極不贊同美國等西方國家戴着有色眼鏡看待中國共產黨以及共產主義理念。他認為共產主義提倡人人平等是一個非常好的理念。他說，中國人民選擇中國共產黨、選擇社會主義發展模式是符合中國國情及發展需要的，「我相信至少是在現在，以及我們所能預見的未來，這是中國最理想的發展道路。任何

一個政治體制都不是完美的，但是對於幅員遼闊、發展極不均衡的中國來說，這才是中國的最佳道路。」

　　庫恩博士也注意到了習近平提出的包括「全面建成小康社會」「全面深化改革」「全面依法治國」和「全面從嚴治黨」的「四個全面」的戰略佈局，認為習近平「四個全面」的政治理論，將「從嚴治黨」提到最高級別，由此確認了中共是實現其他三個「全面」的力量。這種對中共執政角色的提升，和如何「從嚴治黨」以完成使命，標誌着一個重要的進步。

　　令人感到吃驚的是，總部位於紐約的世界大型企業研究協會針對商業委員會 70 名 CEO 會員於 2015 年做的一次調查報告，其中問到哪些全球組織稱職可信，排在第一位的是「跨國公司」，排在第二位是「央行」，而排在第三位的竟然是中國共產黨！64% 的被調查者認為，中國共產黨領導的集體近年來處理政治經濟挑戰的做法行之有效。

　　中國改變了世界格局，推動了世界歷史的進程，對世界和平穩定做出了積極貢獻。美國學者羅斯·特里爾坦言，「歷史發生了轉折。兩個世紀以來，影響力總是指向一個方向：西方對中國施加影響。但是，一個新的時代開始了：中國也開始影響西方」。

　　鏈接：2015 年「七一」前夕，庫恩在接受《國際先驅導報》記者專訪時指出：中共不被國際社會所理解，更糟糕的是，國際社會沒有意識到理解中共的重要性與需要。此外，包括南海問題、網絡攻擊、新媒體管理等問題，以及中國不斷壯大的國力，在很多西方國家當中引發擔憂。在這種困難的環境下，我認為，如果世界不能理解中共，那麼中共就有責任主動跟世界溝通與解

釋。應對外部誤解的最好方式，不是去責怪外國媒體，而是主動參與到全球事務中去。他具體建議中國共產黨從十個方面向國際社會介紹自己。

第一，探討中共的挑戰和成就。驕傲地展示中共的偉大成功，特別是中共領導層是如何實現中國的經濟奇跡。當然，不能只提成功，也要說明挑戰與錯誤，如何吸取經驗教訓。對於挑戰，也要給出詳細的例子，比如執政黨如何提高透明度並保持收支平衡？通過公開、坦率地探討問題，中共可以吸引人們的關注，這也是改變他人看法的第一步。中共展示更多的自信，在國際上的可信度就會更高。

第二，為中共設立更高目標。清楚地闡述作為執政黨，如何改善人們生活水平和福祉，如何承擔更多義務，包括依法治國等。

第三，強調中共實驗和測試新的政策。發出這樣一個信息，中共嘗試在真實世界中，測試新的政策，當這些政策在局部成功後，它們才會被大規模引用。對於中國這樣一個人口大國，政策制定過程保持謹慎是必須的。

我經常說，中國矚目的經濟成就是中共第二大重要貢獻。第一大重要貢獻是「解放了人們的思想」。當代中國人比在他們漫長歷史中任何一個階段都具有更大的個人自由。

但是，時代變化引發了更多新問題。如何讓公民更好地參與治理國家和監督政府的過程？中共一直都在探討和創造新的機制 —— 也一直在測試它們。

第四，公開承認人類的體制都會有副作用 —— 福利和成本共

存。坦誠地承認這一點，解釋一黨為主要執政黨的政治體制對中國是最優的，介紹它帶來的好處大大超過它的成本，這樣可以增加中共的可信度。

第五，關注中共人事選拔、監督和培訓。強調中共人事選拔的原則，它的領導人都是智慧的、受過良好教育並且有豐富的工作經驗。他們是這個世界上最有能力的一群人之一。

第六，避免陳詞濫調。如果官員總是就中共的地位發表「完美」演講：使用老掉牙的概念、抽象的、理論的，並且使用重複的語言敍述，這對中共的形象沒有好處。最好是允許發表來自內心的想法，進行激情的、成熟的演講，發揮個人風格，儘管可能會犯錯，但是能夠引發共鳴。

第七，展示內部持續的探討。當涉及敏感話題時，找出話題的邏輯。比如，人們會問「中國為什麼要嚴格管理媒體」？我認為，這樣做有利於中國的邏輯是：因為提高人們生活水平需要發展，發展需要穩定，穩定需要一黨執政，而一黨執政需要嚴格的媒體管理。以理服人會讓對手承認事情的複雜性，並且尊重中共的誠意。

第八，講述中共黨員個人的故事。這會讓外國人產生共鳴。通過講述有趣的、智慧的、不同的中共領導人和官員的故事，中共可以展現它廣泛的群眾基礎和在本質上的民主，而不是外國媒體所描述的那樣。

第九，解釋中共「學習精神」的氣質。很多外國人認為一個建立在 19 世紀政治理論基礎上的政黨是不現代的。向外展示中共

是個學習型政黨，鼓勵黨員在經濟、科學、文化等各方面拓展知識。中共中央政治局的集體學習就是很好的例子，通過強調它在學習上的優勢，中共可以表現出是一個現代的執政黨形象。

最後，增加黨際交流。中共可以定期和其他國際政黨展開交流，而不是歷史上主要和其他國家共產黨交流的傳統。比如，中共可以考慮和美國的民主黨、共和黨分別展開交流。這樣的交流應該是低調的，避免大規模交流受媒體干擾。

總之，中共主動與國際社會的交流是中國參與全球事務的核心戰略。

第 3 章

中國特色社會主義：
民族偉大復興的制度力量

中國特色社會主義制度是當代中國發展進步的根本制度保障，是具有鮮明中國特色、明顯制度優勢、強大自我完善能力的先進制度。

全國同志必須牢記，我們要建設的是中國特色社會主義，而不是其他什麼主義。歷史沒有終結，也不可能被終結。中國特色社會主義是不是好，要看事實，要看中國人民的判斷，而不是看那些戴著有色眼鏡的人的主觀臆斷。中國共產黨人和中國人民完全有信心為人類對更好社會制度的探索提供中國答案。

—— 習近平

經過漫長的探索，中國人終於把實現社會主義和共產主義作為自己的信仰。實踐證明，中國共產黨和中國人民的選擇是正確的。因為歷史和現實都證明 ——

只有社會主義才能救中國

社會主義是歷史的選擇

近代以來，中華民族面臨兩大歷史任務：

一是求得民族獨立和人民解放；

二是實現國家富強和人民富裕。

哪種理論能夠對這兩個歷史課題作出正確回答，它就會成為中國人民的信仰；

哪條道路能夠引導中國人民完成這兩大任務，它就能夠成為中國人民的歷史選擇；

哪種政治力量能夠帶領人民實現這兩大任務，它就能夠成為掌握中國歷史發展前進方向的領導力量。

歷史和實踐證明：

只有馬克思主義能夠對這兩個歷史課題作出正確回答，因而成為中國人民的信仰；

只有社會主義道路能夠引導中國人民完成這兩大任務，因而成為中國人民的歷史選擇；

只有中國共產黨能夠帶領人民實現這兩大任務，因而成為掌握中國歷史發展前進方向的領導力量。

社會主義是人民的選擇

我們知道，近代史上發生過鴉片戰爭、太平天國革命、戊戌變法運動、義和團運動，等等，都以失敗而告終。而只有十月革命一聲炮響，送來馬克思列寧主義後，中國的面貌才煥然一新。

毛澤東有句名言：我國人民的鬥爭總是失敗，原因就在於「在一個很長的時期內，即從 1840 年的鴉片戰爭到 1919 年的五四運動的前夜，共計七十多年中，中國人沒有什麼思想武器可以抵禦帝國主義」。

可以說，從 1840 年到 1949 年這 109 年的時間裏，中國成了西方思想武器的試驗場。西方流行的政治理論、政治流派、政治學說，都會被中國人引進來，都會吸引一批人去信仰，而信仰的人達到了一定的數量，就會組成一個政黨。所以在中國近代史上，最多的時候達到了 300 多個政黨。

馬克思與恩格斯

經過大浪淘沙，主要有國共兩大黨。而人民群眾經過比較，最終選擇的是中國共產黨，選擇的是社會主義。經過 28 年的較量，最終是代表最廣大人民群眾利益的中國共產黨獲勝。

蔣介石 1927 年發

動「四一二」反革命政變後建立南京政府，一直到 1949 年的 22 年時間裏，中國實際上走的就是資本主義道路。事實證明，這條路是走不下去的，西方列強也絕不會讓中國發展、強大起來。

而中國人民選擇了社會主義道路後，只經過短短的 60 年，中國就發生了翻天覆地的巨大變化，實踐也證明了中國人民的選擇是正確的。

從傳統社會主義到中國特色社會主義是中國共產黨的正確選擇

鄧小平指出：「只有社會主義才能救中國，只有社會主義才能發展中國。」並進一步明確指出，「社會主義必須是切合中國實際的有中國特色的社會主義。」

毛澤東在 1949 年 6 月 30 日發表的《論人民民主專政》中曾經指出：「走俄國人的路 —— 這就是結論。」鄧小平在 1982 年的十二大開幕詞中則指出：「走自己的道路，建設有中國特色的社會主義，這就是我們總結長期歷史經驗得出的基本結論。」

從「走俄國人的路」到「走自己的道路」，是一個重大的理論創新和理論突破，標誌着中國共產黨對社會主義的理解上升到了一個全新的高度。不再認為社會主義只有一條道路，而是根據不同的國情，應該有不同的道路。

在中共十八大報告中，中國共產黨總結中華人民共和國成立以來的執政經驗，第一次對中國特色社會主義道路、中國特色社會主義理論體系以及中國特色社會主義制度的內涵作了全面而深刻的闡述：

—— 中國特色社會主義道路，就是在中國共產黨領導下，立足基本國情，以經濟建設為中心，堅持四項基本原則，堅持改革開放，解放和發展社會生產力，鞏固和完善社會主義制度，建設社會主義市場經濟、社會主義民主政治、社會主義先進文化、社會主義和諧社

會、社會主義生態文明，促進人的全面發展，逐步實現全體人民共同富裕，建設富強民主文明和諧的社會主義現代化國家。

—— 中國特色社會主義理論體系，就是包括鄧小平理論、「三個代表」重要思想、科學發展觀在內的科學理論體系，是對馬克思列寧主義、毛澤東思想的堅持和發展。

—— 中國特色社會主義制度，包括人民代表大會制度這一根本政治制度；民族區域自治制度、基層群眾自治制度等基本政治制度；中國特色社會主義法律體系；公有制為主體、各種所有制經濟成分並存的基本經濟制度以及建立在三大制度基礎上的經濟體制、政治體制、文化體制、社會體制等各項具體制度。

十八大報告還指出：中國特色社會主義道路是「實現途徑」，中國特色社會主義理論體系是「行動指南」，中國特色社會主義制度是「根本保障」，「三者統一於中國特色社會主義偉大實踐」。

特別是「中國特色社會主義制度」首次寫入中國共產黨的報告，標誌着中國特色社會主義進一步走向成熟。

通過近 70 年的探索和奮鬥，回顧年輕的共和國所走過的道路，是毛澤東使中國人民站起來，鄧小平使中國人民富起來，現在中國正在以習近平為總書記的中共中央領導下逐步強大起來，而這正是堅持走中國特色社會主義道路的必然成果。

馬克思主義過時了嗎

作為中國共產黨人，馬克思主義既是黨的指導思想，也是中國共產黨人的堅定信仰。但是自馬克思主義誕生以來，各種攻擊、歪曲和詆毀從來就沒有停止過。

在否定馬克思主義指導作用的各種錯誤觀點中，最有代表性的莫

過於「過時論」了。其主要觀點是認為馬克思主義不過是「十九世紀的一種文化現象」，認為「一百多年前的理論指導不了今天的現代化建設和改革」，所以斷言「馬克思主義在今日之中國沒有用處」。這種觀點貌似有理，也頗能迷惑一部分人。如果深究一下，且不說其論點背後所隱藏的政治上的別有用心，僅從方法論的角度來看，這種「過時論」也是極為荒謬的。理由有三：

首先，對一個不斷經受住時間和實踐檢驗的科學體系輕率地加以否定，不是一種科學的態度。對任何一種理論、學說，無論是作肯定性的評價抑或否定性的評價，都不是一件輕而易舉的事情。它要求評判者必須對其理論框架、概念範疇、基本原理、基本觀點和基本方法有比較全面和透徹的了解，並要考察這一理論提出和付諸實踐後對其適用範圍起的是正面影響還是負面影響，這是對一個理論、學說作出正確與否判斷的起碼要求和基本前提。對馬克思主義也應是這樣。馬克思主義之所以能在 19 世紀眾多的社會學說中脫穎而出並成為無產階級的思想武器，就在於它科學地揭示了自然、社會和人類思維發展的一般規律，為人們提供了認識世界、改造世界的科學世界觀和方法論，不但有理論價值，更具有指導實踐的價值。馬克思主義自創立以來，人類社會發展的歷史進程以及社會主義由空想成為科學並在 20 世紀以及在進入 21 世紀後仍然不斷轉化為現實的客觀事實已經充分證明了這一點。

另外，馬克思主義除了人們所熟悉的馬克思主義哲學、馬克思主義政治經濟學和科學社會主義這三大組成部分之外，其創始人在歷史學、政治學、法學、倫理學、美學、文學藝術、自然科學等諸多學科中都有不少有價值的深邃見解。迄今為止，僅馬克思和恩格斯的著述已翻譯出版的就達數十卷之多，對這些著述用「博大精深」四字概而

括之是毫不過分的。面對馬克思主義這個浩瀚的理論寶庫，不免懷疑那些口口聲聲稱馬克思主義「過時」的人，對馬克思主義究竟有多少了解？讀過幾本馬克思主義的經典著作？如果只接觸了馬克思主義的一點 ABC 就輕率地將整個理論加以否定，判之為「過時」，只能是一種淺薄無知或嘩眾取寵的表現。

其次，不能以時間的長短來判斷一個科學理論的價值。以 1848 年問世的《共產黨宣言》為標誌的馬克思主義，確實是在 19 世紀 40 年代創立的。然而稍稍考察一下馬克思主義的發展史就會看到：馬克思主義的理論之花雖然盛開於 19 世紀，但是馬克思主義的實踐之果卻紛紛蒂結於 20 世紀。這是誰也否定不了的客觀事實。今天，不論人們對馬克思主義是毀是譽，都不能不承認自馬克思主義創立以來，其理論和實踐已經改變並將繼續改變歷史發展的進程和社會發展的方向。歷數古今中外的思想家，有幾個能像馬克思那樣對人類及其社會有着如此廣泛而深遠的影響呢？

還應看到，判定一個學說、理論是否過時，不能以時間或其他別的什麼作標準，而只能以實踐作為檢驗標準。作為工人階級的科學世界觀和全人類精神文明的偉大成果，作為在歷史和科學的前進中不斷豐富和發展的科學，馬克思主義在它創立一百多年來的中國和世界已經發生和正在發生的巨大變化中不斷證明了它的科學性和真理性。而且由於它本身並不是永遠保持現狀的終極真理式的僵死體系，而是一門發展的學說，正如恩格斯所指出的那樣：「我們的理論是發展的觀點，而不是必須背得爛熟並且機械地加以重複的教條。」因而它並沒有結束真理，而是在實踐中不斷地開闢認識真理的道路。所以它不會過時，其真理性、科學性不僅在過去，而且在今後的時間和實踐中也將不斷地得到證明。

　　當前，雖然國際共產主義運動中出現了部分社會主義國家發生逆轉的現象，但是這也並不意味着馬克思主義失效了、過時了。任何事物的發展都不可能是一帆風順的，既有可能出現前進和發展，亦有可能出現暫時的曲折和倒退，不過歷史的總的發展趨勢是不會改變的。資本主義從萌芽發展到佔據統治地位的數百年裏，不是也經歷過血與火、復辟與反復辟的長時期較量嗎？而社會主義的實踐從十月革命算起還不到一百年，這在歷史的長河中只是短暫的一瞬。因此，僅僅根據一些社會主義國家出現的暫時逆轉的現象就斷言馬克思主義過時，還為時過早。何況這些國家的逆轉不是堅持馬克思主義所造成，而是「修正」、背離馬克思主義的結果。

　　再次，不能以部分否定整體。道理很簡單：一棟大樓，如果有幾套房間出了些毛病，能不能就此斷定這棟大樓就報廢了呢？顯然不能。同理，在馬克思主義這座輝煌的理論大廈中，要找到個別論斷、個別觀點、個別原理、個別論述與現實不那麼符合而看起來似乎「過時」的情況是完全可能的。但是能否就此而推論這整座理論大廈都不行了，必須推倒重建呢？也顯然不能。

　　而且，即使是某些看起來似乎顯得「過時」的論斷或觀點，也應作具體分析。應區分以下幾種情況：

　　一是某些論斷從現在的視角看似乎過時，而就當時的情形來看則是正確的。例如，馬克思和恩格斯根據當時「舊歐洲的一切勢力，教皇和沙皇、梅特涅和基佐、法國的激進派和德國的警察」都聯合起來結成反動的神聖同盟的情況，提出「共同勝利論」，認為一個國家的無產階級及其政黨要單獨取得無產階級革命的勝利是不可能的。這一論斷已為巴黎公社的失敗所證實。而列寧根據 20 世紀初期資本主義經濟政治發展不平衡的狀況，認為社會主義可能首先在少數或者甚至

俄國十月革命

在單獨一個資本主義國家內獲得勝利，並付諸實踐。他的這一論斷，也為十月革命的勝利所證實。從表面上看，馬克思、恩格斯的論斷與列寧的論斷是相互抵觸的，但是如果放在他們各自所處的時代去考察，則是都符合當時的客觀實際的。

二是有些論斷剛提出來時不一定正確，但是馬克思主義經典作家們及時作了改正。例如在《共產黨宣言》中馬克思和恩格斯曾寫道：「到目前為止的一切社會的歷史都是階級鬥爭的歷史。」後來恩格斯吸收了哈克斯特豪森、毛勒、摩爾根等學者對人類社會史前狀態的研究成果，在 1888 年英文版序言中對這一提法作了修正，指出「這是指有文字記載的歷史」，從而使這一論斷更切合實際了。

列寧在 1919 年時，也曾對當時世界革命的形勢作了非常樂觀的估計，甚至認為「共產主義在全世界的勝利已為期不遠」。但是他很快發現自己的估計過於樂觀了，因此及時承認了自己判斷上的失誤，糾正了自己原先的看法，並不無風趣地說：「我們常常在歌裏唱道『這是最後的鬥爭』，可惜這有點不大真實，因為這並不是最後的鬥爭。」

馬克思主義經典作家們不是算命先生，也不是先知先覺者，不可能對任何事情都料事如神。但是他們一旦發現自己的錯誤，都能勇於承認並及時改正，這正是他們的偉大之處。

三是由於種種主客觀原因，經典作家就一些問題的看法、判斷上確實有失誤之處，對此也不必諱言。但是正如列寧在回敬「第二國際」

中一些所謂「現實的政治家們」對馬克思和恩格斯的責難時所指出的那樣：「是的，馬克思和恩格斯在估計革命時機很快到來這一點上，在希望革命獲得勝利這一點上，在相信德國『共和國』很快就成立這一點上，有很多錯誤，而且常常犯錯誤。⋯⋯但是一直在努力提高並且已經提高了全世界無產階級的水平，使他們超出日常細小的任務範圍的兩個偉大的革命思想家所犯的這種錯誤，同大叫大嚷、信口開河、妄說革命是無謂忙碌，革命鬥爭徒勞無益、反革命的『立憲』幻夢妙不可言的那些官場自由派的拙劣智慧比較起來，要高尚千倍，偉大千倍，在歷史上寶貴千倍，正確千倍⋯⋯讓那些在革命方面沒有行動的庸夫們以不犯錯誤而自誇吧。」列寧的這段話，今天用來回答那些攻擊馬克思主義過時的人，不是也同樣適合嗎？

　　四是有些問題在馬克思和恩格斯所處的時代尚未出現，因此他們還不可能提出自己的見解。馬克思和恩格斯畢竟沒有經歷過社會主義社會，因此不可能對今天社會主義革命和建設中所遇到的問題都提供現成的答案。說馬克思主義是科學，並不是它具體而詳盡地描繪了未來社會的每一個細節，而是在於它揭示了人類社會發展的客觀規律，論證了社會主義必然要代替資本主義的歷史趨勢。同時，馬克思和恩格斯也提供了一個科學的世界觀和方法論，使人們能夠運用馬克思主義的立場、觀點和方法去分析、研究當前社會主義現代化建設中所遇到的大量的新事物、新問題，從而為解決這些問題提供了強有力的思想武器和指明了正確的途徑。

　　因此，對待馬克思主義的正確態度，應該是、也只能是在實踐中堅持和發展馬克思主義。

抗日戰爭時期，中國共產黨在延安和敵後抗日根據地已經對實行民主進行了卓有成效的探索 ——

中國共產黨抗戰時期的民主追求

中國有着幾千年封建社會的歷史，明顯缺乏民主傳統。毛澤東曾經說過，中國少了兩件東西：一件是獨立，一件是民主。但是，中國共產黨在領導武裝鬥爭期間，在根據地裏通過實踐逐步形成了人民民主的傳統。這一傳統發端於土地革命時期，成熟於抗日戰爭和解放戰爭時期。

按照西方政治學的見解，抗戰時期的延安和敵後根據地根本就不具備民主選舉的基本條件。因為選民絕大多數是文盲半文盲，選票都無法填寫。同時，根據地經濟文化條件極為落後，殘酷的戰爭環境下搞選舉更是難以想象。但是，中國共產黨就是在這樣艱苦的條件下，創造了人類民主政治發展史上的奇跡。

毛澤東在《目前抗日統一戰線中的策略問題》中明確指出：抗日統一戰線政權的產生應該由人民選舉。當時提出「民主政治，選舉第一」的口號，選舉成為當時邊區及各敵後抗日根據地民眾政治生活中的一件大事。1937 年 5 月，陝甘寧邊區政府通過了《陝甘寧邊區選舉條例》，確立了普遍、自由、直接、平等的選舉原則。

依照選舉條例的規定，工人、農民、小資產階級和一切贊成抗日與民主的地主、富農、資本家以及國民黨人士，均享有同等的選舉權

利。他們不但可以參加各級參議會參議員的選舉，而且都有被選為參議員和政府公職人員的權利。陝甘寧邊區的區、縣、鄉三級參議會也都由選民直接選舉產生。

候選人的提名，採取各抗日黨派、團體聯合或單獨推薦、選民有一定人數聯署推薦三種方式。正式候選人的名額多於應選名額，實行差額選舉。在不妨礙選舉秩序的原則下，可以進行競選。縣和邊區的參議員可通過集會和媒體為自己拉票，進行競選。鄉村選舉的候選人，也要到臺上說明自己當選後的施政計劃。在競選過程中，臺下百姓可以對候選人品頭論足。

從 1937 年下半年開始，陝甘寧邊區以及晉察冀、晉冀魯豫、晉綏、山東、華中、華南等各個敵後抗日根據地相繼進行了相當普遍的民主選舉，由此產生了陝甘寧邊區及各根據地的各級人民政府和參議會。在選舉過程中，各級黨政部門都高度重視，制定了比較完備的選舉法規，對選舉原則、選舉程序、選舉保障等做了詳盡且操作性很強的規定。據統計，邊區 1937 年第一次選舉中，參選的選民一般佔總數的 80%，差一點的地區選民的比例也達到了 50% 以上。

在 1941 年第二次選舉中，全邊區參選的選民佔選民總數的 80% 以上。其他根據地的民主選舉也相當成功，參選比例很高。例如，晉察冀根據地在 1940 年的選舉中，北岳區、冀中區的參選比例都達到 85% 以上，平山、阜平等達到 98% 以上，遊擊區亦達到 70% 以上。如此高的參選率，無論在什麼樣的國家裏都是非常罕見的。這樣大規模的選舉，對動員民眾、提高民眾的政治參與意識而言，無疑起着重要作用。

在當時留下來的一些電影資料中，人們常常能看到這樣的畫面：一群敦厚、樸實的農民在舉行「豆選」。幾位鄉幹部背後的條桌上都

1937 年 7 月 2 日在延安接見世界學聯代表團成員

民主選舉

放着一個粗瓷海碗，全村的成年村民每人攥着一顆黃豆，依次走過鄉幹部的背後，同意誰當村長、鄉長，就把豆子放進誰身後的碗裏。最後，由得豆最多的人當選。「金豆豆，銀豆豆，豆豆不能隨便投；選好人，辦好事，投在好人碗裏頭。」這句 20 世紀 40 年代流傳於延安地區的民謠，再現了陝甘寧邊區在艱苦環境下運用「豆選法」進行選舉的生動場景。

這種選舉方式簡單易行，既可以減少選舉成本，也可以避免候選人對選民意志的影響甚至操縱，因此能更充分地體現民意。有些村民為了不讓別人知道自己將豆子投給了誰，還故意穿上長袖子衣服，從每個碗邊都劃過去，這就使旁邊的人看不清他到底投了誰的票。有的地方還將豆子染上顏色，使之更加醒目；有的乾脆用紅蘆葦根做選票。這些便於操作的選舉方式開創了「草根民主」的先河，也為日後的人大表決所借鑒。土改後農民選舉人民代表，因為絕大多數農民不識字，也多用「豆選法」。

　　當時，美國記者史沫特萊到鄂豫邊區訪問，見證了很多「斗大字識不了幾個」的農民用黃豆、蠶豆或綠豆作為選票，選出自己中意的候選人的情形，由衷地發出感歎：「這是比近代英美還要進步的選舉！」1938 年 7 月，毛澤東會見訪問延安的世界學聯代表團柯樂滿等人時強調：民主制度在外國已是歷史上的東西，中國則現在還未實行。邊區的作用，就在做一個榜樣給全國人民看，使他們懂得這種制度是最於抗日救國有利的，是抗日救國唯一正確的道路，這就是邊區在全國的意義和作用。

　　遵照《陝甘寧邊區選舉條例》的規定要求，延安時期進行的四次選舉都切實做到了「普遍、自由、直接、平等」，堪稱國史、黨史上民主選舉的典範。當時的宣傳口號是：「民主政治，選舉第一。沒有選舉，就沒有民主。沒有民主，就沒有革命。」選民們也用民謠、小曲來表達自己的心聲：「民主政治要實行，選舉為了老百姓。咱們選舉什麼人？辦事又好又公平。」許多足不出村的小腳老太太，都騎着毛驢，翻山越嶺，趕到選舉地點。

　　張家口是抗日戰爭中第一個被八路軍解放的中等城市，曾是察哈爾省的省會。當時就實行民主選舉，連市委書記都上街去演説，參加競選。北平的大學生都成群結隊地跑來看，他們非常興奮，説共產黨與國民黨確實不一樣，都擁護共產黨，不少人就不回去了，留下來參加工作。

　　正是由於實行了民主選舉，邊區以及各敵後根據地的政治面貌為之煥然一新，從而大大促進了根據地人民的抗戰熱情，有效實現了中國共產黨的領導，擴大了中國共產黨在各階層人士中的政治影響力，為將來的執政打下了堅實的執政基礎，也儲備了雄厚的執政資源。

　　也正因為如此，才能理解，為什麼在抗日戰爭時期最艱難的歲

月裏，無數愛國青年放棄優裕的生活，不去美國或重慶，而是奔向延安；為什麼 1948 年中國共產黨發出「五一」口號後，會有那麼多的學術大家、華僑領袖、民主黨派、黨外民主人士的積極響應，並冒着被暗殺的危險到達北京與中國共產黨一起共商建國大計。

　　1944 年，美軍觀察組通過對抗日根據地的實地考察，得出了一個結論：「共產黨在短短的幾年中將成為中國唯一的主導力量。」還指出，「中國的命運不是蔣介石的命運，而是他們的命運。」

　　1945 年 6 月 11 日，開了 50 天的中共「七大」勝利閉幕了。這是中國共產黨有史以來最盛大、最完滿的一次全國代表大會。這次大會充分發揚民主，暢所欲言。毛澤東在閉幕詞中對這次會議給予了高度評價，認為開了一個勝利的大會、團結的大會，達到了預期的目的。談到選舉時，他說：「這次選舉，大家非常慎重，考慮分析，調查研究，比我們黨的歷史上任何一次選舉都民主些，但也很集中。整個大會可以這樣說：放手的民主，高度的集中。」

　　1945 年 8 月底，毛澤東在重慶和平談判期間，路透社記者甘貝爾向他提問：中共對「自由民主的中國」如何闡釋？毛澤東回答：「自由民主的中國將是這樣的一個國家，它的各級政府直至中央政府都是由普遍、平等、無記名的選舉所產生，並向選舉它的人民負責。它將實現孫中山先生的三民主義，林肯的民有、民治、民享的原則與羅斯福的四大自由。它

中共七大

將保證國家的獨立、團結、統一及與各民主強國的合作。」（注：四大自由指言論和表達的自由、信仰的自由、免於匱乏的自由、免除恐懼的自由）

　　毛澤東在 1949 年 8 月的《為什麼要討論白皮書》一文中指出：「共產黨領導的人民民主專政的政府，對於人民內部來說，不是專政或獨裁的，而是民主的。這個政府是人民自己的政府。這個政府的工作人員對於人民必須是恭恭敬敬地聽話的。」而曾任美國駐華大使的司徒雷登在總結國民黨失掉大陸的原因時說的一段話則為毛澤東的話作了注腳：「整個來講，不論是對中國的民眾（特別是農民），或者是對國內國外觀察家，共產黨都能給他們這樣一種印象：它是全心全意致力於人民事業的，它是真正希望促進中國的民主事業，希望中國在各民族的大家庭中獲得一個真正獨立而強有力的地位。」正是真正的人民民主和建設民主的新中國這一目標，贏得了人民真誠的擁護，並成為大量同路人與中國共產黨能夠走到一起的核心因素。

　　鏈接：從 1912 年到 1949 年，近 40 年的中華民國史實際上就是移植西方民主失敗的歷史。

　　1911 年爆發的辛亥革命，結束了延續兩千多年的帝制。1912 年元旦，孫中山先生宣誓就職臨時大總統，宣告中華民國成立。並效仿美國，採取總統制。但是在中外反動勢力的聯合壓迫下，於 3 月辭去臨時大總統職務，由袁世凱繼任，中國歷史上初露端倪的民主共和如曇花一現。

　　袁世凱上臺後，中國先進分子為了挽救民主而積極鬥爭，爭取過多黨政治、議會制、內閣制等。一時間政黨林立，最多時

孫中山宣誓就職

達到 300 多個政黨。當袁世凱指使暗殺熱衷於議會政治、政黨內閣制的國民黨代理理事長、著名政治家宋教仁後，孫中山發動二次革命，希望從袁世凱手中奪回辛亥革命的民主果實，但是失敗了。此後，「民主共和」就成了大小軍閥和官僚政客的玩物，袁世凱甚至還利用所謂的「民意」企圖恢復帝制。隨後的北洋軍閥各派系都在民主共和的口號下你爭我奪，實行軍閥統治，哪裏還有一絲一毫民主的影子！

　　1927 年蔣介石發動的「四一二」政變成功後，國民黨在南京建立了「中華民國國民政府」。1928 年 10 月 10 日，國民黨宣佈「軍政時期轉入訓政時期」。所謂「訓政」，即一切權力歸本黨，規定由國民黨全國代表大會領導行使政權，治權則由國民政府執行和由國民黨中央總攬，並形成了一個口號 ──「以黨治國」，並且，最高監督的權力「仍屬之於中國國民黨」。按照訓政理論，國民黨之所以握重權，是為了訓導人民如何使用政權，為憲政打

下基礎；而且，必要時國民黨有權限制「人民之集會、結社、言論、出版等自由權」。可見，國民黨訓政的實質在於搞「黨治」，即「以黨治國」，「黨在國上」，「黨權高於一切」，國民黨一黨專政的局面由此而定。

國民黨內部各派勢力經過一番較量後，最終由蔣介石獨大。他以黃埔軍校的弟子為骨幹，擴大嫡系部隊，作為其統治的政治基礎；通過政治強制和經濟特權形成蔣宋孔陳四大家族為中心的官僚資本體系，作為其統治的經濟基礎；設立中統、軍統兩大特務組織，並在農村推行保甲制度，實行聯保聯坐，建立其統治的政治網絡，由此建立起他的個人獨裁。

1938 年 3 月，國民黨召開臨時全國代表大會。大會根據蔣介石的意思，第一次提出了實行總裁制。為此修改了黨章，規定「確立領袖制度」，增設了第五章「總裁」，賦予了總裁以「總攬一切事務」的權力。蔣介石被選為首任總裁，汪精衛為副總裁。從此，蔣介石除了「蔣委員長」「蔣總司令」「蔣大元帥」之類榮稱外，又多了個「蔣總裁」這一尊稱。

抗日戰爭勝利後，國民黨宣佈實行憲政。1946 年冬召開「制憲國大」，通過憲法，確認了總統獨裁。1948 年春又召開「行憲國大」，通過《動員戡亂時期條款》，賦予總統不受法律制約的緊急處置權，並選舉蔣介石為總統。這樣，國民黨的一黨專政和蔣介石的個人獨裁得到了合法的外衣。「行憲國大」落幕後，一副對聯應運而生，對大會做了辛辣的諷刺：「中國一人，天下一統，元首舍我其誰？卻未必承前啟後，看今朝盛會召開，烏煙瘴氣，怪

行憲國大

力亂神子不語；正氣何在，民主何存，代表當仁不讓，也只好絕食抬棺，卜他日煤山獨步，滄海桑田，風花雪月古來稀。」橫批是「中正自勉」。

由此可見，整部民國史只有共和概念深入人心，任何人都不能復辟帝制。至於政黨政治、總統制、內閣制、議會、國民大會等，均與民主風馬牛不相及。

有這樣一個細節：1943 年 2 月 18 日，宋美齡成為第一個在美國議會和國會的聯席會議上發表演說的外國人。在美國，宋美齡刻意在言行舉止上想表露出中國式的民主做派，但美國人很快就看出了其隱藏在內心的獨裁專制。一次，在白宮的一次午宴上，正巧談起美國礦工工會正在罷工。羅斯福便問宋美齡，如果蔣介石遇上此事會如何處理。宋美齡沒有開口，卻用塗着指甲油的長指甲對着喉頭劃了一道弧線。羅斯福不禁心中一驚，慶幸自己幸虧是坐在她的對面，而沒有並排坐在沙發上。「這是一個像鐵一樣

硬的女人。」羅斯福事後如此評價她。

至於蔣介石本人，民主意識更是沒有的。1944 年 10 月 28 日，史迪威被迫應召回國，臨行前他這樣評價蔣介石「：他無意建立任何真正的民主制度，或與共產黨組織聯合陣線。他本身是中國統一和真正為抗日而合作的主要障礙。」

1946 年，中國國民黨六屆二中全會上，國民黨內一批不滿國民黨統治日趨下滑的少壯派，以 CC 派為主，要求進行黨政軍各方面的革新，限制總裁權利，採取民主方式。蔣介石對此十分不滿，訓斥他們：「本黨的組織原則是民主集權制，你們主張民主固無不可，但不要因民主而忘了集權。」

蔣介石的這番訓示之詞，充分表明了國民黨及蔣介石所謂「民主」的虛假性。

毛澤東率領部隊上井岡山前後，一直高度關注加強革命紀律 ——

「第一軍規」的提出及演變

1927 年 9 月，毛澤東領導湘贛邊界秋收起義時，要求部隊官兵對待群眾說話和氣，買賣公平，「不拉伕、不打人、不罵人」。

在前往井岡山途中，毛澤東目睹了部隊無紀律的情形。秋天，正是山裏紅薯成熟的時節，行軍路上，戰士們又飢又渴，看見路邊誘人的紅薯，就連苗拔出，用袖子胡亂揩去泥巴，便塞到嘴裏。為此，毛澤東開始思考制定紅軍軍規的問題。

10 月 23 日，毛澤東率領部隊從遂川大汾來到距茨坪 20 公里、位於井岡山西面的荊竹山，井岡山的山大王、綠林首領王佐派聯絡副官朱持柳前來迎接。當晚，毛澤東和朱持柳兩人同睡一牀，徹夜長談。在交談中，毛澤東了解到王佐由於以往多次上過反動民團的當，疑心很重。為了能在井岡山站穩腳跟和今後的長遠發展，毛澤東感到有必要為這支初上井岡山的軍隊立個規矩。

10 月 24 日清晨，在荊竹山村村頭旁的一片乾田裏，毛澤東集合了這支 100 人左右的隊伍。他站在田中央一塊名叫「雷打石」的巨石上向大家講了話，並第一次提出了工農革命軍的「三大紀律」：第一，行動要聽指揮；第二，打土豪籌款子要歸公；第三，不拿農民一個紅薯。這就是「三大紀律」的雛形。由於這三條紀律簡單易懂，因而迅

速成為全體官兵的自覺行動。

1928 年初，工農革命軍攻進遂川縣城時，又出現了新的情況，部隊將小商小販的貨物統統沒收，甚至連藥鋪裏賣藥的戥子也拿走了。在遂川縣的草林圩，又有當地的老百姓向毛澤東提意見：「工農革命軍好是好，可他們借了我們的門板去睡覺，還回來的不是原來的那一塊。還有啊，戰士們睡覺用過的稻草遍地都是，成了牛欄了。」

1 月 24 日，在遂川縣城李家坪，毛澤東向部隊又提出了六個要注意的問題：「一、上門板；二、捆鋪草；三、說話要和氣；四、買賣要公平；五、借東西要還；六、損壞東西要賠。」毛澤東又特別說了一段類似繞口令的話來解釋，「損壞老百姓的東西，一定要賠償。雖說打破了舊缸賠新缸，新缸不如舊缸光，但是賠了總比不賠強」。

1928 年 3 月 30 日，工農革命軍第一團到達桂東縣沙田圩。桂東縣的革命烈火迅速燃燒起來，幾天之間，全縣各區、鄉的紅色政權紛紛建立，一場打土豪分田地的土地革命運動席捲桂東。工農革命軍在沙田所開展的群眾工作，收效很大，受到了廣大農民

毛澤東提出「第一軍規」

群眾的歡迎。

然而，由於各種原因，燒殺行為和侵犯群眾利益的事情也時有發生。「在四都的東、西水燒了很多的屋」，有一次，燒土豪的房子時，竟殃及旁邊的老百姓房子。打土豪時，也出現了許多誤會的事情：把老百姓娶媳婦的新嫁妝當作土豪財產予以沒收，把給挨戶團隊長做過事的木匠也抓起來，甚至把老百姓也抓起來。這些現象，引起了毛澤東的關注。

為了徹底糾正這種現象，4月3日上午，毛澤東把部隊集中在桂東沙田圩後的老虎沖「三十六擔丘」的田中，向工農革命軍一團全體指戰員，桂東縣沙田一帶的赤衛隊員、少先隊員，正式頒佈了「三大紀律、六項注意」。

毛澤東說：「燒房子這類事情行不通，燒了房子，老百姓都走了。現在要頒佈幾條紀律。第一條，一切行動聽指揮；第二條，不拿工農一點東西；第三條，一切繳獲要歸公。六項注意：一、上門板；二、捆鋪草；三、說話和氣；四、買賣公平；五、借東西要還；六、損壞東西要賠。」當時，毛澤東還一條一條地作了解釋。毛澤東講了以後，「營長給部隊講，回去以後，要記熟唸熟。部隊晚上點名時，黨代表又講了三大紀律六項注意的內容」。這是毛澤東創建井岡山根據地以來第一次比較完整地頒佈工農革命軍的「三大紀律、六項注意」。

「三大紀律、六項注意」，是中共軍隊的基本法則。它自在荊竹山首次宣佈後，內容不斷地調整和充實。這次在桂東沙田，就將原來的「不拿老百姓一個紅薯」改為「不拿工農一點東西」。

「三大紀律、六項注意」制定後，得到了認真的貫徹執行。1928年5月中旬，紅四軍二十八團二營司務長古某，在寧岡葛田鄉只有幾戶人家的水東村向農民郭友庭買豬時，謊稱沒有帶錢，說過幾天送

來，將豬趕走。這件事被鄉工農兵政府主席陳願山了解到了，反映到紅四軍士兵委員會主任陳毅那裏，陳毅派人查實後，軍委召開會議，多數人認為古某一次性侵吞群眾一口豬，情節惡劣，屬於向群眾敲詐的事件，嚴重違反紀律，應受嚴懲。結果，對古司務長予以處決。

　　隨着中共軍隊的不斷發展，「三大紀律、六項注意」後來發展完善為「三大紀律、八項注意」。後任中國人民解放軍上將的老紅軍陳士榘敍述了這個過程。他回憶説：「關於三大紀律，在新的情況下，不斷地在內容上進行了修改，例如將『籌款要歸公』改為『繳獲要歸公』，『不拿老百姓一個紅薯』改為『不拿一個雞蛋』，到陝北後又改為『不拿群眾一針一線』。六項注意，到了 1929 年向贛南閩西進軍後，部隊經過贛粵邊三南地區（龍南、定南、全南），向廣東東江地區發展。這些地方比較閉塞，封建統治勢力很強。我們來到這裏，沒有調查了解，還是按照過去的習慣，到野外大便，隨便到溝裏、河裏洗澡，結果引起群眾的嚴重不滿。毛澤東同志在群眾中了解到這些反映後，立即把六項注意改為八項注意，並且迅即向部隊宣佈。新添的兩項是：『洗澡避女人和大便找廁所』，以後又改為『院子打掃乾淨，挖衛生坑（廁所）』。」

　　「三大紀律、八項注意」的理出和貫徹落實，使紅軍真正成為與一切舊軍隊迥然不同、軍紀嚴明的人民子弟兵。

　　鏈接：1935 年 9 月，紅二十五軍到達陝北，與陝北紅軍合編為紅十五軍團。十五軍團在勞山戰鬥後增加了一批新戰士，急需對他們進行紀律教育。於是，程坦在中央紅軍帶到陝北的文件中找到「三大紀律、八項注意」的文本，把它編寫成歌詞，用曾在

三大紀律、八項注意

鄂豫皖地區流傳的《土地革命已經成功了》的音調填寫了這首《三大紀律、八項注意》歌，在政治部《紅旗報》上刊登。從此，這首歌曲在軍中廣泛傳唱。

1947年10月10日，毛澤東起草了《中國人民解放軍總部關於重行頒佈三大紀律、八項注意的訓令》。從此，內容統一的「三大紀律、八項注意」就以命令的形式固定下來，成為人民軍隊的治軍法寶，被譽為「第一軍規」。

1955 年，中國開始制定行政工資制和軍銜制。在討論「四定」
方案時 ——

毛澤東：要求縮小貧富差距

　　中華人民共和國成立之初，供給制與工資制並存。至 1955 年，
國內經濟形勢繼續好轉，新一輪工資改革也應運出臺。在借鑒蘇聯、
朝鮮等國家管理模式和經驗的基礎上，決定先行在國家機關及所屬事
業單位廢除工資分，開始在全國實行行政級別工資制，在全軍實行軍
銜制，行政級從 1 級到 24 級，月工資從 590 元到 45 元不等，一直延
續到 1980 年代末，前後歷時 30 餘年。因「定職、定級、定銜、定薪」
牽扯到每個幹部和家庭的切身利益，因此在全國、全軍產生了強烈反
響，給一代人留下了深刻的影響和印象。

　　當時的「四定」工作由中央軍委和政務院（國務院）負責。以周
恩來總理為首的領導小組在調查研究、借鑒醞釀和廣泛徵求意見基礎
上，考慮到軍心民意和國情等因素，起草修改，整整工作了一年，最
終拿出一個方案，呈報毛澤東審閱、批准。這個方案如下：

行政級別	職務	月工資	人員
一級	軍委主席	600 元	毛澤東（大元帥）
二級	副主席	550	朱德、劉少奇、周恩來等
三級	元帥	500	陳雲、鄧小平和諸位元帥
四級	大將	450	粟裕、徐海東、陳賡等大將

五級	上將	400	大軍區、省、部級正職

……

毛澤東仔細看完《方案》後，緊皺着眉頭久久不語，他一連吸了幾支煙，然後說：「我看不妥，這樣不利於團結，貧富差距要縮小嘛！」

毛主席在一次中共中央、國務院、中央軍委召開的會議上，詼諧地說：「你們讓我當大元帥，是把我放在火爐子上烤（考）我呀！……一級幹部就我毛澤東一個人，你們都是二級、三級，我毛澤東太不夠意思、太不夠朋友！……」毛澤東沉思片刻後笑着說：「我們把一級讓給馬克思、恩格斯，把二級讓給列寧、斯大林，我和你們一樣，都是三級幹部嘛！……」與會者響起一片笑聲和熱烈的掌聲。但是，這讓負責具體工作的周恩來很為難，如果按毛澤東的指示辦，毛澤東的工資收入將減少 100 元，其他中央領導人的工資將減少 50 元。最後，周恩來和他的助手們想出了一個既聰明又合理的折中方案，這個方案大體如下：

從元帥到準尉，從國家元首到辦事員共劃分為 24 個級別，工資從 45 元到 594 元不等，級與級之間最多相差 50 多元，最少只相差 5 元。其中一級 594 元，二級 536 元，三級 478 元，級差為國家級，對象為共產黨和國家領導人、十大元帥；大將四級，425 元（國家副職）；五級是上將，382 元；六級 355 元；七級 310 元（中將，為軍區、省、部、司級，對象為大軍區、省、部、司正副職）；八至十級為軍級（少將），正軍、副軍、正廳、正地市級，277 元、252 元、217 元；十一至十三級為師級（大校、上校），為正師、副師、副廳、副地市、正處、正縣級，200 元、177 元、159 元；十四至十六級為團級（中校、少校），正團、副團、副處、副縣級，141 元、127 元、113 元；十七、十八級為營級、大尉，為正營、副營、正科級，101 元、

89 元；十九、二十級（連級，上尉）為正連、副連、正科，80 元、72 元；二十一至二十四級為排級，其中中尉、正排、科員為二十一、二十二級；少尉是二十三級，50 元；準尉為二十四級，45 元；二十三至二十四級為副排、辦事員。

另外，考慮到各地的自然條件、物價和生活費用水平、交通以及工資狀況，並適當照顧重點發展地區和生活條件艱苦地區，將全國分為十一類工資區。規定以一類地區為基準，每高一類，工資標準增加 3%（如安徽屬三類地區、北京屬六類地區、上海屬八類地區、青海屬十一類地區等）。工資區類別越高，工資標準也就越高。因地區類別不同，同級地方幹部相差 10~40 元，軍隊幹部比地方幹部平均高出 30 元左右，充分體現了「血比汗值錢」的原則。

當時，毛澤東住中南海的房子也要按規定交付房租。1955 年實行工資制後，毛澤東的家庭開支主要為 9 項，其中主食 450 元，副食 120 元，日用開銷 33 元。這一標準一直持續到 1968 年，日用開銷才增長至 92.96 元。這種生活標準已經接近毛澤東（404.8 元）和江青（243 元）工資的總和。這也說明毛澤東的家庭和中國普通百姓的家庭一樣，工資收入主要用來糊口，吃飯佔家庭支出的絕大部分。

這個方案既借鑒、吸取了國外的先進經驗，又縮小了官兵、貧富之間的差距，基本上合情、合理，符合軍心民意，一直沿用到改革開放之初。

1960 年之後的三年困難時期，身為中共中央副主席的陳雲帶頭提出給自己降級、降薪，毛主席拍手稱好，說：「要降，我們一起降嘛！與全國人民共渡難關！」

1960 年 9 月 26 日中共中央、國務院通知：三級降 12%，四級降 10%，五級降 8%，六級降 6%，七級降 4%；八級降 2%，九至十七級

降 1%。於是，一大批軍隊和地方幹部都降了薪，用來支援國家和人民。

1965 年 8 月 1 日，毛主席倡議取消了軍銜制，恢復紅軍時期官兵一致的紅領章、紅帽徽，「一顆紅星頭上戴，革命的紅旗掛兩邊」。

1988 年 8 月 1 日，在改革開放的新形勢下，由鄧小平建議，全軍重新恢復了軍銜制。通過學習、借鑒美國等西方國家的經驗和做法，取消了元帥和大將軍銜，最高軍銜為上將，一直延續到今天。

鏈接：早在 1933 年，南京國民政府頒佈《文官官等官俸表》，重新厘定了各級公務員的工資標準。按照該表規定，時任國家最高領導人的蔣介石，拿的工資跟行政院院長、立法院院長和各部總長一樣，都是每月 800 塊大洋。副委員長、各部次長以及各省主席，工資比蔣介石稍低一些，每月能拿到 680 塊大洋左右。

蔣介石月薪 800 塊大洋是多少錢呢？1933 年下半年南京市幾種生活必需品的零售價格：大米，每斤需大洋 4 分；牛肉，每斤需大洋 3 角；五花肉，每斤需大洋 2 角 3 分；菜油，每斤需大洋 1 角 6 分；某個牌子的男士短襪，每雙需大洋 7 分。綜合以上物價，那時候一塊大洋的購買力，相當於現在 60 元人民幣。蔣介石每月 800 塊大洋，相當於 48000 元。

抗日戰爭時期的 1939 年 7 月 12 日，毛澤東在《在邊區縣長聯席會議上的報告》中，曾拿中共的幹部及其待遇和國民黨的官員及其待遇做過比較。他說：「我們對孔子懂得很少，寫文章寫得不長。」周公、孔子一套搞不來，文墨也不太會。但是，我們的縣長、區長、鄉長，每月 2 元津貼，「又民主，又能艱苦奮鬥，

毛澤東在給邊區幹部做報告

又能幫助老百姓。自周公、孔子以來，從沒有如邊區政府的縣長這樣的廉潔、這樣的民主、這樣的幫助老百姓的。」而國民黨的縣長們，他們每月拿着 180 元的薪水，卻只會娶小老婆、打麻將、抽鴉片，甚至還「貪污、刮地皮，壓迫老百姓」，其他就一無所成。為什麼會有如此區別？毛澤東指出，這就是因為我們和國民黨不同，大家是來革命的，「革命是有生命危險，生命既準備犧牲，何況薪水這小小的東西？」因此，他公開預言：中國只有靠共產黨的這些既廉潔又民主的幹部才有希望，「我們中國如果再在（國民黨）這些混賬王八蛋手裏搞下去，中國一定要亡」。

　　毛澤東的話，已經為歷史的發展所印證。

1977 年 10 月 21 日，《人民日報》第一版刊發消息《高等學校招生進行重大改革》和社論《搞好大學招生是全國人民的希望》，公佈了一個令無數年輕人無比欣喜的利好消息 ——

高考制度的恢復

1977 年 8 月 4 日至 8 日，剛剛復出不久的鄧小平在北京主持召開了科學與教育工作座談會，邀請了三十多位著名科學家和教育工作者參加。8 月 6 日下午，會議討論的重點轉移到高校招生這個熱點問題。在此之前，教育部以「來不及改變」為由，決定仍然維持「文革」中推薦上大學的辦法，並剛剛將方案上報中央。這引起了與會者的反對，紛紛揭露這種辦法的弊病，並主張立即恢復高考，建議如果時間

1977 年新生開學典禮

來不及可推遲當年招生時間。這些意見得到鄧小平的支持，他要求教育部立即把報送中央的報告追回來。鄧小平的果斷拍板，當即贏得了全場熱烈的掌聲。

8 月 13 日到 9 月 25 日，教育部再次召開高等學校招生工作會議。會議衝破了重重阻力，決定恢復已經停止了 10 年的全國高等院校招生考試，以統一考試、擇優錄取的方式選拔人才上大學。恢復高考的招生對象是：工人農民、「上山下鄉」和回鄉知識青年、復員軍人、幹部和應屆高中畢業生。會議還決定，錄取學生時，將優先保證重點院校、醫學院校、師範院校和農業院校，學生畢業後由國家統一分配。

同年 10 月 12 日，國務院正式宣佈當年立即恢復高考。10 月 21 日，《人民日報》、中央人民廣播電台等發佈了恢復高考的新聞，並透露本年度的高考將於一個月後在全國範圍內進行。幾百萬知識青年聞訊後歡呼雀躍，奔走相告。

1977 年冬天，中國有 570 萬考生走進曾被關閉十餘年的高考考場。但民間統計（應包括初試）為 1200 萬人，這個數字與老三屆、新三屆的總人數大致相仿。由於參加考試的人太多，一時找不到那麼多的紙張印考卷。為了解決恢復高考後第一屆 77 級的考卷急需用紙，中共中央決定，調用印刷《毛澤東選集》第五卷的紙張來趕印高考試卷。當年全國大專院校錄取新生 27.3 萬人；進入 1978 年，又有 610 萬人報考，錄取 40.2 萬人。在兩屆錄取的新生中，七七級學生 1978 年春天入學，七八級學生秋天入學，兩次招生僅相隔了半年。這兩次考試堪稱世界歷史上規模最大的考試，報考總人數達到創紀錄的 1160 萬人！

儘管兩屆的錄取率不到 6%，但由於提供了「在分數面前人人平

等」的機會，這讓成千上萬的年輕人看到了希望。他們懷揣着改變命運的夢想，對社會公平的期待，紛紛重新拿起書本，投入到求學大軍之中。儘管絕大部分的人並沒有走進大學校門，甚至連正式考試的考場也沒能進得去，但這個機遇給了人們一個公平公正的競技機會。對於每一個人來説，社會生存的遊戲規則從此轉向了公允平等。

高考制度的恢復，使中國的人才培養重新步入了健康發展的軌道。據了解，恢復高考後的二十多年裏，中國已經有 1000 多萬名普通高校的本專科畢業生和近 60 萬名研究生陸續走上工作崗位。

1977 年恢復高考制度，不僅改變了幾代人的命運，尤為重要的是為中國在新時期及其後的發展和騰飛奠定了良好的基礎。正如有評論指出的那樣：「恢復高考並不是簡單恢復了一個入學考試，更是社會公平與公正的重建，是在全社會重新樹立起了尊重知識、尊重人才的觀念。」因此，1977 年恢復高考制度不僅具有很深遠的歷史意義，而且具有重大的現實意義。

鏈接：1966 年 6 月 13 日，中共中央、國務院發出通知指出：「鑒於目前大專學校和高中的文化大革命正在興起，要把這一運動搞深搞透，沒有一定的時間是不行的。」而且認為：高等學校招生考試辦法「基本上沒有跳出資產階級考試制度的框框」，因此「必須徹底改革」。並決定，1966 年的高校招生推遲半年進行。

1966 年 7 月 24 日，中共中央、國務院發出《關於改革高等學校招生工作的通知》，進一步提出，從本年起，高等學校招生工作下放到省、市、自治區辦理。高等學校「取消考試，採取推薦與考試相結合的辦法；必須堅持政治第一的原則，貫徹執行黨的

階級路線」。但當時「文革」已經興起，各地方政府的職能陷於癱瘓，招生工作根本無法正常開展。結果，全國高校的招生不是推遲了半年，而是推遲了整整 6 年！

1970 年 6 月 27 日，中共中央批轉《北京大學、清華大學關於招生（試點）的請示報告》。不久國務院發出通知，規定高校招生廢除考試制度，「實行群眾推薦、領導批准和學校複審相結合的辦法」，招收「工農兵學員」。並確定工農兵學員的任務是「上大學、管大學、用毛澤東思想改造大學」。當年 10 月，首批「工農兵學員」到北大和清華入學。

據統計，從 1972 年到 1977 年，全國共招收了工農兵學員 94 萬人。

1949 年中華人民共和國的誕生以及社會主義制度的建立，為中國的發展奠定了堅實的基礎 ——

建國初的經濟騰飛

中國是個有着五千年悠久歷史的文明古國，曾經領先世界1400~1500 多年。但是 1840 年以後，由於西方列強的不斷入侵，中國的工業化、現代化進程不斷受到干擾、破壞，中國的發展舉步維艱。

當中國共產黨人經過 28 年的浴血奮戰，終於迎來新中國第一縷晨曦的時候，卻發現擺在面前的是一副名副其實的爛攤子：

—— 1949 年的國民生產總值僅有 358 億元（約折合 98.1 億美元），只相當於美國國內生產總值（2800 多億美元）的 3%。

—— 全國工農業生產總值攤到每一個中國人頭上，人均只有 86元；國民收入 358 億元，人均只有 66 元。

—— 雖然早在 19 世紀 60 年代中國官僚買辦已創辦近代工業，19世紀 70 年代初民族資本主義也開始發展起來，但是到 1949 年時近代工業的產值只佔工農業總產值的 17%，民族工業資本的資金淨值 1936年是 11.7 億元，1949 年是 20.08 億元；近代工業跟當時的發達國家相比，至少落後 100~150 年；中國工業的人均產量尚不及比利時的工業產量的 1/15。

—— 1949 年的原煤產量為 3243 萬噸，相當於美國 1870 年、法國 1898 年的產量，比英國 1850 年的產量還少 1000 多萬噸；原油 12

萬噸，不及美國 1861~1865 年平均年產量的一半；水泥 66 萬噸，相當於美國 1884 年的產量，不及英國、法國 1925 年產量的 1/5；發電量 43.1 億度，接近英國 1913 年、美國 1902 年的水平，不及法國 1926 年的一半。

——當時的民族工業主要是紡織、食品等輕工業，其中僱工 500 人以上的工廠只有 0.1%，僱工 10 人以下的工廠佔 69.7%，無機器的手工業工場達 70.91%。而且分佈也極不合理，70% 以上的工業集中在佔國土面積不到 12% 的東部沿海地區，重工業主要集中在遼寧，輕紡工業主要集中在上海、天津、青島、廣州、蘇南等少數城市；內地除了武漢、重慶等幾個沿江城市外，廣大地區尤其是邊疆少數民族很少，甚至幾乎沒有什麼近代工業；佔國土面積 68% 的廣大西部地區，工業總產值僅佔全國的 9%，總共才有 300 多家廠礦企業，絕大部分以手工勞動為主。

——當時中國人口 4.5 億，平均每人只擁有少得可憐的 1.2 斤紗、7.9 度電、59 公斤煤；由於市場蕭條、物價飛漲，大部分中國人的生活維持在最低的生存水平上，失業嚴重。

——1949 年全國的鋼產量僅有 15.8 萬噸，只相當於英國 1870 年、美國 1872 年、法國 1873 年的產量。如果把 15.8 萬噸的鋼攤到每個中國人頭上，人均不到 6 兩，連打一把菜刀都不夠！

快樂的社員

工業大發展

南京長江大橋

—— 1949 年中國糧食產量 11318 萬噸，比美國 1876 年的產量還要少 4000 多萬噸；棉花產量 44.5 萬噸，相當於美國 1966 年的產量；棉佈產量 18.9 億米，不及美國 1937 年產量的 1/4。

—— 1947 年 7 月 27 日，美聯社評述當時法幣 100 元的購買力：1937 年可買 2 頭牛，1938 年可買 1 頭牛，1941 年可買 1 頭豬，1943 年還能買 1 隻雞，1945 年勉強能買 1 條魚，到 1947 年就只能買不到半盒火柴了。

正如鄧小平所說的那樣：「建國以後，我們從舊中國接受下來的是一個爛攤子，工業幾乎等於零，糧食也不夠吃，通貨惡性膨脹，經濟十分混亂。」

我們不會忘記，當時帝國主義者的所謂「預言」：「中國共產黨解決不了自己的經濟問題！」

我們不會忘記，當時已經敗逃到臺灣的蔣介石說過的一句風涼話：「我把四萬萬人吃飯問題的包袱，甩給了毛澤東！」

我們也不會忘記，當時國內資產階級的一句所謂「名言」：「共產黨是軍事一百分，政治八十分，財經打零分！」

但是，中國共產黨早在誕生之日起，就把推動中國發展、實現民族振興作為自己的神聖職責。年輕的中國共產黨人迎難而上，以「敢教日月換新天」的豪邁氣魄，義無反顧地走上了一條自己開創的新的發展道路！

新民主主義革命的勝利，社會主義基本制度的建立，為當代中國一切發展進步奠定了根本政治前提和制度基礎。

到 1952 年底，中國經濟就已經恢復到 1936 年舊中國的最高水平：

—— 1952 年，工業總產值達到 349 萬億元，比建國前最高的

1936 年增長 22.3%；

　　── 農業總產值達到 461 萬億元，比上年增長 15%；

　　── 工業佔國民生產總值 30%，農業產值佔 64%；

　　── 全國職工的平均工資比 1949 年增長 60%─120%，工人的工資收入一般已達到或超過抗戰前的水平；同期農民的收入一般也增長了 30% 以上。

　　在毛澤東時代，已經站起來的中國人民在中國共產黨的領導下，取得了輝煌的成就。從 1952 年到 1976 年，儘管期間經歷了「大躍進」「文化大革命」的破壞，但工業生產平均每年超過 10% 的速度增長，在工業成就方面，全國工業總產值增長 30 多倍，如果從 1952 年算起則增長 12 倍，其中重工業總產值增長 90 倍。

　　在毛澤東時代，從 1952 年至毛澤東時代結束期間，鋼鐵產量從 140 萬噸增長到 3180 萬噸，煤炭產量從 6600 萬噸增長到 61700 萬噸，水泥產量從 300 萬噸增長到 6500 萬噸，木材產量從 1100 萬噸增長到 5100 萬噸，電力從 70 億千瓦／小時增長到 2560 億千瓦／小時，原油產量從空白變成 10400 萬噸，化肥產量從 3.9 萬噸上升到 869.3 萬噸。

　　在毛澤東時代，中國已經能夠生產重型拖拉機、噴氣式飛機、鐵路機車、萬噸巨輪；能夠建造南京長江大橋；特別是早在 1964 年就爆炸了第一顆原子彈，1967 年爆炸了第一顆氫彈，1970 年第一顆人造衛星就上了

「農村新風貌」郵票

天。

而這一切，可以說都是當時世界上最先進生產力的體現！

1952 年，中國工業佔國民生產總值的 30%，農業產值佔 64%；但是到 1975 年，這個比例顛倒過來了，工業佔國家經濟生產的 72%，農業僅佔 28%。中國從 1949 年世界上最落後的農業國之一，一躍成為到 20 世紀 70 年代中期為止的世界第六大工業強國，成為一個以工業為主的國家。

在農業成就方面，從 1952 年到 70 年代中期，農業淨產量增長為平均每年 2.5%。據統計：1977 年中國人均佔有耕地比印度少 14%，而人均糧食生產比印度高 30%~40%，而且分配也比印度公平得多。1949 年，中國人均國內生產總值只有 27 美元，印度為 57 美元，比中國多出一倍；但是到 2011 年，中國人均國內生產總值達到 5470 美元，印度為 1530 美元，中國比印度高出三倍！

在社會生活各個方面，毛澤東時代都取得了巨大的成就：

—— 1949 年前，大部分人口是文盲，1949 年後，大部分人都識字；

—— 在農村，基本普及了小學教育，在城市，基本普及了中等教育；

—— 初步形成了社會保障體系：在農村，對最貧困者實行「五保」等措施；國有企業工人享有工作保障及國家撥款的福利待遇，從搖籃到墓地都由國家包了；

—— 形成了一個相當全面的醫療保健體系，這在當時的發展中國家中是獨一無二的；

—— 中國人的平均壽命有了極大的增長：1928 年到 1933 年，中國人的平均壽命只有 34 歲；1949 年只有 35 歲；到 20 世紀 70 年代中

毛澤東視察工廠

期達到 65 歲；2011 年達到 73.5 歲。

尤其重要的是，如果沒有毛澤東時代為我們奠定一個現代化的工業體系和現代化的農業體系，就不可能有改革開放 30 多年的經濟騰飛！

1978 年 12 月召開的十一屆三中全會，是建國以來中國共產黨歷史上具有深遠意義的偉大轉折，開啟了改革開放的歷史新時期。

從那時以來，中國共產黨人和中國人民以一往無前的進取精神和波瀾壯闊的創新實踐，譜寫了中華民族自強不息、頑強奮進新的壯麗史詩。

改革開放以來，中國的發展速度是非常驚人的：

—— 1990 年：中國 GDP 總值為 3878 億美元（按當時匯率），在世界排名第 10 位，居美、日、德、法、意、英、加、西、巴西 9 國之後；

—— 2000 年：中國 GDP 總值為 1081 萬億美元，躍居世界第 6

赤腳醫生

位，僅次於美、日、德、英、法；

—— 2005 年超英、法：中國 GDP 總值為 2229 萬億美元，英國 2228 萬億美元，法國 1973 萬億美元；

—— 2008 年超德國：中國 GDP 總值為 4222 萬億美元，德國為 3818 萬億美元；

—— 2010 年超日本：中國 GDP 總值為 5.8786 萬億美元，日本為 5.4742 萬億美元。

中國由世界排名第 10 躍居到世界排名第二，僅僅用了 20 年時間！

另據國際貨幣基金組織（IMF）從購買力平價的角度推算，2014 年中國的經濟總量已經超過了美國。

今天，中國人民的面貌、社會主義中國的面貌、中國共產黨的面貌，都發生了歷史性的深刻變化。

今天，一個面向現代化、面向世界、面向未來的社會主義中國，巍然屹立在世界東方！

鏈接：1988 年，有着「美國第一智庫」「白宮第一智囊」之稱的美國蘭德公司提交了一份報告，測算了日本、中國大陸、美國、韓國、印度、中國臺灣的實際購買力，得出的結論是：中國大陸在 2015 年左右可能成為世界第二位或第三位，中國大陸人均實際購買力為 1300 美元。但是，當時無人相信。可事實上，中國神奇般的發展速度和實際達到的水平，已經提前超越了蘭德公司的結論！

在這樣短的時間裏，在這樣一種特殊形勢下，中國共產黨為

13 億中國人做了這麼多大事、好事，做了這麼多讓世界震驚的事，沒有任何一個其他的執政黨可以與之相比。瑞士《新聞報》說，在數千年歷史中，中國從沒像現在這樣表現優秀。2012 年世界大型企業研究會針對 70 名美國大公司的 CEO 展開了一項調查，其中一條是世界上哪些組織最稱職可信。沒想到在美國這個自我優越感極強的國家，在 CEO 們的回答中，中國共產黨竟然位於第三位，排名位次遠高於美國總統和美國國會。他們認為，中國共產黨處理社會經濟問題的能力和各種調節手段交替運用之嫻熟，令人驚歎。英國《金融時報》甚至用了這樣一個標題：「中國共產黨成為美國 CEO 的榜樣。」

英國《經濟學家》週刊曾報道，英國用了 58 年、美國用了 47 年、日本用了 34 年的時間使人均實際收入增加一倍，而中國僅用 10 年就實現了。英國 48 家集團俱樂部主席斯蒂芬·佩里指出：「中國在 1978 年改革開放後，消滅了大量貧困，開始了現代化發展歷程。在 30 多年時間裏，中國甩掉了積貧積弱的帽子，成為當今世界第二大經濟體，並穩步向第一大經濟體邁進。未來中國的社會與政治改革如同其經濟發展一樣，不會接受任何外界強加的模式，也不會盲目照抄外國經驗。中國將自己找到適合的發展道路。」

親歷了「五四」新文化運動的著名英國哲學家羅素曾經預言：中國必將找到一條不同於西方的古老文明走向現代的道路。現在，我們完全可以自豪地說，這條不同於西方的走向現代的道路 —— 中國特色社會主義道路 —— 已經找到了。而且，走上這條

道路以後，中國正在一天天走向富強！

2014 年 5 月 4 日，習近平在北京大學師生座談會上的講話中指出：「中國曾經是世界上的經濟強國，後來在世界工業革命如火如荼、人類社會發生深刻變革的時期，中國喪失了與世界同進步的歷史機遇，落到了被動捱打的境地。尤其是鴉片戰爭之後，中華民族更是陷入積貧積弱、任人宰割的悲慘狀況。這段歷史悲劇決不能重演！建設富強民主文明和諧的社會主義現代化國家，是我們的目標，也是我們的責任，是我們對中華民族的責任，對前人的責任，對後人的責任。我們要保持戰略定力和堅定信念，堅定不移走自己的路，朝着自己的目標前進。」

習近平還指出：「中國已經發展起來了，我們不認可『國強必霸』的邏輯，堅持走和平發展道路，但中華民族被外族任意欺凌的時代已經一去不復返了！為什麼我們現在有這樣的底氣？就是因為我們的國家發展起來了。現在，中國的國際地位不斷提高、國際影響力不斷擴大，這是中國人民用自己的百年奮鬥贏得的尊敬。想想近代以來中國喪權辱國、外國人在中國橫行霸道的悲慘歷史，真是形成了鮮明對照！」

隨着生產力水平的不斷提高、人民生活水平的不斷改善，人們的消費觀念也在不斷發生着變化 ——

「三大件」的變遷

從物質生活的角度來看，中國老百姓享受消費品的層次已經是芝麻開花 —— 節節高。特別是改革開放以來，中國城鄉居民消費品檔次的升級換代也越來越快。

從改革開放之前到 20 世紀的 80 年代，人們對消費品的追求還停留在百元級的「老三件」上，即自行車、手錶、縫紉機。

從 20 世紀 80 年代到 90 年代中期，人們追求的消費品升格為千元級的「新三件」—— 電視機、洗衣機、電冰箱。

從 20 世紀 90 年代到進入 21 世紀，人們追求的消費品又變成了萬元級的「五大件」，即大哥大（1990 年代中期 1 萬 ~2 萬元一部）、電腦、家庭影院（組合件）、小汽車、商品房。

進入 21 世紀至今，人們的消費已不再固定於幾大件了。隨着物質生活的需求得到充分滿足後，人們對精神生活的需求越來越高，消費品亦不局限於某一種特定的產品，而可能是一種活動或一次享受，如文化娛樂、體育健身、休閑旅遊、醫療保健，等等。

城鄉居民消費品檔次的升級換代，不正是國家富強、民族復興、人民幸福的折射嗎？

中共十七屆六中全會通過的《中共中央關於深化文化體制改革、推動社會主義文化大發展大繁榮若干重大問題的決定》指出：「社會主義先進文化是馬克思主義政黨思想精神上的旗幟。」因為，它充分展示出了——

中國先進文化的強大生命力

回顧中國共產黨所走過的 90 多年歷程，可以看到，中國共產黨歷來高度重視運用文化軟實力引領前進方向、凝聚奮鬥力量，團結帶領全國各族人民不斷以思想文化新覺醒、理論創造新成果、文化建設新成就推動共產黨和人民事業向前發展，共產黨的文化工作在革命、建設、改革各個歷史時期都發揮了不可替代的重大作用。

什麼是社會主義先進文化？在中共十七屆六中全會通過的《中共中央關於深化文化體制改革、推動社會主義文化大發展大繁榮若干重大問題的決定》中將其定義為「面向現代化、面向世界、面向未來的，民族的科學的大眾的社會主義文化」。「三個面向」，來自鄧小平 1983 年 9 月 8 日為北京景山學校的題詞；而「民族的科學的大眾的文化」，提法則來自毛澤東。1940 年 1 月，毛澤東在《新民主主義論》中指出：「民族的科學的大眾的文化，就是人民大眾反帝反封建的文化，就是新民主主義的文化，就是中華民族的新文化。」

但是，一種文化是不是先進，是不能自封的。那麼，憑什麼說

「面向現代化、面向世界、面向未來的，民族的科學的大眾的社會主義文化」就是先進文化？

我們認為，之所以說它是先進文化，就在於它是西方文化傳統精華、中華民族優秀文化傳統精華和中國革命文化傳統精華這三大文化傳統精華的結晶。

從西方文化傳統的精華來看，主要是馬克思主義和市場經濟運行機制的引進

—— 關於馬克思主義的引進。

毛澤東曾指出，中國人民的鬥爭總是失敗，原因就在於「在一個很長的時期內，即從 1840 年的鴉片戰爭到 1919 年的五四運動的前夜，共計 70 多年中，中國人沒有什麼思想武器可以抵禦帝國主義」。值得注意的是，毛澤東在這裏並不是從物質層面，而是從「思想武器」也即文化層面提出問題的。

長期以來，我們一直認為自己的文化，尤其是以孔夫子為代表的儒家文化是先進的，近代以來中國之所以打不贏入侵的西方列強，是因為西方船堅炮利，中國在物質層面不如人家。但是，當我們購買了大量的洋槍洋炮、同入侵的洋鬼子打還是打敗仗時，才開始有不少仁人志士懷疑中國的思想武器是不是也不如別人，也才開始了向西方尋找先進的思想武器的艱難歷程。

大體而言，中國人向西方尋找思想武器經歷了幾個明顯的階段：

一是從英國引進的進化論。

當年李鴻章組建北洋水師時，曾經派了一批留學生到英國學習海軍，其中就有嚴復。是他，第一個把達爾文的進化論介紹到中國。達爾

文的進化論，其代表作是《物種起源》。1859 年出版後，在整個歐洲引來一片叫罵聲。因為達爾文認為人的祖先是猿猴，而西方人一直認為自己的血統很高貴，要他們承認自己的祖先是猿猴，他們很難接受。

但是，達爾文的進化論被嚴復介紹到中國來以後，幾乎沒有受到任何阻礙，很快就被中國人所接受。因為當時的中國正面臨的是亡國亡種的威脅，西方列強不斷入侵中國，在中國劃分勢力範圍，想吞併中國。而如果中國滅亡了，作為中華民族這個人種，也就必然要淪為亡國奴。在這種情況下，達爾文的思想就在中國人中，特別是在中國的知識界中引起強烈共鳴。

在當時霸權主義、強權政治盛行的時代，面對西方列強的入侵，擺在中國人面前的，就是一個嚴峻的生存競爭問題、優勝劣汰的問題、適者生存的問題。如果不能適應時代潮流，就必然會被時代淘汰。

正是在這個特殊的背景下，達爾文的進化論一進來就在中國引起了強烈的反響。毛澤東、郭沫若、魯迅等很多學者，都曾從不同角度提到了進化論對他們早年思想的影響。但是，要把進化論作為一種思想武器，指導中國革命取得勝利，這個理論是不夠的。因為，進化論只是揭示了自然界、生物界的客觀規律，所以並不能完全適用於人類社會。

二是以康有為、梁啟超為代表的資產階級保皇派效法日本明治維新而發起的戊戌變法運動。

陳獨秀與《新青年》

日本在 19 世紀後期搞了一個明治維新，通過一系列改革措施快速崛起，並且打敗了中國，人們說這是「學生打敗了老師」，從而給中國人以極大的震撼。因此，康有為、梁啟超為代表的資產階級保皇派認為應該向日本學習。日本搞明治維新，他們就搞了戊戌變法。

但是戊戌變法只進行了 103 天就被慈禧鎮壓下去了，這條路未能走下去。

三是以孫中山為代表的資產階級革命派對美國體制的推崇與借鑒。

孫中山先生曾在美國生活過，對美國的政治體制非常推崇。他的理想，就是要建立中華民國的聯邦制。他當了臨時大總統後，政治體制就是參照美國的體制建立的。但是孫中山先生的努力未能成功，革命成果很快被袁世凱所篡奪。而袁世凱的終極目標是要當皇帝，走回頭路，最終在全國人民的一片憤怒聲討中黯然下臺，黃粱美夢徹底破產，這條路也走不下去。

四是以陳獨秀為代表的一批知識分子為「開啟民智」而效法法國啟蒙運動開展的一場新啟蒙運動。

法國大革命的爆發，曾震驚了全世界。但是法國在大革命爆發以前，國內曾經進行過一段很長時期的啟蒙運動。啟蒙運動是出現在 18 世紀歐洲的一場資產階級的思想文化運動。期間提出的啟蒙思想涉及宗教、哲學、倫理學、經濟學、政治學、史學、美學等眾多領域，出現了各種學說體系和許多著名代表人物。但運動的中心在法國，以伏爾泰、孟德斯鳩、盧梭、狄德羅為代表的百科全書派起了顯著作用。

由於受啟蒙運動的啟發，陳獨秀為代表的一批知識分子們認為：中國的問題主要是老百姓太愚昧、太落後，主張要「開啟民智」，要

引進「德先生」（民主）、「賽先生」（科學），因此辦了《新青年》雜誌，搞了新啟蒙運動。應該說新啟蒙運動起了很大的作用，但啟蒙運動畢竟是針對老百姓的，它本身還不足以成為一個思想武器，更無法引導中國革命取得勝利。

五是俄國十月革命的爆發。

十月革命的勝利，才真正引起了中國人的高度重視。俄國革命勝利後，很快就吸引了中國人的注意：俄國人為什麼能夠取得勝利？它的思想武器是什麼？由此發現，指引俄國革命勝利的思想武器是馬克思主義。毛澤東有句名言：「十月革命一聲炮響，給我們送來了馬克思列寧主義。」正是通過俄國，通過十月革命，通過列寧，中國才重新找到了馬克思主義。

之所以說「重新找到」，是因為馬克思主義很早就傳播到了中國。從目前查到的資料看，1898 年，一位西方傳教士李提摩太就在中國介紹過馬克思，以後陸陸續續也有人介紹了馬克思、恩格斯的思想，但是並沒有引起中國人的重視。至此，陳獨秀、李大釗、毛澤東等一大批先進的知識分子都熱衷於研究馬克思主義，最後都成為馬克思主義者。

中國共產黨一成立，就把馬克思主義確立為中國共產黨的指導思想。而中國共產黨選擇了馬克思主義作為指導思想後，中國革命只經過短短的 28 年就取得了勝利。由此可見，中國人找到馬克思主義，是具有歷史必然性的。中華人民共和國成立後，又在馬克思主義的指導下，不斷取得社會主義建設的新成就。馬克思主義在中國的勝利，充分證明了它的科學性和真理性。

—— 關於市場經濟運行機制的引進。

如果說，作為西方文化精華的馬克思主義的引進使中國人民站起

來了，那麼，作為西方文化另一精華的市場經濟運行機制的引進，就使中國人民富起來、強起來了。

在這一方面，應該感謝鄧小平。早在 1979 年 11 月 26 日會見美國《不列顛百科全書》副總編吉布尼等美國客人時，他就尖銳地指出：「說市場經濟只存在於資本主義社會，只有資本主義的市場經濟，這肯定是不正確的。社會主義為什麼不可以搞市場經濟？」不過，小平的這一思想，當時根本就沒有公佈。因為那時的思想還停留在傳統社會主義的舊觀念上，認為社會主義就只能搞計劃經濟，資本主義就只能搞市場經濟，兩種經濟體制是水火不相容的。這種長期形成的思維定式，當時無論在中共黨內、在社會上、在學術界，一時是不容易扭轉過來的。

現在回過頭來看中國的經濟體制改革，可以說就是朝着市場經濟的方向進行的。中國黨採取了漸進式的改革方式，提法也在不斷改變：

從計劃經濟到以計劃經濟為主；從 1984 年中共十二屆三中全會提出公有制基礎上有計劃的商品經濟，到 1987 年中共十三大報告提出的社會主義有計劃商品經濟的體制應該是計劃與市場內在統一的體制；再到 1992 年中共十四大報告明確提出經濟體制改革的目標 —— 建立社會主義市場經濟體制。此時已是水到渠成，中國逐步接受了社會主義市場經濟的提法，並開始了社會主義市場經濟的偉大實踐。

把社會主義制度與市場經濟運行機制結合起來發展生產力，是古今中外前所未有的偉大創新。經過 30 多年的探索和實踐，中國共產黨已經初步找到了一條把二者結合起來發展生產力的嶄新道路。而中國共產黨一旦找到這條嶄新道路後，中國的面貌就發生了翻天覆地的變化。

馬克思主義和市場經濟運行機制這兩大西方文化傳統精華的引進，徹底改變了中國的面貌、中國人民的面貌以及中國共產黨的面貌，使中國人民站起來、富起來、強起來了。

從中華民族優秀文化傳統精華來看

既然是在中國這塊土地上建設現代化，就不可避免地面臨着一個如何看待以及如何對待自己民族的優秀文化傳統的問題。

事實上，中華文化並不局限在中國本土，而是隨着向周邊國家的傳播，逐步形成了一個東亞文化圈。在這個東亞文化圈裏，除了中國，日本是最活躍的。特別是在隋唐時期，日本建立了遣隋使制度，向中國派遣了使節、留學生、學問僧等，開始全面汲取中國文化。到唐朝，從唐貞觀四年（630 年，日本舒明天皇二年）一直延續到唐乾寧元年（894 年，日本宇多天皇寬平六年），在長達 264 年之久的時間裏，日本正式派出的遣唐使就達 19 次之多。大批遣唐使、留學生和學問僧在中國如飢似渴地學習中國文化，舉凡經濟基礎到上層建築，無不從唐朝引進，可以説是全盤唐化。即使是在今天，我們仍然可以在日本的建築、茶道、書道、服飾、習俗等眾多方面，看到來自唐朝的中國文化的影響。另外，在越南、韓國、東南亞一帶，至今仍然可以看到中國文化的影響。

長期以來，由於發達國家基本上都出現於西方文化圈，久而久之形成了一種思維定式：現代化 ＝ 西方化。但是，東亞文化圈中長期深受中國傳統文化影響的日本率先在亞洲實現了現代化，首次打破了現代化只能在西方文化圈實現的神話。

二戰結束後，眾多發展中國家都處於貧困狀態，而「亞洲四小龍」

的崛起，又一次震驚了世界。「亞洲四小龍」中的香港、臺灣本來就是中國的一部分，韓國長期受中國傳統文化的影響，新加坡華人人口佔居民總數的 74.1%（據 2010 年 10 月統計）。

而且在亞洲，除了東亞文化圈外，還有印度文化圈、阿拉伯文化圈，非洲有非洲文化圈，拉美有瑪雅文化圈等等，然而唯獨同樣屬於東亞文化圈的「亞洲四小龍」能夠在眾多的發展中國家中脫穎而出，也同樣表明中國傳統文化與現代化是不相衝突的。

中國也是一個非常有說服力的例子。在 20 世紀 70 — 80 年代，中國與蘇聯、東歐等國先後走上改革之路。但是改革的結果，卻是蘇聯解體，東歐變色，只有中國一枝獨秀，發展神速。

中國持續 30 多年的高速發展，引起了廣大發展中國家的關注，有關「中國模式」的探討一直成為全球的一個熱點。儘管現在說「中國模式」似乎有點為時過早，因為中國還在努力進一步深化改革、擴大開放，但是中國的快速崛起已經以雄辯的事實說明：中華文化並不一定與現代化相違背、相衝突，現代化並不意味着西方化，亦不等同於西方化！

應該看到，長期以來對自己傳統文化的融合力、生命力以及它的包容性、博大性和適應性的認識，也即對自己文化軟實力的認識是並不充分的。傳統文化中除了以儒家文化為主體的主體文化外，還包括了道家文化、法家文化、佛家文化和民間文化等，而這些亞文化形態中又有各自的次生形態，構成了一個繁複龐雜的巨大的文化體系。

儘管並沒有多少人讀過《論語》《道德經》《韓非子》或其他如法家、道教、佛教的經典，但是這些中華民族優秀文化傳統的精華以不同的方式糅合在一起，作為特殊的文化基因積澱在中華民族的民族心

理、民族意識、民族習俗之中，積澱在每個中國人的思想意識、思維方式、生活方式之中。這正是中華民族優秀文化傳統之所以能生生不息、綿延不斷，有着強大生命力的根本原因之所在！

對於這樣一棵根深葉茂、生長在有着深厚文化土壤的中國大地上、有着幾千年生長歷史的文化大樹，是沒有什麼力量能夠輕易撼動的，更無法將它連根拔除。

還應看到，當今的中國文化早已不是原來意義上的傳統文化了。由於中國本身就是一個多民族的國家，各民族的文化均與中國文化的主體 —— 漢文化略有差異，加上近百年來尤其改革開放三十多年來西方文化及其他異邦文化的滲入，致使中國文化呈現出多元化的特色。

今天，我們完全可以比當年漢唐前輩更寬廣的胸懷、更博大的氣魄，對包括西方文化在內的一切異邦文化中有價值的成分加以吸收消化，為正在建設的社會主義先進文化不斷注入充足的養料。

從革命文化傳統的精華來看

毛澤東在《在延安文藝座談會上的講話》一文中指出：「有文武兩個戰線，這就是文化戰線和軍事戰線。我們要戰勝敵人，首先要依靠手裏拿槍的軍隊。但是僅僅有這種軍隊是不夠的，我們還要有文化的軍隊，這是團結自己、戰勝敵人必不可少的一支軍隊。」

毛澤東認為，這支文化軍

毛澤東　　《在延安文藝座談會上的講話》

隊是五四運動以來伴隨着一種新文化產生而形成的，這種新文化即指無產階級領導的人民大眾的反帝反封建文化。雖然在當時舊中國佔據主導地位的還是封建文化和買辦文化，但是這種新文化的出現，「使中國的封建文化和適應帝國主義侵略的買辦文化的地盤逐漸縮小，其力量逐漸削弱」。

在創立革命文化方面，毛澤東為我們樹立了光輝榜樣。他在早年通過對西漸東來的眾多西方理論如飢似渴的學習和研究，最終選擇了西方文化中最有價值的精華之一 —— 馬克思主義作為自己的信仰，並在長期的理論探索和革命實踐中創造性地將馬克思主義的普遍真理與中國革命的具體實踐相結合，走出了一條符合中國國情、具有中國特色的無產階級革命道路。

同時，毛澤東還憑藉他紮實的中國傳統文化的根底，用中國人民所喜聞樂見、通俗易懂的文化方式將馬克思主義深入淺出地介紹給中國人民，使它逐漸為中國人民所接受，並成為指導我們思想的理論基礎，從而走出了一條馬克思主義中國化的文化道路。可以説，毛澤東思想就是將西方文化傳統精華和中華民族優秀文化傳統精華有機結合之後，所形成的中國革命文化傳統精華的光輝結晶。毛澤東的成功，對今天建設中國特色的社會主義先進文化無疑具有重要的指導意義。

此後，鄧小平、江澤民、胡錦濤、習近平為代表的中國共產黨人，又按照同樣的思路，先後創立和豐富了鄧小平理論以及中國特色社會主義理論體系，從而為中國革命文化傳統增添了新的精華。

中國共產黨正是由於擁有了這種由西方文化傳統精華、中華民族優秀文化傳統精華凝聚而成的全新的革命文化，也即它所獨有的文化軟實力，從而也就擁有了強大的戰鬥力、凝聚力和生命力！

鏈接：中國傳統文化不是一種停滯的死文化，而是有着極強的包容力、融合力和生命力的活文化。

在歷史上，中華民族曾用了數百年的時間，將以佛教為中心的印度文化中的精華加以吸收改造，大大豐富了中國文化的內涵。進入 17 世紀，西學東漸之後，我們又開始了吸收以基督教為中心的西方文化的過程。只是相比較而言，這一次大規模吸收外來文化的過程並沒有第一次那麼順利。第一次吸收印度文化時正逢中國處於漢唐的強盛時期，國運的昌盛使漢唐先輩能以博大的氣魄和胸襟去看待來自西域的異邦文化，以我為主，大膽拿來，改造吸收，成為中國文化的新成分。

而第二次大規模吸收外來文化時，其前期由於中國仍處強盛時期，所以尚能以我為主去吸收西方文化，對其中的科學技術尤感興趣，並以此為契機大大推動了近代科學在中國的傳播和發展。但是，關於教規教儀及其在中國能否變通的長達一百多年的爭論，最終導致傳教士被禁止在中國活動，也使西方文化的傳播勢頭受到一定的遏制。隨着國運的衰退，西方列強憑仗武力強行打開中國大門後，以基督教為特徵的西方文化得以捲土重來，並一改當初謙恭的面孔，以傲慢自大的態度強行傳教。民族自尊心受到極大傷害的中國人民奮起而反抗，有關教案事件層出不窮，這從一個側面反映出中國人由對傳教士乃至西方列強的憎恨而擴而展之，逐漸生發出對西方文化的排斥反應，由此開始了中西文化在政治、經濟、軍事、思想諸方面的全方位對抗，並以 20 世紀 50 年代初期中國文化的主體 —— 新生不久的人民共和國與西方文

化圈中最強大的軍事強國 —— 美國在朝鮮的直接軍事對抗而達到頂峰。

抗美援朝的勝利不僅僅只具有軍事上的意義，從文化的深層次看，也意味着和標誌着擁有悠久歷史的中國傳統文化在同後起的新興的西方近代文化之間的對抗中已適應了後者的挑戰，徹底扭轉了中國近百年來一直所處的被欺凌的屈辱地位，並崛起為當代世界中唯一能與西方文化全面抗衡的文化形態。

當然，中西文化並不是只有對抗，也有相互吸收和相互融合的一面。特別是晚清時期和 20 世紀上半葉，為了探尋救國之道，許多先進的中國知識分子把眼光投向西方，到西方文化中去尋找和引進西方得以強大的思想武器，使中國一度成了西方思想武器的實驗場。而引導中國革命獲得勝利並走上強盛之路的思想武器，就是被中國共產黨人作為指導思想的西方文化中的精華、在眾多西方思想武器中脫穎而出的馬克思主義。可以說，找到和引進馬克思主義，是中國在第二次大規模文化引進中的最大成果。馬克思主義作為一種異族文化形態而能在擁有五千年文明歷史和源遠流長的文化傳統的中國大地上扎下根，並作為執政黨的指導思想又為廣大人民所接受，不能不說是中國文化史和世界文化史上的一個奇跡。

因此，在建設中國特色的社會主義文化時，必須對中國文化包括 1840 年以前的傳統文化、1840 年至 1949 年的近現代文化以及 1921 年中國共產黨成立以來中國共產黨對走出一條建設中國特色社會主義文化道路的探索過程加以認真研究總結，並對中國文

化強大的吸收力和生命力有清醒而正確的認識。

習近平在建黨 95 週年慶祝大會上的講話中指出：「文化自信是更基礎、更廣泛、更深厚的自信。在五千多年文明發展中孕育的中華優秀傳統文化，在黨和人民偉大鬥爭中孕育的革命文化和社會主義先進文化，積澱着中華民族最深厚的精神追求，代表着中華民族獨特的精神標識。我們要弘揚社會主義核心價值觀，弘揚以愛國主義為核心的民族精神和以改革創新為核心的時代精神，不斷增強全黨全國各族人民的精神力量。」

第 **4** 章

社會主義核心價值觀：
實現中國夢的精神力量

我們要繼續堅持走中國特色社會主義文化發展道路，推動社會主義文化大發展大繁榮，深化文化體制改革，提高國家文化軟實力，加強社會主義核心價值體系建設，豐富人民群眾精神文化生活，增強人民精神力量。

在中華民族幾千年綿延發展的歷史長河中，愛國主義始終是激昂的主旋律，始終是激勵我國各族人民自強不息的強大力量。

—— 習近平

　　鄭思肖畫蘭花不帶土，鄭成功不要珠寶要沙土，張作霖寫「墨」字不帶土，因為他們都深知 ——

「國家社稷，賴以土存！」

　　鄭思肖（1241—1318）是宋末詩人、畫家，福建連江人。南宋亡後自稱「孤臣」，誓不降元，不承認元朝統治，拒絕出任元朝官職。因肖是宋朝國姓趙（趙）的構成部分，所以改名思肖，字憶翁，表示不忘故國；居室題額為「本穴世家」，如將「本」字下的「十」字移入「穴」字中間，便成「大宋世家」，以示對宋的忠誠。

　　鄭思肖擅畫花卉，尤其喜畫墨蘭，但所畫花葉蕭疏而不畫根土。有人問及，他說：「地為番人奪去，汝猶不知耶？」國土都淪喪了，哪裏還有栽處？臨終前還囑託其友唐東嶼為其畫一牌位，上書「大宋不忠不孝鄭思肖」，語訖而逝。

　　明末抗清名將鄭成功（1624—1662）收復臺灣後，當地百姓欣喜萬分。一位高山族酋長舉行隆重的儀式，托出五盤珠寶絹帛和五盤山野沙土作為禮品獻給鄭成功。沒想到的是，鄭成功卻不要珠寶而是收下沙土。侍從官員低聲提醒他：「那是泥土！」鄭成功一笑，虔誠地捧起沙盤，伏地拜曰：「國家社稷，賴以土存！」

　　日本人打東北的主意不是一天兩天了。1918 年，張學良之父、「東北王」張作霖（1875—1928）為了擴充自己的實力，利用日本勢力控制了東三省。待其羽翼豐滿後，又轉而抵禦日本侵華，這讓日本

人痛恨不已。

　　一次，張作霖出席日本人的酒會，三巡酒過，一位來自日本的名流，故意「力請大帥賞字」。因為他知道張作霖出身綠林，識字有限，所以想當眾出張作霖的醜。沒想到張作霖毫不推諉，提筆就寫了個「虎」字，然後題上款，在叫好聲中擲筆回席。那個日本名流瞅着「張作霖手黑」幾個字，不禁笑出聲來。隨從見後連忙對着大帥耳邊提醒道：「大帥寫的『手墨』的『墨』字，下面少了個『土』，成了『黑』了。」哪知張作霖一瞪眼罵道：「媽拉個巴子的！俺還不知道『墨』字怎麼寫？對付日本人，手不黑行嗎？這叫『寸土不讓』！」在場的中國人恍然大悟、會心而笑，而日本人則目瞪口呆、無語面對。從此，「張作霖手黑，寸土不讓」的典故在東北乃至全國迅速流傳開來。日本人雖將張作霖視為眼中釘，但也不得不歎服他是個「壓不倒的小個子！」

　　鏈接：迄今最早見諸中國歷史文獻中的「中國夢」這一詞，也是鄭思肖提出來的。南宋滅亡前夕的 1276 年，鄭思肖作《德祐二年歲旦二首》，全文是：「力不勝於膽，逢人雙淚垂。一心中國夢，萬古《下泉》詩。日近望猶見，天高問豈知。朝朝向南拜，願睹漢旌旗。」詩中提到的《下泉》詩是指《詩經·曹風》中的一首詩，記敍了曹國諸侯共公時的政治混亂，政令苛刻，人民痛苦不堪，渴望有一個賢明的君主來治理國家的情形。2008 年 3 月 18 日，在十一屆全國人大一次會議記者招待會上，時任國務院總理溫家寶在回答臺灣記者關於臺灣問題的提問時引用了這句詩，從而在全國引起廣泛的關注。

在浙江紹興，有這樣一個家族，為其祖先大禹 ——

姒氏家族：守陵四千年

對中國歷史上著名的治水英雄、夏朝開國聖君大禹，人們並不陌生。他為治水「三過家門而不入」、公而忘私的精神，產生了巨大的民族凝聚力和感召力。

據已有千年歷史的《姒氏世譜》記載，大禹，是華夏始祖黃帝的玄孫，姓姒，名文命，字高密。從舜那裏繼承王位後的第十年（前2024）冬，從首都平陽（今山西臨汾、太原、河南南陽一帶）出發向東南狩獵巡視。到達妻子女嬌的故鄉茅山，這裏是古越人一個重要的活動場所。隨從們按照禹的要求，在紹興城東南 6 公里處的茅山的山上給他造了個極其簡陋的行宮，也即一間草房。院子的正中樹了一桿巨大的龍旗，龍旗之下，插着一柄象徵王權的玉鉞。他就在這樣的行宮裏住了下來，並傳令四方諸侯，務必在次年的春天來到茅山，他要考核大家的政績。春天到了，禹在茅山上大會各路諸侯，對政績突出的進行封賞，同時也殺了一個不守政令的防風氏。為了紀念這次成功的「幹部考核」，禹將茅山改為會稽山，會稽即會計，即考核功績的意思。

紹興大禹陵

公元前 2023 年夏曆 8 月，禹病逝行宮，王族及大臣們遵其遺囑將其「深埋簡葬」於會稽山上的北麓。禹的兒子姒啟繼位後，在禹陵的北面建立了宗廟，春秋進行兩次大規模的祭禹活動。啟傳位兒子太康時遭到后羿、寒浞相繼篡位，致使祭禹活動中斷了 40 年。到夏朝第六代君王、禹六世孫少康即位後，為了使祭禹活動能夠延續，封庶子姒無餘為越王，命他率家人在會稽為禹守陵並主持春秋兩季的祭禹活動。為此，規定所賜田地不向國家上繳稅收，全部用於守陵的日常開支和祭祀。這樣，姒無餘就成為姒家第一個大禹的守陵人。在緊靠禹廟的西北側，姒無餘與家人住了下來。禹下葬一百年後，這裏就叫禹陵村，村民至今全為姒氏。

到姒氏十二世時的商朝，竟有二十七世無王，家族全都成了普通老百姓。由於田產被沒收，祭祀自然中止。但家族並未離開，仍守禹陵。商的祖先契、周的祖先棄和禹同為黃帝玄孫，為何不念血緣？一千多年中的衰敗成了千古之謎。

到禹四十代孫姒無壬被家族推舉為新的越王後，才恢復祭禹。到禹第 43 代，即春秋五霸之一的勾踐通過「臥薪嘗膽」一雪吳國帶給他的恥辱後，公元前 490 年率家眷從會稽山的王宮搬出，到平原地帶建

大禹陵石碑

起山陰城，即今紹興市的雛形。但是，大部分家族人仍然留在山上守陵。勾踐在禹陵旁重修了一個氣勢磅礡的禹廟，家族再度興旺起來，祭禹也走入了正常化。

早在 1939 年，姒氏家族的人就接觸了中國共產黨人。這一年，周恩來到浙江視察抗戰，時

屆清明，他來到大禹陵祭禹，高度評價了姒氏幾千年來守陵的傳奇經歷。進入 1940 年代，日軍攻陷紹興，姒氏家族生靈塗炭，幾乎後繼無人。抗戰勝利後，又不斷有家族的人從外面回來，肩負起守陵祭禹的重任。中華人民共和國的成立，給姒氏家族帶來新的希望。1952 年，姒氏家族投書《解放日報》，反映禹陵古跡荒廢的情況。不久，浙江省致函紹興縣，命其儘快修整。姒氏家族的千秋功勛，也得到周恩來的高度肯定。

後來，姒氏家族在清理房屋時，從廢紙中發現了失傳近百年之久的《姒氏世譜》，由在紹興開書店的姒氏人整理出三本完整的 1875 年版《姒氏世譜》，從而使這一珍貴文獻得以流傳後世，目前原本存於浙江省圖書館及紹興市文物部門。這部《姒氏世譜》十分翔實地記錄了從夏朝至清末姒氏家族的發展，是中國迄今發現最老的一部譜書。專家研究後得出驚人的結論：大禹家族的家譜記載多達 130 餘代人，比「天下第一譜」孔子家族家譜的 90 多代人，多出了 40 多代！

相傳六月初六是禹王生日，每年這天村民都舉行古老而神祕的祭禹儀式。141 代孫姒紹品、142 代孫姒大牛説，儀式是禹的兒子姒啟當政時創製的，一直流傳至今。祭祀從夜裏開始，他們一聲聲地呼喚祖先禹王的名字，吟誦着流傳了四千多年的「經文」——「明明我祖，萬邦之君。有典有則，貽厥子孫。關石和鈞，王府則有。」姒大牛説，此歌名叫《五子之歌》，為禹的五個孫子所作，歌詞大意頌揚禹的功德。頌歌字字含淚、句句傳情，一直唱到次日凌晨 3 時。據姒紹品介紹，過去民間祭祀大禹與現在有所不同。那時每年正月初一和大禹生日的農曆六月初六，姒氏族人都要在禹廟前拜祭大禹，要放火銃、鞭炮、焚香，之後按先長輩後晚輩順序跪拜。拜祭大禹與拜菩薩不同，不點蠟燭，而且雙手抱拳，表明在姒氏族人眼中，大禹不是菩薩而是

祖先。

四千多年來，一個家族一直以活化石的姿態頑強證明着大禹存在的真實性，從公元前 1923 年一直守護到今天。每次戰爭、瘟疫以及自然災害都曾帶來滅族之災，最淒涼時家族只剩下父子三人，至今這一家族在全世界也只 1000 多人。姒氏先民們在厄運中往往告誡子孫：「自後守陵之裔，雖遭貧困，毋再星散。必須聚居左近，陪護陵祀，恭承先志。」要求後裔在大禹故地守陵之志不可輕移！歷史上大部分姒姓人生活困頓，受到家丁不旺的困擾。但是，他們創造了一個英雄家族悲壯的史詩。有外國史學家驚歎，這是只有偉大的中國人才能創造出來的最偉大的人間奇跡！

> **鏈接：**直至現在，在紹興城東南 6 公里的禹陵村仍是中國最古老的、至今仍有人居住、四千年不易其址的村莊，這是一個專為守陵而建的村莊。據了解，截至 2005 年血親尋找到姒氏族人不到 2000 人，分佈在含臺灣在內的全國 18 個省、自治區、直轄市及海外。根據姒氏後人姒承家先生的另一項調查，四川峨眉、雲南魯甸還有姒姓，但均難覓其源，因此禹陵村姒氏成為中國極其少見的千年不變其姓、不易其址的古老家族，堪稱國內罕見的宗族文化。
>
> 現擔任禹陵居委會主任的姒衛剛說，四千年來，禹陵姒姓人從來沒有忘記自己的守陵之責，他們把禹廟作為姒姓全族的祖廟，無論留居禹陵還是遷居他地，每年要族祭大禹兩次，一次在大年初一，另一次在農曆六月初六，也就是大禹生日那天。「20 世紀 50 年代由於歷史原因，族祭活動停了下來。一直到 2007 年的

正月初一，在紹興姒族研究會的努力下，正月初一族祭大禹的風俗才得以繼續延續下來。」

1995 年 4 月 20 日，浙江省公祭大禹陵，是中華人民共和國成立以來對大禹陵的第一祭。此後，歷次祭禹本着「每年一小祭、五年一公祭、十年一大祭」舉行祭祀，主要特點是公祭與民祭相結合：除在逢「五」當「十」的年份由政府公祭外，其他祭禹活動全部採取民間祭祀的形式。

1995 年初，為公祭大禹擴建禹廟廣場，50 戶姒氏舊宅要拆除。年關拆屋在當地視為不吉利，但姒氏族人認為只要對保護禹陵有益，絕無二話，12 天全部拆完。1996 年，為建禹陵旅遊區，要遷移大禹山上的舊墓，不少是姒氏祖墳，也沒有遇到阻力。姒氏族人只提出一個要求，請政府指定一個公墓區，以免今後重遷；2001 年，禹廟廣場綠化，又一部分姒氏舊宅按期拆完。

1995 年公祭大禹之後，原來默默無聞的姒氏開始為世人所知，姒氏子孫從未有過的自豪感也油然而生。當地政府也有計劃要重新規劃禹陵村，為姒氏後人提供更好的生活環境。目前守陵的觀念在姒氏子孫中已明顯改變，禹陵已經成為國家級重點文物保護單位。姒氏後人認為守陵並非要固守故土，向外界發展才能為姒氏後人提供更大的發展空間。

隨着時代的發展，也許有一天，禹陵村真的會沒有了姒氏後人。但是姒氏後人說，無論走到哪裏，他們心中都會銘記自己是大禹的後代，身上流淌的是華夏子孫的血脈，輩輩相傳。

相對於被推崇的愛國者而言，賣國賊則歷來為人所不齒，並受到人們的唾棄 ——

賣國賊的可恥下場

提起中國歷史上最臭名昭著的賣國賊和最大的奸臣，當首推秦檜。由於他以「莫須有」的罪名謀害了民族英雄岳飛，出賣民族利益，成為人人唾罵的千古罪人。

直至今天，人們到杭州，一般都會去瞻仰俗稱岳王墳的岳飛墓，再看一眼鐵鑄的秦檜和他老婆王氏的跪像。自南宋以來，人們普遍敬佩岳飛而唾罵秦檜，至今猶然，這是愛國精神、民族大義深入人心的具體表現。

秦檜（1090—1155）之奸，在於他在開始其罪惡事業也即出賣民族利益之前，一直以正面的形象出現，因而具有相當大的欺騙性。

宋欽宗靖康二年（1127），時任御史中丞的秦檜與宋徽宗、欽宗一起被金人俘獲。金人擄去二帝

岳飛墓

後，企圖立漢奸張邦昌為帝。秦檜單獨上書金帥認為不可，說「檜不顧斧鉞之誅，言兩朝之利害，願復嗣君以安四方，非特大宋蒙福，亦大金萬世利也」。金國左副元帥粘罕（完顏宗翰）看後，對他很有好感。

　　靖康二年（1127）四月一日，金軍北撤，徽、欽二帝及后妃、宗室、宮女，連同秦檜等大小官員三千多人都被押走。這時宋徽宗得知康王趙構（史稱宋高宗）即位，改號為建炎，建立了南宋王朝，於是致書金帥粘罕，與約和議，叫秦檜將和議書修改加工潤色。秦檜還以厚禮賄賂粘罕，金太宗把秦檜送給他弟弟撻懶（完顏昌）任用。

　　宋高宗建炎四年（1130），撻懶帶兵進攻淮北重鎮山陽（即楚州，今江蘇淮安），命秦檜同行。從撻懶的策略來看，誘以和議，內外勾結，才能致南宋於亡國之境。這個「內」，只有秦檜可用。而秦檜賣身投靠女真貴族的面目，在南宋朝野尚未徹底暴露。山陽城被攻陷後，秦檜和老婆王氏及婢僕一家則從海路到達越州（浙江紹興）。他自稱殺了監視的金人，奪舟而回。但當時就有許多人對此表示懷疑，因為隨徽欽二帝北去的官員大部分不是被殺便是被囚禁，而檜獨歸。

「又自燕至楚二千八百里，踰河渡海，豈無譏訶之者，安得殺監而南？就令從軍撻懶，金人縱之，必質妻屬，安得與王氏偕？」可是宰相范宗尹等幾個秦檜的好友「力薦其忠」，輕信的宋高宗認為「得一佳

杭州岳王廟內秦檜夫婦跪像

士」，拜為禮部尚書，加以重用。而次年秦檜就把范宗尹擠下相位，自己取而代之。其人品行的惡劣，即此可見一斑。

此後，秦檜輔佐宋高宗，官至宰相。為了討好金人，他反對主戰派，以所有愛國的人士為敵，收韓世忠、張俊兵權，屈殺岳飛，奉行稱臣、割地、納貢的求和政策，做的壞事罄竹難書。

紹興九年（1139），秦檜不顧趙鼎、胡銓、韓世忠、張浚、王庶、岳飛、李綱等反對議和的上書，簽訂了第一個宋金和約。但簽訂不到一年，金統治集團內部就發生了政變，對南宋主張用誘降講和策略的撻懶被殺，完顏宗弼上臺。從紹興十年（1140）起，金撕毀和約，以完顏宗弼當統帥，揮軍直取河南、陝西。

南宋抗金將領岳飛、劉錡在人民群眾的支持下，痛擊金兵，打出了一個大好局面，金兵將校紛紛準備投降。岳飛面對勝利的形勢非常高興，對部將們說：「直抵黃龍府（今吉林農安，女真族根據地），與諸公痛飲耳！」

正待不日渡河，而秦檜卻想把淮河以北土地送給金朝，命岳飛退兵。岳飛給朝廷的報告說：「金人銳氣喪失，氣急敗壞，把裝備糧草全部丟棄，疾走渡河。而我軍將士聽命效勞，所向披靡。時不再來，機難輕失。」並要求乘勝進軍。秦檜深信岳飛抗金意志不可奪，就先撤張俊、楊沂中的軍隊，然後說岳飛孤軍不可久留，嚴令迅速退兵。趙構、秦檜一天之內連下十二道金字牌，緊催撤軍。岳飛憤慨惋惜地哭着說：「十年之力，廢於一旦！」下令忍痛退兵。人民攔馬痛哭，岳飛悲泣。

紹興十一年（1141）九、十月間，秦檜按金人授意，興起岳飛之獄。他派右諫議大夫万俟卨收集偽證，組織獄詞，羅織罪名。万俟卨曾是岳飛部下，由於犯了軍紀受到岳飛的責罰，因此懷恨在心，後

投靠秦檜。秦檜又串通曾與岳飛和韓世忠並稱三大將、但貪圖官祿的張俊，收買、勾結岳家軍重要將領張憲部將王貴、王俊等人，秉承秦檜意旨，誣告張憲欲據襄陽為變，以謀恢復岳飛兵權。張憲遂被捕入獄，岳飛、岳雲父子也被送往南宋最高審判機關的大理寺。岳飛被捕後，秦檜加緊投降活動。11 月，宗弼派蕭毅到臨安，提出「劃淮為界，歲幣銀絹各二十五萬，割唐、鄧二州」為議和條件。這就是宋金第二個和約，史稱「紹興和議」。

和約簽訂後，秦檜按照皇帝意圖，變本加厲地迫害岳飛等人。紹興十一年（1141）12 月 29 日，岳飛被絞死於大理寺獄中風波亭。岳飛將被害時，韓世忠十分氣憤，質問秦檜，岳飛父子究竟犯了多大罪，事實如何，有什麼證據？秦檜説：「莫須有。」（意思是「大概有」或「難道沒有嗎」）韓世忠説：「莫須有三字，何以服天下？」岳飛被害後，家屬流放嶺南，被株連者或坐牢或流放，或死於獄中，相反，凡跟着秦檜陷害岳飛的，都各有升遷。

當南宋廣大人民知道岳飛被殺害的消息時，「天下冤之」「皆為流涕」，人們紛紛為岳飛的冤死而感到悲痛，對秦檜殺害岳飛的罪惡行徑無比憤慨。在封建時代，由於宋高宗是皇帝，人們不能公開責罵他，但對秦檜無不切齒痛恨！

紹興二十五年（1155），秦檜病死，被封申王，諡號忠獻。其子秦熺力圖繼承相位，被宋高宗拒絕。秦家從此失勢，使長期被壓抑的抗戰派感到有希望為岳飛平反昭雪，便要求給岳飛恢復名譽。後來宋孝宗為鼓勵抗金鬥志，於紹興三十二年（1162）下詔書為岳飛平反，追復原官，以禮改葬，將秦檜列為致使岳飛之死的罪魁禍首，後被褫奪王爵，改諡繆醜。

在南方，傳說秦檜夫婦在地獄裏一同被縛下油鍋，所以人們用麵

粉造成兩人之狀炸為油條，又名油炸檜、油炸鬼，足見對賣國賊的痛恨。《孟子》言：「君子之澤，五世而斬。」然而隨着時間的流逝，人們至今還在吃油炸檜，説明民族敗類的惡行千秋萬載也不會得到人們的饒恕。

鏈接：岳飛被秦檜害死後，獄卒隗順敬仰岳飛的為人，置個人安危於度外，偷偷將遺體背出，埋葬在錢塘門外北山腳下水邊，並以岳飛隨身佩戴的一隻玉環作為殉葬物，置於遺體腰下。墳上種了兩株橘樹作為標記，俗稱「賈宜人墓」。後來隗順臨終時，將負屍出城經過、墓地、標記一一告訴兒子。

岳飛去世 21 年後，宋孝宗繼位，決定為岳飛平反昭雪，以息民怨。於是下詔恢復岳飛官職，並以官職為賞，尋求其遺骸。這時，隗順的兒子將岳飛的墓地告訴臨安府。臨安府派人至北山腳下墓地，掘開墓穴，得到了忠烈遺骸，以禮遷葬於西湖西北的棲霞嶺下，當時並無秦檜等奸臣的跪像。

明朝正德八年（1513），浙江都指揮使李隆第一次在岳墓前用銅鑄了秦檜夫婦、万俟卨三人跪像，但不久就全被擊毀。

萬曆二十二年（1594），按察副使范淶用鐵鑄跪像，又增補了張俊。由於鐵鑄跪像經不起長年累月地敲打，最終也成了一堆廢鐵。

清朝乾隆年間，有人提出第三次鑄四人跪像。巡撫熊學鵬開始並不贊同，但是害怕惹怒百姓，才勉強答應。遺憾的是，「文革」時期岳墓被作為「四舊」橫掃，四跪像不翼而飛。1979 年，岳王廟得以重修，並按照河南湯武廟裏的四跪像重鑄，繼續跪在

原地。

在岳飛故鄉河南湯陰縣城岳王廟山門外，跪着的是五人，即又增加了王俊。另外還有施全銅像，意在監視奸臣。跪像後面的對聯是：蓬頭垢面跪階前，想想當年宰相；端冕垂旒臨座上，看看今日將軍。

據說乾隆年間，秦檜七世孫秦潤泉考中狀元，邀幾位學友暢遊西湖。在岳墓前，有人讓他題寫墓聯，秦潤泉愧恨交集，揮筆寫下「人從宋後少名檜，我到墳前愧姓秦」。

與秦檜得到同樣下場的，還有抗日戰爭時期的大漢奸汪精衞。他公開投敵後，反汪討逆的聲浪席捲全國。百姓還紛紛主動捐款，鑄了汪精衞和陳璧君夫婦的醜像，也像秦檜夫婦那樣長跪街頭，隨時讓人們唾罵踐踏。

對賣國賊的憤恨，除了鑄跪像以外，還有其他的表達方式。

張勳原是清朝的江南提督，統帥江防營駐紮南京。辛亥革命爆發後，革命軍進攻南京，張勳負隅頑抗，戰敗後率潰兵據守徐州、兗州一帶，繼續與革命為敵。民國成立後，他和他的隊伍頑固地留着髮辮，表示仍然效忠於清廷，人們稱張勳為「辮帥」，他的隊伍被稱為「辮子軍」。

1917 年 6 月 14 日，張勳率辮子軍抵京後，邀集保皇派康有為等策劃清帝復辟。30 日晚，張勳等潛入清宮，發動政變，擁清廢帝溥儀復辟。7 月 1 日，溥儀下詔即位，宣佈恢復宣統年號，任命張勳為內閣議政大臣兼直隸總督等職，這就是歷史上著名的「張勳復辟」。

　　1917 年 7 月 12 日晨，討逆軍分三路進攻北京。當天中午，張勛逃入荷蘭使館，辮子軍全部投降，短命復辟宣告結束。溥儀的皇位還沒坐熱，僅 12 天就被趕下了臺。消息傳出後，江西人民集會通電全國，否認國賊為贛省張氏子孫，張勛被江西人開除省籍。

　　在 1919 年的巴黎和會上，由於部分列強與日本事前簽署了密約，協約國公然將戰敗國德國在山東的權益轉讓給日本，激起中國人民的強烈不滿，從而引發了具有劃時代意義的五四運動。當時，交通總長曹汝霖、貨幣局總裁陸宗輿及駐日公使章宗祥被並稱為「三大賣國賊」。「五四」當天，學生遊行到趙家樓曹宅，曹汝霖躲了起來。學生誤把當時在曹宅的章宗祥當成曹汝霖，痛打了一頓，並放火燒了曹宅，此即火燒趙家樓事件。

　　「三大賣國賊」之一的曹汝霖被免職後轉入實業界，仍任交通銀行總經理、中國通商銀行總經理、天河煤礦公司總經理、中國實業銀行總經理、正豐煤礦公司董事長、張作霖軍政府財政委員會委員長等。抗日戰爭爆發後，曹汝霖曾公開表示要以「晚節挽回前譽之失」，不在日偽政權任職。據說日軍在籌組華北偽政權時，一度曾把曹汝霖看作理想人選，但曹汝霖堅持不與日本人合作，拒絕擔任偽政府總理大臣一職。後來，王克敏給他掛上偽華北臨時政府「最高顧問」的虛銜；王揖唐出任偽華北政委會「委員長」時，又給曹汝霖掛了個華北政務委員會「諮詢委員」的空銜，但曹汝霖從不到職視事，實際上未給日本人出力，保持了晚節。抗戰勝利後，國民黨政府把他及一班敵偽漢奸頭子抓了起

五四運動

來，後經蔣介石親下手令將其釋放。1949 年去臺灣，1950 年赴日本，1957 年遷居美國。1966 年 8 月 4 日逝世於美國底特律，終年 89 歲。

「三大賣國賊」之一的章宗祥被免職後，湖州各界人民於 6 月召開大會，宣佈開除章宗祥鄉籍，宣告出族，並議決查封其家產。1928 年後，長期寓居青島。1942 年 3 月，任偽華北政務委員會諮詢委員。不久，又任電力公司董事長。抗日戰爭勝利後，遷居上海。因沒有新的罪行，解放後一直安居上海，有時還會提供一些他在五四運動前後親身經歷的史料，1962 年病逝上海，終年 83 歲。

「三大賣國賊」之一的陸宗輿是浙江海寧市鹽官鎮（當時是縣城）人，全城 5 月 13 日在他的舊宅附近的拱辰門舉行抗議活動，然後在縣城遊行。在當天海寧人民召開的萬人國民大會上還通過

一項公決：「開除陸宗輿的鄉籍」，並通電全國。其中寫道：「青島問題，交涉失敗，推原禍始，良由陸宗輿等祕結條約，甘心賣國所致，義憤憤慨，已於元日特開國民大會，到會萬餘人。公決以後，不認陸宗輿為海寧人，以為賣國賊戒。」公報在國內引起強烈反響，《申報》《晨報》《上海新聞報》等大報都做了報道。

1919 年 6 月 10 日，北洋軍閥迫於民憤，宣佈罷免三人的職務，並拒絕在和約上簽字。消息傳到海寧的第二天，海塘腳伕頭之子龐景祺等人發起，決定為賣國賊陸宗輿豎立石碑，以示遺臭萬年，並警告教育後人。石碑上刻「賣國賊陸宗輿」「海寧公民團立」「民國八年六月」等字，共刻三塊，分別立於鹽官邑廟前、鎮海塔下和陸家門口。當時報道「一時觀者人山人海，途為之塞」。陸宗輿聞訊後，重賄海寧縣知事毀碑，群眾憤起阻止，後經北洋政府總統徐世昌親自下令將碑拆去。

此後，陸宗輿仍任匯業銀行總理及龍煙煤礦和鐵礦督辦，1925 年後一度出任臨時參政院參政，1927 年任交通銀行總理。後辭職，躲進天津租界當寓公。

1940 年，汪偽國民政府成立，被聘為行政院顧問，以賣國終老。晚年迷信扶乩，1941 年 6 月 1 日因肺炎病死於北平，終年 85 歲。

縱觀中國歷史，愛國者流芳萬世，賣國賊遺臭萬年！

1935 年，一位年僅 23 歲的青年作曲家為一部電影的主題歌譜曲。這就是 ——

聶耳與《義勇軍進行曲》

1934 年，革命戲劇家田漢憤於民族的危難，着手創作以抗日救亡為主題的文學劇本《鳳凰的再生》，後被改編成電影《風雲兒女》。一天，他突然文思泉湧，手頭卻又找不到紙，便急忙在香煙盒的錫箔襯紙上將所想記錄下來，這一段文字後來成為影片主題曲的第一段，即現在的《義勇軍進行曲》歌詞。由於叛徒的出賣，電影劇本的分鏡頭腳本還沒來得及寫，田漢於 1935 年 2 月 19 日夜被捕了。後來，這部電影由中國早期電影導演夏衍改成攝製臺本。

田漢被捕後，當時正准備去日本的音樂家聶耳聽説《風雲兒女》有首主題歌要譜曲，遂主動找到夏衍，承擔了《風雲兒女》主題歌作曲的創作任務。寫有歌詞的那張香煙紙曾被茶水濡濕，字跡模糊不清。聶耳仔細辨認後，以火一般的激情投入創作。在上海霞飛路 1258 號 3 樓居所內，聶耳連熬兩夜，完成了曲譜初稿。當寫完曲譜，聶耳對導演許幸之説：「為創作曲譜，我一會兒在桌子上打拍子，一會兒在鋼琴前彈奏，一會兒在樓板上不停走動，一會兒又高聲唱起來。房東老太以為我發瘋了，跑到樓上罵了我一頓。」

前奏曲以嘹亮的進軍號開始，引出高亢激越的吶喊；中間反覆唱出疊句：「起來！起來！起來！」把音調推向高潮；結尾原為「我們

萬眾一心，冒着敵人的飛機大炮，前進，前進，前進！」聶耳將「飛機大炮」改為「炮火」，並在末尾又加了一個「進」字，表現出一往無前的氣勢和與敵人血戰到底的氣概。

聶耳曾在日記中寫道：「我寫這首曲子的時候，感情很激動，創作的衝動像潮水一樣從思緒裏湧出來，簡直來不及寫，一氣呵成，兩夜的功夫就寫好了。」

1935 年 4 月 18 日，為躲避敵人追捕，聶耳東渡到達日本東京，4月下旬把定稿的曲譜寄回祖國。據上海國歌展示館工作人員介紹，在電影《風雲兒女》前期拍攝完成以後，田漢的主題歌歌詞並沒有確定歌名，而聶耳從日本寄回來的歌詞譜曲的名稱只寫了「進行曲」三個字。最後是《風雲兒女》投資人朱慶瀾將軍在「進行曲」三個字前面加上了「義勇軍」三個字，《風雲兒女》主題歌的歌名就成了《義勇軍進行曲》。

朱慶瀾早年參加辛亥革命，1912 年辛亥革命勝利後任袁世凱總統府軍事顧問，同年 11 月授陸軍中將，1915 年授陸軍上將。後歷任黑龍江省護軍使、黑龍江省將軍、廣東省長、廣東新軍司令。1922 年，他受孫中山推薦和張作霖邀請重返東北，同年 10 月 27 日出任中東鐵

田漢

聶耳

義勇軍進行曲

路護路軍總司令，次年又兼任介於黑龍江、吉林兩省之間管理中東路沿線地帶的省級特別行政區 —— 東省特別行政區首席行政長官。1925年，朱慶瀾因張作霖發動直奉內戰而辭官，回錦州私邸居住，為一介平民。

1933 年初，在張學良指揮的熱河保衛戰期間，朱慶瀾以東北抗日義勇軍總司令和遼吉黑熱民眾後援會會長的雙重身份，幾次奔赴熱河前線，會同張學良、張作相、宋子文等人視察督戰和慰問東北軍、義勇軍將士。當時，田漢和聶耳曾隨從朱慶瀾赴熱河保衛戰採訪，這段採訪經歷，對義勇軍進行曲的創作和誕生具有重大的歷史意義。

1935 年 5 月 8 日，上海《申報》《時報》刊出《義勇軍進行曲》詞譜；9 日，上海百代唱片公司為《義勇軍進行曲》灌製唱片；24 日，《風雲兒女》在上海金城大戲院首映，引起強烈的社會反響。此時，田漢還在獄中，距離聶耳逝世僅兩個月，他們都未能在第一時間聽到這首《義勇軍進行曲》。

伴隨着唱片和電影的宣傳，上海各個角落都響起了《義勇軍進行曲》的歌聲。這首歌以其高昂激越、鏗鏘有力的旋律，鼓舞人心的歌詞，反映了在民族危亡時，中華民族萬眾一心、團結禦侮、奮勇抗

朱慶瀾　　　　　　　　　　　　　　　　《風雲兒女》海報

爭、一往無前的偉大的愛國主義精神，激發了中國人民與日本侵略者血戰到底的英勇氣概。它一誕生，迅即成為中華民族解放的號角。

伴隨着全國救亡運動的熱潮，在抗日戰爭的烽火硝煙中，《義勇軍進行曲》傳遍大江南北、長城內外，成為中國各族人民反抗日本侵略者的高昂的戰歌，鼓舞了無數中華兒女用自己的血肉，築成了萬眾一心、團結禦侮的新的長城。無數中華民族的優秀兒女，高唱着、呼喊着「把我們的血肉，築成我們新的長城」，冒着日本侵略者的炮火，不懼流血犧牲，英勇衝鋒陷陣，為挽救祖國和民族的危亡，與日本侵略者血戰到底！

在抗戰時期，《義勇軍進行曲》還成為國民黨軍的軍歌。曾在遠征軍擔任上尉參謀的著名歷史學家黃仁宇曾回憶道：「取用為國歌之前，早經國軍選用為標準軍歌之一；我們在成都草堂寺青羊宮做軍官的年代也唱過不知多少次了。『我們萬眾一心，冒着敵人的炮火，前進！前進！』其音節勁拔鏗鏘，至今聽來還令人想念當時抗戰的氣魄。」而根據遠征軍第 200 師師長戴安瀾將軍的作戰祕書張家福少校的回憶，著名的第 200 師的軍歌就是《義勇軍進行曲》。

1939 年，國際著名記者伊斯雷爾·愛潑斯坦在當年寫成的《人民之戰》一書裏曾這樣形容這首抗日歌曲的流行程度：「《義勇軍進行曲》誕生的歷史，就是抵抗日本侵略的浪潮不斷高漲的歷史。這首歌的曲和詞深深紮根於中國人民之中。從前線到大城市，從城市到最遙遠的鄉村，每一個中國人都知道這首歌，都會唱。」

1938 年春，在法國巴黎召開的有 42 個國家參加的反法西斯侵略運動大會上，音樂家任光指揮巴黎華僑演唱了《義勇軍進行曲》，從此，這首歌走向了世界。

　　1940 年，美國著名黑人歌唱家保羅‧羅伯遜第一次聽到這首《義勇軍進行曲》時非常激動。他學會了歌中的中文，並在紐約露天音樂堂用中英文演唱了這首歌，用音樂向浴血奮戰的中國人民致敬，也向聶耳致敬。他把《義勇軍進行曲》列入他的《和平之歌》曲目中，在國際活動中多次用漢語演唱。他後來還灌錄了一套包括這首《義勇軍進行曲》在內的中國歌曲唱片，起名就是這首歌曲的英文名《起來》。宋慶齡為唱片親自撰寫了英文序言，其中寫道：「我很高興得知保羅‧羅伯遜的唱片將一些最好的歌曲翻唱給美國人，這是所有國家的人民發出的聲音⋯⋯」保羅‧羅伯遜還曾預言，這首歌曲將會成為中國的國歌。此後，一直到他去世之前，還想到誕生過聶耳這樣偉大音樂家的中國來訪問。

　　二戰即將結束之際，在盟軍凱旋的曲目中，《義勇軍進行曲》赫然名列其中。當時，在遭受法西斯侵略的東南亞，在爭取民族解放和獨立的歐洲和北美，《義勇軍進行曲》同樣被廣為傳唱，成為國際反法西斯陣營的戰歌之一。二戰期間，美國、英國、蘇聯、印度、新加坡等國的廣播電台都經常播放《義勇軍進行曲》，表達世界人民反法西斯的共同心願。

　　在抗戰時期，《義勇軍進行曲》不僅在中國深入人心，而且在別國盟友心中也成為代表中國軍民抗戰形象的歌曲。1944 年，美國好萊塢米高梅公司拍攝了一部反映中國抗日的故事片《龍種》（*Dragon Seed*，曾獲得奧斯卡最佳女配角獎提名、最佳攝影獎提名）。這部影片是根據美國女作家賽珍珠同名小說改編的，女主角是得過 4 次奧斯卡最佳女主角獎的覬瑟琳‧赫本。《義勇軍進行曲》就是這部電影中的插曲。

　　1949 年 6 月，在北平成立了以毛澤東為主任的中國人民政治協商會議籌備會，負責政協會議的籌備工作。籌備會的第六小組負責國歌、國旗、國徽的制定。組長為著名教育家、中國民主促進會負責人馬敍倫，副組長為葉劍英、沈雁冰。為了更好地完成徵集國歌的任務，第六小組還設立了「國歌初選委員會」。7 月 4 日，葉劍英在中南海勤政殿第一會議室主持召開了第六小組第一次會議，推選郭沫若、田漢、茅盾、錢三強、歐陽予倩 5 人組成國歌詞譜初選委員會，郭沫若為召集人。

　　從 7 月 15 日到 26 日，由郭沫若等人起草的「徵求國歌詞譜啟事」經毛澤東、周恩來修改審定後，分送《人民日報》《天津日報》《光明日報》等各大報紙連續刊登 8 天，國內各報和香港及海外華僑報紙也紛紛轉載。啟事對國歌詞曲稿提出了如下要求：（甲）歌辭應注意：（1）中國特徵；（2）政權特徵；（3）新民主主義；（4）新中國之遠景；（5）限用語體，不宜過長；（乙）歌譜於歌辭選定後再行徵求，但應徵國歌歌辭者亦可同時附以樂譜（須用五線譜）。另外，考慮到徵集國歌需要有精通音樂的專業人士參加評選，8 月 5 日，第六小組舉行第二次會議，決定聘請馬思聰、賀綠汀、呂驥、姚錦新 4 位音樂專業人士為國歌詞譜初選委員會顧問。

　　徵稿啟事發出後，在國內和海外華夏兒女中引起強烈反響。全國各地來稿如同雪片紛至，到 1949 年 9 月 21 日，共收到國歌徵稿 632 件，歌譜 694 首，連著名詩人郭沫若也寫了題為《中華頌》的歌詞，發表在 10 月 1 日的《人民日報》上。但經評審，都不夠理想。這時，曾留學法國、對《馬賽曲》有深刻印象的畫家徐悲鴻提議：「用《義勇軍進行曲》代國歌怎麼樣？」語驚四座，頃刻得到許多政協委員的贊同。

　　實際上，此前的 1949 年 7 月初，周恩來就認為可以用《義勇軍進行曲》作為國歌。他在審批「徵集條例啟事」時就說：我個人的意見最好就用《義勇軍進行曲》為國歌，不過，這只是我個人意見，你們大家可以討論，再徵求一下群眾的意見。

　　9 月 25 日，毛澤東、周恩來在豐澤園頤年堂會議室召集協商國旗、國徽、國歌方案座談會。當彙報到以《義勇軍進行曲》作為國歌的提議時，周恩來當即表示支持這一方案。他說，這支歌曲很雄壯，很豪邁，有革命氣概，而且節奏鮮明，適合演奏。當彙報到有人認為歌詞中「中華民族到了最危險的時候」提法過時了，現由一些人修改了歌詞，周恩來臉色嚴肅地說：要麼就用舊的歌詞，這樣才能激勵感情。修改了唱起來就不會有那種感情了。接着他又說，我們面前還有帝國主義反動派，我們的建設愈進展，敵人愈嫉恨我們，想法破壞我們。你能說就不危險了嗎？倒不如留下這句詞，使我們耳邊警鐘長鳴的好！周恩來的話使人豁然開朗。最後，毛澤東綜合與會者的意見說：大家都認為《義勇軍進行曲》作國歌最好，意見比較一致，我看就這樣定下來吧。但是，確定代國歌還要由政協會議決定。會議結束時，毛澤東、周恩來和大家一起放聲高唱《義勇軍進行曲》。

　　9 月 27 日，全國政協第一屆全體會議通過了《關於中華人民共和國國都、紀年、國歌、國旗的決議》，分別是：中華人民共和國的國都定於北平，自即日起改名北平為北京；中華人民共和國的紀年採用公元，今年為 1949 年；在中華人民共和國的國歌未正式制定前，以《義勇軍進行曲》為國歌；中華人民共和國的國旗為五星紅旗，象徵中國革命人民大團結。會議以多數人舉手表示贊同通過，決定在開國大典中演奏《義勇軍進行曲》。

　　1949 年 9 月 28 日的《人民日報》發佈了「以《義勇軍進行曲》

為國歌」的消息。11 月 15 日《人民日報》又以「新華社答讀者問」的方式回答為什麼採用這首歌為國歌時説：「《義勇軍進行曲》是十餘年來在中國廣大人民的鬥爭中最流行的歌曲。」

1949 年 10 月 1 日，中華人民共和國開國大典在天安門廣場舉行。下午 2 時 55 分，毛澤東率中共中央領導人和各民主黨派領導人、民主人士代表登上天安門城樓。當毛澤東等登上天安門西城臺時，軍樂隊奏《東方紅》樂曲。當毛澤東以洪亮的聲音宣佈「中華人民共和國中央人民政府已於本日成立了」後，中華人民共和國國旗 —— 五星紅旗在天安門廣場冉冉升起。這時，軍樂隊奏響了中華人民共和國代國歌《義勇軍進行曲》。天安門廣場上數十萬群眾一起和着激昂的軍樂，放聲高唱：

> 起來！
> 不願做奴隸的人們！
> 把我們的血肉，築成我們新的長城！
> 中華民族到了最危險的時候，
> 每個人被迫着發出最後的吼聲！
> 起來！起來！起來！
> 我們萬眾一心，
> 冒着敵人的炮火前進！
> 冒着敵人的炮火前進！
> 前進！前進！進！

1982 年 12 月 4 日，中華人民共和國第五屆全國人民代表大會第五次全體會議確定《義勇軍進行曲》為中華人民共和國國歌。2004 年 3 月 14 日，第十屆全國人民代表大會第二次會議通過的《憲法修正案》

在第一百三十六條中第二款規定：中華人民共和國國歌是《義勇軍進行曲》。這樣一來，已經傳唱近七十年的《義勇軍進行曲》作為國歌的地位，最終被憲法正式確認。

> **鏈接：**《義勇軍進行曲》的曲作者聶耳，原名聶守信，祖籍雲南玉溪，1912 年 2 月出生於雲南昆明一個貧苦的中醫家庭。他 4 歲喪父，家境貧困，靠着母親維持生計。他的母親是傣族人，不光教聶耳文化知識，另外還會唱許多民歌，包括在昆明等地民間廣泛流傳的洞經調、花燈調、洋琴調等。由於受到母親傳唱雲南豐富多彩的民間音樂的熏陶，10 歲時，他就跟鄰居一位姓邱的木匠師傅學會了吹笛子，後來又陸續學會了二胡、三弦、月琴。
>
> 　　1927 年，聶耳考入雲南省立第一師範學校，他刻苦學習小提琴，積極參加文藝演出，並開始閱讀進步書刊。1928 年加入中國共產主義青年團，此後積極參加昆明地下黨組織的學生運動。1930 年 7 月，由於叛徒告密，被迫逃亡上海，不久參加反帝大同盟，並積極投身中國共產黨領導下的革命文藝活動。
>
> 　　1931 年 4 月，聶耳考入國內最早的職業歌舞社團 —— 上海明月歌劇社，正式開始了他的藝術生涯。1932 年上海「一‧二八」抗戰爆發後，全國人民抗日救亡風起雲湧。此時，聶耳結識了共產黨員、左翼戲劇的重要組織者和領導人、戲劇家田漢。1932 年赴北平參加革命音樂活動，不久回到上海發起組織中國新興音樂研究會。1933 年初，聶耳由田漢介紹加入中國共產黨。同時，他的創作也進入了高峰期。此後的兩年中，聶耳為歌劇、話劇和電影譜寫了《新女性》《開路先鋒》《大路歌》《前進歌》《畢業歌》《鐵

蹄下的歌女》等主題歌和抗日救亡歌曲 30 多首，在全國廣為傳唱，對激發民眾的抗日救亡運動起了積極作用。他所編寫的《金蛇狂舞》《翠湖春曉》《山國情侶》等樂曲，亦深受人們喜愛。

1935 年 1 月，上海電通影北公司拍攝抗日影片《風雲兒女》，田漢為影片寫了主題歌詞，聶耳承擔了為之譜曲的任務。他於 3 月中旬開始創作，幾經修改，4 月下旬將定稿交給電通公司。《義勇軍進行曲》就這樣誕生了。這首雄壯激昂的《義勇軍進行曲》，被郭沫若稱讚為「聞其聲者，莫不油然而興愛國之思，莊然而宏志士之氣，毅然而同趣於共同之鵠的」；聶耳也被郭沫若譽為「中國革命之號角，人民解放之鼙鼓也」。這是聶耳和田漢的最後一次合作，也成為聶耳的絕筆之作。也正是這首歌，奠定了聶耳在中國音樂史上的地位。

由於聶耳所譜寫的大量歌曲反映了人民的心聲，成為鼓舞人民、教育人民、打擊敵人的有力武器和戰鬥號角，因而引起了反動當局對他的仇恨而要將其逮捕。聶耳按照黨組織的決定離開上海，取道日本赴蘇聯。1935 年 4 月 16 日，聶耳乘坐「長崎丸」號渡輪抵達日本長崎，18 日到達東京。7 月 17 日，聶耳在日本神奈川縣藤澤市鵠沼海濱游泳時，不幸溺水身亡，年僅 23 歲。

聶耳一生從事音樂創作不足三年，卻給我們留下了 36 首歌曲，6 首民族器樂曲。他把他的全部才華，都貢獻給了他深深熱戀的祖國和人民。雖然他在這個世界上僅生活了 23 年，但他創作的《義勇軍進行曲》的旋律，永遠激盪在每一個中國人的心中！

1944 年 9 月 8 日，毛澤東作為中國共產黨的最高領袖，親自參加了一位普普通通的警衛戰士的追悼會 ——

一名普通士兵與一篇著名悼詞

1944 年 9 月 8 日，在延安棗園的溝口操場上，中共中央直屬機關約千人正在這裏舉行一場隆重的追悼大會。不過，這次追悼會所悼念的並不是什麼聲名顯赫的重要人物，而是中共中央警備團一名普普通通的警衛戰士 —— 張思德。

會場的土臺子中央懸掛着毛澤東親筆題寫的挽聯：「向為人民利益而犧牲的張思德同志致敬。」臺上立着張思德的遺像，臺前擺放着機關幹部戰士採摘的鮮花和用樹枝做的花圈，整個會場佈置得莊嚴肅穆。

張思德是四川儀隴人，1915 年出生於一個貧苦的農民家庭。由於家境貧寒，他的父母和幾個哥哥相繼凍餓而死，是叔父叔母收養了他。1933 年 8 月，紅四方面軍來到張思德的家鄉。他第一個報名參加少先隊，並成為鄉裏的首任少先隊長。他積極幫助紅軍籌糧籌款，曾受到鄉蘇維埃的嘉獎。同年 10 月，張思德加入紅軍，在縣獨立團二營任通訊員。因表現出色，他在瓦子寨戰鬥中曾立功一次。

1935 年 5 月，已是紅四方面軍總部通信班戰士的張思德跟隨部隊踏上了艱辛的長征之路。在長征途中，張思德經常主動幫助體弱多病的戰友背行李、扛槍支、背彈藥。因作戰勇敢，在長征中多次負傷。

1937 年抗日戰爭爆發後，張思德因傷病被編入警衛連，擔任副班長，負責雲陽鎮八路軍留守處和榮譽軍人學校的警衛。同年 10 月，張思德面對黨旗莊嚴宣誓，成為一名中國共產黨黨員。

1940 年春，張思德調往延安，在軍委警衛營任通訊班長。1942 年 10 月，軍委警衛營與中央教導大隊合編為中央警備團，張思德又愉快地接受組織安排，成為中央警備團直屬警衛隊的一名普通戰士。雖然與他同期入伍的戰友有許多已是團長甚至旅長，但張思德毫不計較。他說：「當班長是革命工作需要，當戰士也是革命工作需要。」他一貫吃苦在前，享受在後，能上能下，任勞任怨。儘管當時生活特別艱苦，住的是土窯洞，睡的是茅草牀，但他和戰友們仍然生活得十分愉快。他教大家打草鞋，想方設法用樺樹皮寫字、做飯筒，與大家同甘共苦，不愧共產黨員的光榮稱號。

1944 年夏天，中央決定次年在延安召開中共第七次全國代表大會。為解決與會代表的烤火問題，張思德所在的通訊班承擔了燒木炭的任務。由於張思德會打窯洞和煙道，因此與另兩人被派到安塞縣山中燒木炭，他任副隊長。完成任務後，為了多出炭，他又參加了突擊隊，與戰友一起開挖了一孔新窯。

9 月 5 日中午時分，天空正下着雨。張思德在挖一個新的炭窯時，因雨水滲透造成土質鬆軟，炭窯意外坍塌而不幸犧牲，年僅 29 歲。由於張思德是毛澤東等主要領導人的警衛員，因此警衛隊長古遠興直接報告了毛澤東。毛澤東得知這一噩耗後，心情十分沉重：「前方打仗死人是沒辦法的，後方生產勞動死人不應該！」

毛澤東點着一支煙站在窗前，深情地望着安塞山張思德犧牲的方向，問道：「這件事，你向你的上級報告了沒有？」古遠興回答：「沒有，我想直接報告給主席就行了。」

「這不行，你還要向你的上級報告。」毛澤東皺了皺眉，又問，「張思德現在在什麼地方？」

「還被壓在炭窰裏。」

毛澤東顯然生氣了：「怎麼能這樣呢？要儘快挖出來，放哨看好。山裏狼多，不要被狼吃了。要是被狼吃了，你的隊長就不要當了。」接着問道，「張思德遺體挖出來準備怎麼處理？」

「主席，我打算刨出來就地安葬。」古遠興答道。

「不行！」毛澤東顯然對這種從簡辦理後事的做法不滿意。他思索了一會，對古遠興作了三條指示：「第一，給張思德身上洗乾淨，換上新衣服；第二，搞口好棺材；第三，要開個追悼會，我要去講話。」

三天後，作為中國共產黨最高領袖的毛澤東身穿灰色粗布衣，在中央警備團團長兼政委吳烈的陪同下神情莊重地步入會場，親自獻上花圈。輓帶上寫着他的親筆輓詞：「向為人民利益而犧牲的張思德同志致敬。」

追悼大會由吳烈主持，警備團政治處主任張廷珍致了悼詞。

毛澤東肅立在臺下，靜靜地聽着。

當張廷珍接着代表全團向中國共產黨和毛主席宣誓表決心後，毛澤東邁着沉重的腳步，緩緩走上臺，站在一個稍高的土墩上，沒拿講稿，打着強有力的手勢，操着濃重的湖南口音開始作演講。他講道：

「我們的共產黨和共產黨所領導的八路軍、新四軍，是革命的隊伍。我們這個隊伍完全是為着解放人民的，是徹底地為人民的利益工作的。張思德同志就是我們這個隊伍中的一個同志。」

「人總是要死的，但死的意義有不同。中國古時候有個文學家叫做司馬遷的說過：『人固有一死，或重於泰山，或輕於鴻毛。』為人民利益而死，就比泰山還重；替法西斯賣力，替剝削人民和壓迫人民

的人去死，就比鴻毛還輕。張思德同志是為人民利益而死的，他的死是比泰山還要重的。」

追悼會結束後，毛澤東走在長長的送葬隊伍的前面，並向張思德的遺體三鞠躬。

張思德的遺體埋葬在棗園後溝，後來遷葬到寶塔山下。

不久，毛澤東的這篇悼詞以《為人民服務》為題，在延安《解放日報》上發表，並由新華社轉發到各解放區的報紙和國統區重慶的《新華日報》刊登。

從此，張思德這位普通警衛戰士的名字，與毛澤東這篇著名講演一起，永遠留在了青史中。

從此，「為人民服務」這五個金光燦燦的大字，永遠成為中國共產黨的唯一宗旨，並鄭重地寫進黨章中。

鏈接：「當官不為民做主，不如回家賣紅薯。」這句出自七品「芝麻官」徐九經之口的名言，曾一度在一些幹部中備受推崇。雖然這裏道出了當官要為老百姓做事的真諦，但從根本上說它反映的仍然是一種「父母官」的意識，體現的仍然是「官為民做主」，從而顛倒了人民是「國家主人」、官員是「人民公僕」的這一根本關係。為民做主，還是人民做主，一字之差，卻反映出唯物史觀和唯心史觀兩種不同的世界觀，也反映了封建專制與民主政治兩種相悖的政治意識。正確的說法應該是：我們不是老百姓的「父母官」，而老百姓才是我們的「衣食父母」。

毛澤東曾經指出：「共產黨員絕不可脫離群眾，絕不可高踞於群眾之上，做官當老爺。」社會主義制度從本質上說，是同當官

做老爺不相容的。國家主人、社會公僕的關係顛倒不得，否則社會主義的性質就變異了。

官員是人民公僕，只有在中國共產黨人這裏成為現實。中國共產黨人來自人民，共產黨的幹部是為人民服務的。1944 年 9 月，毛澤東在出席中央警衛團一名普通士兵、共產黨員張思德的追悼會上所作的題為《為人民服務》的著名演講，就鮮明地指出了中國共產黨為人民服務的根本宗旨。在延安，毛澤東率先垂範，跟大家一樣享受同等待遇，即每天三錢鹽，五錢油，吃小米，穿粗布。美國記者斯特朗在她的訪問記中寫道：「黨的負責幹部住着寒冷的窰洞，憑藉着微弱的燈光，長時間地工作，那裏沒有講究的陳設，很少物質享受，但他們是頭腦敏銳、思想深刻和具有世界眼光的人。」

1940 年，南洋華僑領袖陳嘉庚為了慰勞祖國抗戰軍民，親自組織並率領南洋各屬華僑籌賑會回國慰勞團（簡稱「南僑慰勞團」），對重慶和延安等地進行了實地慰勞考察。3 月 26 日，陳嘉庚一行 5 人飛抵重慶。國民黨政府對南僑慰勞團的接待工作異常重視，由近 30 個黨政部門組成了一個龐大的歡迎南洋僑胞回國慰勞委員會，並撥出 8 萬元專款以供接待之用。這使陳嘉庚非常不安，認為這樣鋪張浪費，不合時宜；重慶如此，必引起連鎖反應，不僅耗費大量錢財，也會造成不良影響。

3 月 28 日，陳嘉庚往重慶勵志樓謁見蔣介石，這是兩人首次見面。當蔣的座車駛到，傳令兵高喊：「蔣委員長到 —— 」所有人立刻肅立，大氣也不敢喘。蔣介石和宋美齡姍姍而入，揮手

示意大家就座，眾員方敢徐徐坐下。回來後，陳嘉庚說蔣像個皇帝。陳嘉庚在重慶呆了一個多月，耳聞目睹，深感失望：「第就外表數事，認為虛浮乏實，絕無一項稍感滿意，與抗戰艱難時際不甚適合耳。」

同年 6 月，陳嘉庚率「南僑慰勞團」又來到延安。為答謝陳嘉庚的愛國熱忱，毛澤東在楊家嶺請他吃飯。餐桌上除了豆角、西紅柿等幾樣家常菜外，只是多了一味雞湯。毛澤東說：「我沒錢買雞，鄰居老大娘知道我有遠客，送的。」陳嘉庚看了看飯菜，回想起此前到重慶時蔣介石花 800 銀元宴請他的情景，不禁意味深長地說了一句：「得天下者，共產黨也；中國的希望，在延安。」

中國共產黨執政以後，一貫強調各級黨政幹部都是人民公僕、是人民勤務員，執政的目的是為人民服務。如果以官老爺自居，不以人民為本位，不在全心全意為人民服務上下功夫，不廉，貪污腐敗，為政這就不僅玷污了共產黨人為人民服務和為共產主義奮鬥的理想信念，也與孫中山一百年前就提出的人民公僕觀念格格不入。

1940 年 8 月，晉察冀軍區的八路軍戰士在一次戰鬥中救出了兩名日本小姑娘，從而引出了——

中日友好的一段佳話

1980 年 5 月 29 日，《人民日報》刊登了一位抗日老戰士姚遠方的文章《日本小姑娘，你在哪裏？》，文章發表後，引起讀者的熱烈反響。

1940 年 8 月，晉察冀軍區某部三團參加了聞名中外的百團大戰。主攻的目標是日軍駐守的井陘煤礦。當時，井陘煤礦火車站日方副站長加藤清利及其妻子均在炮火中身亡，遺下兩個小女孩，大的五六歲，小的還在襁褓之中，但腳跟被炸傷。是三團一營四連的戰士冒着生命危險把她們搶救出來的，聶榮臻司令員聽説此事後，要求立即把她們送到指揮所。

兩個日本小女孩由一位民兵用籮筐挑着，直接送到了聶榮臻的前線指揮所。聶榮臻問：「孩子送來之前，在你們那兒是怎樣安排飲食的？」

來人回答：「我們四分區政治部的袁心純副主任規定，按團職幹部負重傷的伙食標準特別照顧，供給奶粉、罐頭、白糖、水果。」

「嗯，做得對！」聶榮臻滿意地點了點頭。

聶榮臻抱起那個正在熟睡的小女孩，交代警衛員趕緊抱到村裏，設法找正在哺乳期的婦女，給孩子餵奶，還要軍區的醫生為小女孩治傷。而那個大女孩則一直跟在聶榮臻身邊，常常用小手拽着聶榮臻的

褲腿，走到哪裏跟到哪裏。聶榮臻還和小姑娘在指揮所外的土場上合了個影，這張照片如今成了珍貴的歷史見證。

但是，聶榮臻並不知道，精心照料和護送日本孩子的民兵，其母雖然是瞎子，卻被日寇用刺刀活活捅死了。而那位袁心純副主任，後來竟被日寇用馬刀砍了頭！

據原晉察冀第一軍分區司令員楊成武將軍在回憶錄中記載：「一個日軍中佐一手提着指揮刀，一手抓起一個剛出生幾天的中國嬰兒剁成碎塊，扔進磨盤裏，令其士兵推磨灑水，在嬰兒母親撕心裂肺的哭叫聲中，將嬰兒磨成了肉醬！還有一群日本兵把一個中國孕婦拖進豬欄裏，一陣慘不忍睹的蹂躪之後，豬欄裏傳出初生嬰兒的啼哭聲。日本兵卻拍手大笑『大大地好！』」這樣殘忍的事，就發生在日軍對晉察冀根據地的大掃蕩中。然而，晉察冀八路軍戰士卻冒死在戰火中救出了兩個日本孤女！日軍的殘暴與八路軍的仁義，形成何等鮮明的對比！

當時聶司令員的前線指揮部駐地洪河槽村裏的老百姓聽說捉來了

八路軍戰士與美穗子

聶榮臻與美穗子

兩個「小日本」，群情激奮，都想來為受害的親人出一口氣。沒有想到的是聶榮臻司令員不僅請醫生為日本女孩療傷，找奶媽餵養，還親手削雪梨讓「小日本」解渴。後來，聶榮臻考慮到戰事頻繁，兩個孩子留在中國會很困難，孩子也會傷感，還是送回去交給孩子的親戚撫養比較好。於是寫了一封意味深長的信，讓八路軍戰士封奇書和民兵李化堂肩挑荊筐，頭頂烈日，翻山越嶺幾十公里，把戴着遮陽帽的美穗子小姐妹送回正在與之交戰中的日方軍營。為了防止孩子在半路上飢餓啼哭，他還特地準備了各種食品。孩子上路前，他依依不捨地挨個抱起來，摸摸頭，以示祝福。

　　事隔 40 年後的 1980 年，姚遠方的文章發表後，日本《讀賣新聞》社奇跡般地弄清了當年兩個小姑娘中的姐姐就是住在日本宮崎縣都城市的美穗子。美穗子後來回憶説，她們姐妹獲救後，被送到石家莊的石門醫院。不滿週歲的妹妹鎦美子因消化不良不幸死去。她本人於 1940 年 10 月被伯父平安帶回日本後，與外祖母相依為命。對於劫後餘生的經歷，美穗子説：「小時候聽外祖母講過父母都被捲入了戰火，自己記憶不甚分明。因此直到 1980 年，對自己的身世不願多想，漸漸也都遺忘了，是日中兩國的報道和事後的調查喚起了幼時的記憶。」美穗子在 1980 年 6 月寫給聶帥的信中提到，「據伯父講，我被八路軍領走，後又送回來了 …… 回國那陣子，我常常向外祖母講起『吃梨』和『坐挑筐』等事情。」

　　將軍救孤的美談傳開後，美穗子接到上百封來信，一夜之間成了新聞人物。隨後中國駐日使館王公使寄來了中日友協邀請美穗子一家訪華的請帖。懷着半是激動半是忐忑的心情，美穗子在 1980 年 7 月 10 日恰逢她 44 歲生日那天，與全家一起飛往中國。

　　在中國訪問的兩週裏，美穗子一家訪問了北京、石家莊、杭州、

上海等地，參觀了天安門、長城、軍事博物館、當年父親工作過的煤礦，每到一處都受到熱情接待。最令她終生難忘的是與聶帥的會見。7月14日，在人民大會堂新疆廳，聶帥與美穗子在分別整整40年後重逢，美穗子如同見到闊別多年的親人般激動得哭起來，從心裏感謝將軍當年的救命之恩。她以額頭接觸聶榮臻那雙溫暖的大手，表達她深深的感激之情。聶帥說：「不能這麼說，這不是我個人的問題。我們這樣做，是因為中國人民有講人道主義的光榮傳統……中日兩國是一衣帶水的近鄰，沒有理由不友好。」美穗子說，一些日本舊軍人知道了這件事的來龍去脈後，非常感動和慚愧，更加認識到了侵華戰爭的罪惡。美穗子在手記中說，那次中國之行，一路上不知哭過多少次，盡情的宣泄使她長存在心中的隔閡一掃而光。

劫後餘生的美穗子，懷着報恩之心與中國交往。她說，1980年那次會見後，她覺得聶將軍本人要比照片上更和藹、更慈祥，內心裏已經把聶將軍當父親，也很想叫「父親」。1982年5月，美穗子得知聶帥生病後特地前往北京看望，並以「父親」相稱，道出了美穗子對聶將軍的深厚情意。

聶榮臻與美穗子

2002年8月，在獲救62年後，美穗子再次回到河北省井陘礦區、井陘縣、平山縣進行「謝恩之旅」。她連續三天，奔波百多公里，從平山到井陘，沿着當年的路線一一拜謝恩人。在清涼山主峰下山坳裏的天戶峪村。百團大戰中晉察冀一分區三團救護所的房東李保英老大娘驚喜地抓住美穗子的手，竭力在她臉上尋找那個穿條紋衣服的日本小姑娘的面影。李大娘還清楚

地回憶着當年她燒水煮飯和衛生員給美穗子小妹鎦美子療傷的細節。美穗子望着她曾經暫棲的山村石屋，土炕、土灶，親情湧動，淚眼婆娑。她來到萬人坑紀念館祭奠，到曾為妹妹餵過奶的許秀妮、陳文瑞老人以及最初帶着聶將軍書信把姐妹倆挑着送往日軍駐地的八路軍戰士封奇書、李化堂的墳前燒香祭拜，竭盡所能寄託自己的哀思和祝願。所到之處，美穗子都受到熱情接待。

2003 年 11 月，美穗子因病不能來華，就委託長女福山真智子等一行七人來到井陘礦區，冒雨參加了「美穗子獲救紀念碑」揭碑儀式和「萬人坑」紀念館的開館活動，出席了井陘縣洪河漕村的「聶將軍與美穗子雕像落成儀式」，並看望了當年最後一位挑着籮筐把美穗子姐妹倆送到日軍駐地的許鳳堂（已故）的老伴張風英老人。

美穗子的故事給人們的深刻啟示是：中日兩國要實現世代友好，還是應該以史為鑒，面向未來！

> **鏈接**：當年聶榮臻司令員為送日本孤女而寫給日軍官兵的信原件至今下落不明，但幸運的是，《晉察冀畫報》攝影記者沙飛在該信送出前拍下了書信全貌。2005 年 7 月 21 日，在紀念中國人民抗日戰爭勝利 60 週年之際，《人民日報》全文刊登了這封信：
>
> 日本軍官長、士兵諸君：
>
> 　　日閥橫暴，侵我中華，戰爭延綿於茲四年矣。中日兩國人民死傷殘廢者不知凡幾，輾轉流離者又不知凡幾。此種慘痛事件，其責任應完全由日閥負之。
>
> 　　此次我軍進擊正太線，收復東王舍，帶來日本弱女二人。其母不幸死於炮火中，其父於礦井着火時受重傷，經我救治無效，

亦不幸殞命。餘此伶仃孤苦之幼女，一女僅五六齡，一女尚在襁褓中，彷徨無依，情殊可憫，經我收容撫育後，茲特着人送還，請轉交其親屬扶養，幸勿使彼輩無辜孤女淪落異域，葬身溝壑而後已。

中日兩國人民本無仇怨，不圖日閥專政，逞其兇毒，內則橫徵暴斂，外則製造戰爭。致使日本人民起居不安，生活困難，背井離鄉，觸冒烽火，寡人之妻、孤人之子、獨人父母。對於中國和平居民，則更肆行燒殺淫掠，慘無人道，死傷流亡，痛劇創深。此實中日兩大民族空前之浩劫，日閥之萬惡之罪行也。

但中國人民決不以日本士兵及人民為仇敵，所以堅持抗戰，誓死抗日者，迫於日閥侵略而自衛耳。而侵略中國亦非日本士兵及人民之志願，亦不過為日閥脅從耳。為今之計，中日兩國之士兵及人民應攜起手來，立即反對與消滅此種罪惡戰爭，打倒日本軍閥、財閥，以爭取兩大民族真正的解放自由與幸福。否則中國人民固將更增艱苦，而君輩前途將亦不堪設想矣。

我八路軍本國際主義之精神，至仁至義，有始有終，必當為中華民族之生存與人類之永久和平而奮鬥到底，必當與野蠻橫暴之日閥血戰到底。深望君等幡然覺醒，與中國士兵人民齊心合力，共謀解放，則日本幸甚，中國亦幸甚。

專此即頌

安好

聶榮臻

八月二十二日

202

　　一名普通的縣委書記，以他清正廉潔、無私奉獻、死而後已的精神而被譽為「縣委書記的好榜樣」。他就是 ——

焦裕祿：領導幹部的楷模

　　焦裕祿，山東省淄博市博山區崗山鄉北崗山村人，1922 年 8 月 16 日出生在一個貧苦家庭。因生活所迫，幼年時代只讀了幾年書就在家參加勞動。

　　1946 年 1 月，焦裕祿在本村參加中國共產黨。不久，他又正式參加了本縣區武裝部的工作，在當地領導民兵，堅持遊擊戰爭。解放戰爭時期，他帶領民兵參加過不少戰鬥，以後又調到山東渤海地區參加過土地改革復查工作，曾擔任組長。

　　解放戰爭後期，焦裕祿隨軍離開山東，到了河南，被分配到尉氏縣工作，一直到 1951 年。他先後擔任過副區長、區長、中共區委副書記、青年團縣委副書記等職。以後又被先後調到青年團陳留地委和青年團鄭州地委工作，擔

焦裕祿

任過團地委宣傳部長、第二副書記等職。

1953 年 6 月，焦裕祿被調到洛陽礦山機器製造廠參加工業建設，直到 1962 年。他在這個工廠擔任過車間主任、科長。1962 年 6 月，為了加強農村工作，焦裕祿又被調回尉氏縣，任縣委書記處書記。1962 年 12 月，焦裕祿被調到蘭考縣，先後任縣委第二書記、書記。

蘭考縣地處豫東黃河故道，是個飽受風沙、鹽鹼、內澇「三害」之患的老災區。1962 年冬天，正是豫東蘭考縣遭受風沙、鹽鹼、內澇最嚴重的時刻，也是這個地區遭受連續 3 年自然災害較嚴重的一年。1949 年前，蘭考縣的糧食年產量達到 1.0902 億斤，1956 年上升到 2.0151 億斤，而 1962 年降至 0.6825 億斤（一說 6000 萬斤），即下降到歷年最低水平。全縣 36 萬人中，20 萬人因災缺糧，就連一般幹部都處在半飢半飽的狀態。因飢餓，許多人被迫外出逃荒、乞討。到 1963 年春，外出謀生者仍多達 3.8 萬人。

就在這樣的關口，焦裕祿於 1962 年 12 月 4 日來到了蘭考。面對重重困難，焦裕祿堅定地説：「我們對蘭考的一草一木都是有感情的。面對當前嚴重的自然災害，我們有革命的膽略，堅決領導全縣人民，苦戰三五年，改變蘭考的面貌。不達目的，我們死不瞑目。」

從第二天起，焦裕祿就深入基層調查研究，他説：「吃別人嚼過的饃沒味道。」他拖着患有慢性肝病的身體，在一年多的時間裏，跑遍了全縣 140 多個大隊中的 120 多個。

為了改變蘭考的面貌，在擔任蘭考縣委書記近兩年的時間裏，焦裕祿全身心地投入到治理內澇、風沙、鹽鹼的「三害」鬥爭中。組成了由 120 名幹部、老農和技術員三結合的「三害」調查隊，展開了查風口、追洪水、探流沙的工作。他自己忍着肝病的折磨，常年奔波在

農舍、田地，置身於群眾之中，深入到生產第一線。每當風沙最大的時候，就是他帶頭下去查風口、探流沙的時候；雨最大的時候，也就是他帶頭下去冒雨涉水，觀看洪水流勢和變化的時候。

兩年中，焦裕祿行程 5000 餘里，帶領調查隊搜集了「三害」的第一手資料，查出蘭考縣共有 86 個大風口、261 個沙丘、63 個沙群，還有十幾條沙龍，危害農作物達 30 萬畝。調查隊還就全縣的每條河流、溝渠、橋涵、閘洞都調查得清清楚楚，並繪成了詳細的排澇泄洪圖。

在經過認真調查研究、充分掌握了第一手資料以及通過發現並提煉農民治風沙、水澇的寶貴經驗的基礎上，焦裕祿與縣委的其他領導一起，研究制定了治理「三害」科學規劃。一方面，制定出淤土壓沙、植樹防沙、挖渠排澇、挖溝淋鹼等措施，有效治理了「三害」；另一方面，他還帶領群眾大力調整農業結構，根據本地實際發動群眾栽種泡桐樹、棗樹，種植花生、棉花，種藕、養魚、發展畜牧業，從而為蘭考人民的脫貧致富指出了一條康莊大道，打下了良好的發展基礎。

焦裕祿對對人民滿腔熱情。他常說，共產黨員應該在群眾最困難的時候，出現在群眾的面前；在群眾最需要幫助時候，去關心群眾、幫助群眾。他的心裏裝着全縣的幹部群眾，唯獨沒有他自己。

焦裕祿常說：「我們領導幹部，在遇到新工作到來時，特別是轉折時，必須認真學習毛主席有關文章。學習《為人民服務》，要學會像張思德那樣全心全意為人民服務；學習《紀念白求恩》，要學會像白求恩那樣樹立愛國主義和國際主義思想；學習《愚公移山》，要學會像愚公搬山那樣除掉蘭考的『三害』。」

「在任何時候、任何情況下，不能忘記黨的政治思想教育工作……只有加強思想工作，道路才明確，革命幹勁才足。」

「任何時候都要堅持黨的方向，發揚光榮傳統，勤儉辦事業，不貪污，不浪費，和人民同甘共苦，吃苦在前，享受在後。」

「我們不是人民的上司，我們都是人民的勤務員，必須和群眾同甘共苦共患難。」

「治沙、治鹼、治水工作，既是專業工作，技術工作，經濟工作，又是群眾工作，也是政治工作。一定要有廣大群眾參加，沒有群眾參加不可能搞好。要把黨的領導和群眾路線結合起來，要把群眾的當前利益和長遠利益結合起來。」

在一次會上，他還針對在火車站勸阻外流人口一事说：「我們揚湯止沸，不如釜底抽薪，我們要從根本上解決外流，就要把家裏生產生活安排好，讓他們不再想外流。」

……

焦裕祿在生前根據自己的實踐，總結出做好工作的十條經驗：「一、要依靠黨的領導；二、要依靠群眾；三、要發揚民主；四、要經常總結工作；五、要學習政治理論；六、要利用積極分子做好工作；七、要了解群眾思想、關心群眾生活；八、要搞好團結；九、要學習黨的政策；十、要主動向上級彙報工作。」

焦裕祿帶領蘭考人民艱苦奮鬥，植樹治沙，一步一個腳印地與「三害」搏鬥，取得了顯著的成效。因積勞成疾，焦裕祿不幸於 1964 年 5 月 4 日病逝，年僅 42 歲。他臨終前對組織上唯一的要求，就是「把我運回蘭考，埋在沙堆上，活着我沒有治好沙丘，死了也要看着你們把沙丘治好」。

　　1964 年 5 月的一個上午，河南省沙區造林工作會議在毗鄰蘭考的民權縣召開。整個上午的會議日程，是由四個沙區造林先進縣的領導做典型發言，時限為一個小時。蘭考縣委副書記、縣長張欽禮第二個發言。他在介紹蘭考防沙造林成績和經驗的同時，着重介紹了在治沙鬥爭中為蘭考人民獻身的縣委書記焦裕祿的感人事跡。

　　一個個故事仿佛就發生在昨天，全場四百多人無不為之動容。限定的時間過去了，大家還是那樣專注地聽着。主持會議的副省長王維群站起來，揮一下手說：「講下去，不受時間限制！」就這樣，張欽禮從焦裕祿上任後第一次訪問老農講到他走過的最後一個沙丘，從治「三害」的豪言壯語講到他親手栽下的泡桐……當他講到焦裕祿臨終前要求組織在他死後把他埋在沙丘上，「活着我沒有治好沙丘，死了也要看着你們把沙丘治好」時，整個會場的人們已是泣不成聲。

　　張欽禮講了足足兩個半小時。副省長王維群當即宣佈：暫停典型發言，休會討論焦裕祿事跡。結果引起了大家的強烈共鳴。

　　幾個月後，張欽禮向省委遞交了近萬字的《關於在蘭考人民除「三害」鬥爭中焦裕祿同志先進事跡的報告》。1964 年 11 月，中共省委很快下發了《關於向模範共產黨員焦裕祿同志學習的通知》，號召全省幹部學習焦裕祿忠心耿耿地為共產黨為人民工作的革命精神。

　　1965 年秋，新華社副社長穆青、馮健，新華社河南分社記者周原等一行 5 人來到蘭考。他們花費了一個多月的時間，幾乎走遍了蘭考，採訪了幾百名幹部群眾。採訪中人們聲淚俱下的訴說和百姓悄悄去哭墳的感人場景，深深地打動了他們……

　　採訪結束回到北京後，穆青向中央有關領導作了彙報，中央決定要像宣傳雷鋒、王傑那樣樹立這個典型。

　　1966 年 2 月 7 日，《人民日報》發表長篇通訊《縣委書記的榜樣 —— 焦裕祿》，全面介紹了焦裕祿的感人事跡，同時還刊登了《向毛澤東同志的好學生 —— 焦裕祿同志學習》的社論。隨後，全國各種報刊先後刊登了數十篇文章通訊，在全國掀起了一個學習焦裕祿的熱潮。1990 年 5 月 10 日，《人民日報》發表了《領導幹部要學焦裕祿》的社論，在神州大地再掀焦裕祿的熱潮。從此，焦裕祿成為各級幹部特別是領導幹部學習的榜樣。

　　焦裕祿集中體現了立黨為公，執政為民；求真務實，開拓創新；艱苦奮鬥，自強不息；嚴於律己，無私奉獻的時代特徵。

　　焦裕祿之所以被譽為縣委書記的好榜樣、共產黨員的光輝典範，深受人民群眾愛戴的好幹部，最根本的就是他與老百姓心相連，情相依，聽心聲，辦實事；視人民為衣食父母，全心全意為人民服務。

　　焦裕祿身為縣委書記，一貫嚴於律己，從來不貪不沾，連自己的孩子被別人領進劇院未花錢看電影看戲，他也讓孩子補交票款。而他自己省吃儉用，衣服破了即補，捨不得買新的。但對於人民群眾的生活則無比關切，凡是遇到揭不開鍋的、有病的或有困難的人，他都竭盡全力予以救濟，為他們排憂解難。

　　在 20 世紀 60 年代產生的焦裕祿精神，曾對中華民族發揮過極大的激勵和鼓舞作用。進入 21 世紀，我們同樣需要這種精神。

　　歷史，將永遠銘記這位人民的兒子！

　　2009 年 4 月，習近平視察蘭考時指出：「焦裕祿同志用自己的實際行動，塑造了一個優秀共產黨員和優秀縣委書記的光輝形象，鑄就了親民愛民、艱苦奮鬥、科學求實、迎難而上、無私奉獻的焦裕祿精神。焦裕祿同志離開我們 45 年了，但他的崇高精神卻跨越時空、歷久

彌新，無論過去、現在還是將來，都永遠是億萬人心中一座永不磨滅的豐碑，永遠是鼓舞我們艱苦奮鬥、執政為民的強大思想動力，永遠是激勵我們求真務實、開拓進取的寶貴精神財富，永遠不會過時。」

2014 年 3 月，習近平再次來到蘭考。18 日，他在參加縣委常委擴大會議時說，蘭考是焦裕祿生活工作的地方、焦裕祿精神發祥地，希望通過學習焦裕祿精神，為推進黨和人民事業發展、實現中國夢提供強大精神正能量。他還充滿深情地念了自己在當福州市委書記時追思焦裕祿所填的《念奴嬌·追思焦裕祿》一詞：「中夜，讀《人民呼喚焦裕祿》一文，是時霽月如銀，文思縈繫……魂飛萬里，盼歸來，此水此山此地。百姓誰不愛好官？把淚焦桐成雨。生也沙丘，死也沙丘，父老生死繫。暮雪朝霜，毋改英雄意氣！　依然月明如昔，思君夜夜，肝膽長如洗。路漫漫其修遠矣，兩袖清風來去。為官一任，造福一方，遂了平生意。綠我涓滴，會它千頃澄碧。」他說，這首詞直抒了我的胸臆。

習近平還指出：要特別學習弘揚焦裕祿「心中裝着全體人民、唯獨沒有他自己」的公僕情懷，凡事探求就裏、「吃別人嚼過的饃沒味道」的求實作風，「敢教日月換新天」「革命者要在困難面前逞英雄」的奮鬥精神，艱苦樸素、廉潔奉公、「任何時候都不搞特殊化」的道德情操。要組織黨員、幹部把焦裕祿精神作為一面鏡子，從裏到外、從上到下反覆照一照自己，深入查擺自己在思想境界、素質能力、作風形象等方面存在的問題和不足，努力向焦裕祿看齊，從今天做起，從眼前做起，從小事做起，像焦裕祿那樣對待群眾、對待組織、對待事業、對待同志、對待親屬、對待自己，像焦裕祿那樣生命不息、奮鬥不止，努力做焦裕祿式的好黨員、好幹部。

鏈接：人們常說：「為官一任，造福一方。」但是，一位官員在一地任職，離開以後怎樣才能被當地人民所記住、所懷念？這裏不妨舉一古一今兩位官員的例子。

我們都知道北宋文豪蘇東坡。他不僅是著名文學家、書畫家、詩人，還是一位優秀的政治家。他曾被任命為山東登州府軍州事，但上任僅五天就接到朝廷命令返回京城。

對於一位剛上任的官員而言，短短的五天能做什麼事？但是蘇東坡卻在五天內，幹了兩件大事：

第一件大事：當時推行榷鹽即食鹽官賣，弊端叢生。而當地靠海，吃鹽本不成問題，卻仍然得買官鹽。蘇東坡回京後即向朝廷上奏《乞罷登萊榷鹽狀》，獲得朝廷批准。從此，當地百姓不必再買官鹽，從而大大減輕了當地老百姓的負擔。

第二件大事：蘇東坡上任後，還特意來到蓬萊閣，觀察、分析了登州的戰略地位。他看到了「見其久安，便謂無事」的危險性，並就此也給朝廷寫了有關加強海防的報告。後來，這裏不斷出現倭寇侵犯，證明蘇東坡確有遠見。

短短五天，蘇東坡就在安民、保國兩方面都留下了建樹。此後，登州、萊州縣縣都立有「蘇公碑」，並流傳着「五天登州府，千年蘇公祠」的讚譽。

另一位是南下幹部谷文昌，曾在福建省東山縣任區委書記、縣長、縣委書記，一幹就是 15 年。他帶領群眾在槍林彈雨中保衞東山，在風沙彌漫中植樹造林，在驚濤駭浪中填海築堤，硬是把一個荒漠化的海島建設成海上綠洲。1981 年病逝後，東山縣人民

為懷念他為人民造福興利的崇高精神，自發地為他雕塑石像，還形成了一個獨特的民俗：「先祭谷公，後祭祖宗。」

2003 年，福建省委作出決定，號召全省黨員、幹部特別是領導幹部認真學習谷文昌「執政為民的宗旨意識，艱苦奮鬥的優良作風，求真務實的科學態度，致力發展的進取精神」。

蘇東坡和谷文昌，一個是古人，一個是共產黨人；一個在一地的工作時間只有短短的 5 天，一個在一地工作的時間長達 15 年，但是他們的一個共同點都是為當地人民作出了重要貢獻，從而為當地老百姓自發地樹碑立傳所銘記。他們給我們，尤其是各級領導幹部最大的啟示是什麼？

「為官一任，造福一方。」作為一名領導幹部，不管你在一個地方待的時間短還是待的時間長，不管你是否經常上報紙、上電視，是否經常作重要指示、重要講話，只要做到這一點，群眾就一定會記住你。

能否做到「造福一方」，關鍵在於：你有沒有一顆為民服務之心！

自詡為世界憲兵的美國一向在全球到處插手，想打誰就打誰。但是二戰結束以來，美國卻有過三次失敗，而且全都是直接或間接地敗給了以中國文化軟實力武裝起來的中國共產黨和人民解放軍，從而充分顯示了——

中國文化軟實力的強大力量

美國的第一次失敗是在中國解放戰爭時期。整個解放戰爭，實際上就是中共同美國在進行間接較量。美國全力以赴支持蔣介石，提供了大量美援和軍援，派出大量飛機、軍艦搶運國民黨軍隊，甚至直接出動海軍陸戰隊幫助蔣介石搶佔戰略要地，以阻止解放軍接收。

但是較量的結果，國民黨的 800 萬軍隊被解放軍消滅，蔣介石也被趕到了臺灣。以至於美國府院之間在 20 世紀 40 年代末、50 年代初期發生了一次大爭論：「誰讓美國失去了中國？」他們一直無法理解：美國付出了這麼多的美援和軍援，為什麼擁有 800 萬軍隊的蔣介石打不贏小米加步槍的共產黨？當然，這場爭論是沒有道理的，因為中國並不是美國的一個州！

美國的第二次失敗是在中國抗美援朝戰爭時期。

這是基本上沒有什麼優勢可言的中國人民軍隊與擁有當時世界最先進武器裝備的美軍面對面的一場生死較量。何況中國面對的不僅僅是一個美國，而是打着聯合國軍旗號的 16 個國家的軍隊！可是較量的結果，中國軍隊硬是把美軍從開戰之初的鴨綠江邊趕到了戰爭結束時

的三八線。

1840 年以來，中國與西方列強幾乎每戰必敗，而抗美援朝戰爭則打出了中國的國威和軍威，特別是恢復了因每戰必敗而幾乎喪失殆盡的民族自尊心和自信心。一仗下來，全世界都對新中國刮目相看，從而奠定了新中國的世界強國地位！

美國的第三次失敗是在中國抗美援越戰爭時期。這場戰爭，實際上也是中國與美國在間接的較量。

中國對越南共產黨抵抗美國、統一南方的鬥爭，一開始即採取了堅決支持、積極援助的政策。1962 年夏，中國決定向越南無償提供可裝備 290 個步兵營的槍炮；到 1966 年 3 月，中國在越南北方的支持部隊，包括兩個高射炮師，總共有 13 萬人。在整個越南抗美救國戰爭期間，中國對越南的物資援助折價達 200 多億美元。據不完全統計，從 1962 年至 1966 年，中國援助越南各種槍械 27 萬支、火炮 540 多門、槍彈 2 億多發、炮彈 90 多萬發、炸藥 700 多噸、軍服 20 萬套、布疋 400 多萬米以及大批蚊帳、膠鞋、副食品、交通通訊器材等。

在中國的全力支持下，最終迫使美國不得不承認失敗，撤出越南。美國在中國文化圈內三次失敗的背後，可以看到的是中國共產黨所擁有的這種新型文化的力量。毛澤東指出：「這支軍隊具有一往無前的精神，它要壓倒一切敵人，而決不被敵人所屈服。不論在任何艱難困苦的場合，只要還有一個人，這個人就要繼續戰鬥下去。」

這種精神源自哪裏？正是來自中國共產黨在長期的血與火的洗禮中形成的革命文化軟實力的薰陶。毛澤東強調：「沒有文化的軍隊是愚蠢的軍隊，而愚蠢的軍隊是不能戰勝敵人的。」同樣一名士兵，在國民黨軍隊中沒有戰鬥力，但是一旦進入人民軍隊，經過革命文化的洗禮，他就知道了很多革命道理，明白了自己是在為誰扛槍為誰打仗，

明確了自己的職責和使命，從而激發出強大的戰鬥力。共產黨的軍隊之所以歷來能夠以弱勝強，其奧祕就在這裏。

中共十七屆六中全會通過的《中共中央關於深化文化體制改革、推動社會主義文化大發展大繁榮若幹重大問題的決定》中強調：「中國共產黨既是中華優秀傳統文化的忠實傳承者和弘揚者，又是中國先進文化的積極倡導者和發展者。」

因為，中國共產黨始終就是中國先進文化前進方向的忠實代表！

對於這一點，只需三句話就可以說明：

—— 中國共產黨是中國先進文化的開創者；

—— 中國共產黨是中國先進文化的建設者；

—— 中國共產黨是未來中國先進文化藍圖的描繪者，或者說中國共產黨指明了中國先進文化的前進方向。

這三句話從過去、現在和未來的角度，高度概括了中國共產黨在中國先進文化及其文化軟實力的創立、建設和今後進一步發展、完善中所起到的主導作用。

> **鏈接**：一個民族、一個國家的文化軟實力，總是從政治、經濟、軍事等諸多方面體現出來的。中國文化軟實力同樣如此。歷經從未間斷過的五千年文明的積澱，中國文化軟實力不僅具有極為豐富的內涵，在世界民族文化之林中亦獨樹一幟，具有多方面的特色：
>
> —— 作為一個長期被視為「東亞病夫」的貧窮大國，新中國成立後又長期被排斥孤立於國際社會之外，卻能頑強生存下來並一躍成為在當今國際舞臺上具有舉足輕重地位的大國，表明歷來

崇尚獨立自主、自力更生、艱苦奮鬥、自強不息的中國文化軟實力絕非弱者文化，而是在政治上有着很強適應性的強者文化；

——在幾十年的經濟封鎖中未被摧垮，新中國成立以來尤其改革開放三十多年來所取得的令人矚目的經濟成就，以及同屬中華文化圈內的日本成為世界經濟強國之一，「四小龍」的經濟騰飛和迅速崛起，海外華人所表現出來的經商理財的才幹，都表明中國文化軟實力在經濟上並不是走向現代化的障礙，而是同樣能夠適應現代經濟生活的商者文化；

——得到美國全力支持的蔣介石在大陸的潰敗，抗美援朝與援越抗美以及多次抵抗外侵的勝利，表明中國文化軟實力體現在軍事上絕非重文輕武，不堪一擊，而是一種敢於碰硬，毫不示弱的勇者文化；

——中國人在被全方位孤立和封鎖的惡劣環境下，能憑藉自己的力量連續取得原子彈和氫彈的爆炸成功，楊利偉乘坐「神舟五號」飛船飛向太空的成功以及一系列高科技成果，海外華人在眾多科學技術領域所展現出來的聰明才智和舉世矚目的成就，表明中國人在智力上絕不遜色於一向自詡人種優越的西方人，積幾千年結晶凝聚而成的中國文化軟實力亦體現為一種智者文化；

——中國文化歷來主張並力行文明禮貌，尊老愛幼，與人為善，一視同仁，反對恃強凌弱，強加於人，少有種族歧視，因此中國文化軟實力又可被視為一種仁者文化、禮者文化。

當然，我們也應清醒地看到，由於中國長期處於農業社會，其經濟形態一直是以自給自足的自然經濟為主體，因而中國文化

還帶有濃厚的農業文化的特徵。由此產生的一些諸如重義輕利、節情寡慾、等級森嚴、崇尚權威、平均主義、急功近利、知足常樂等思想觀念，就是與中國現在正在發展的社會主義市場經濟和走向現代化所不相適應的東西。其精華和糟粕共存，還有待於我們按照建設社會主義新文化的要求去認真清理，對其中的精華加以吸取、弘揚，對糟粕則予以否定、掃除，為改革開放和社會主義市場經濟的健康發展、為中國文化軟實力的更好發揮創造良好的文化環境和氛圍。

第 **5** 章

民族大團結：
中華振興的凝聚力量

實現中國夢必須凝聚中國力量。這就是中國各族人民大團結的力量。

漢代王符說：「大鵬之動，非一羽之輕也；騏驥之速，非一足之力也。」就是說，大鵬衝天飛翔，不是靠一根羽毛的輕盈；駿馬急速奔跑，不是靠一隻腳的力量。中國要飛得高、跑得快，就得依靠 13 億人民的力量。

每個人的力量是有限的，但只要我們萬眾一心、眾志成城，就沒有克服不了的困難；每個人的工作時間是有限的，但全心全意為人民服務是無限的。

—— 習近平

懷着堅定的信仰，四路紅軍分別踏上了漫漫長征路，並創造了無與倫比的人類戰爭史上的奇跡 ──

長征：紅軍創造的奇跡

長征，是一首詩，一首悲壯的史詩。

長征，是一首歌，一首英雄的讚歌。

長征，是一個奇跡，一個無與倫比的奇跡。

中國工農紅軍近 20 萬將士，是 80 多年前長征奇跡的創造者。

讓我們走進歷史，走進長征，去領略一下中國工農紅軍所創造的奇跡吧！

長征：戰略轉移的奇跡

80 年前，由於王明「左」傾冒險主義在中國共產黨內的錯誤領導，中央蘇區和其他幾個革命根據地的紅軍雖經浴血奮戰，卻在付出重大代價後仍無法像以往那樣打破敵人的第五次「圍剿」，不得不作出戰略大轉移的決策。

1934 年 8 月 7 日，紅六軍團 9700 餘將士從江西遂川縣的橫石出發，開始西征，拉開了長征的序幕。

10 月 10 日晚，中共中央、紅軍總部率領五個軍團連同後方機關共 86000 餘人，從紅都瑞金出發，開始長征；

11 月 16 日，紅二十五軍 2980 餘將士從河南羅山何家沖出發，開

始長征；

1935 年 3 月，紅四方面軍 80000 餘將士撤離川陝蘇區，開始長征；

同年 11 月 19 日，紅二方面軍（原紅二、六軍團）主力 17000 餘將士離開湘鄂川黔蘇區，開始長征。

在歷時一年的戰略大轉移中，漫長的征程全是一步一步走過來的，而且沿途險惡叢生、危機四伏：前有虎視眈眈的阻敵，後有窮追不捨的追兵。然而這股紅流滾滾向前，勢不可擋，衝破一切艱難險阻，終於在 1936 年 10 月以歡呼雀躍的紅軍三大主力在甘肅會寧和將臺堡的會師為標誌，宣告紅軍萬里長征的勝利結束和北上抗日戰略大轉移的勝利實現。

在歷史上，這樣的遠征也曾發生過一次。

公元前 218 年，29 歲的北非古國迦太基軍隊統帥漢尼拔·巴卡，親率 50000 步兵、9000 騎兵遠征意大利。在連續行軍作戰 5 個月後，他們歷時 15 天翻過了中歐南部的巨大山脈阿爾卑斯山，與羅馬統帥西庇阿相遇並給其予重創。這次遠征，被認為是舉世無雙的壯舉，漢尼拔也被認為是古代最偉大的軍事統帥之一，還被譽為「西方戰略之父」。

但是，在曾到延安採訪過不少長征將士的那位著名的美國記者斯諾的眼裏，與中國工農紅軍相比，漢尼拔的那次遠征，只不過是一次假日遠足！

長征：戰爭史上的奇跡

紅軍實行戰略轉移後，國民黨調動其中央軍和十個地方軍閥的上百萬軍隊圍追堵截，前後夾擊，欲置紅軍於死地。

兵力、裝備都處於絕對劣勢，只能在無後方依託的情況下進行流動作戰的紅軍，卻以高昂的鬥志，堅強的毅力，一往無前的英雄氣概，敢打敢拚，衝鋒陷陣，奪橋搶渡，闖關越隘。四渡赤水河，巧渡金沙江，強渡大渡河，飛奪瀘定橋，轉戰烏蒙山，激戰嘉陵江，血戰獨樹鎮，搶佔臘子口……這一系列戰役、戰鬥在紅軍作戰史上寫下了一段段精彩的篇章，創造了一個接一個中外戰爭史上的奇跡！

據不完全統計，紅軍在長征中打了大約 120 次主要戰役、戰鬥，共殲敵 40 個團，擊潰敵軍數百個團，擊落敵機 4 架，繳獲長短槍 3000 多支、輕重機槍 330 多挺、火炮 20 多門，騾馬 2000 多匹。

中央紅軍在 368 天裏，有 235 天用在白天行軍上，18 天用在夜間行軍上，只休息了 44 天，平均每天行軍 71 里，平均走 365 里才能休息一次，還幾乎每天就有一次遭遇戰；總共有 15 個整天用在打大決戰上，共進行了 380 多次戰鬥，攻佔過 62 座縣城，是各路長征大軍中路途最遠、作戰最多、傷亡最大的一支，到達陝北時僅有 6000 餘人。

尤其值得大書一筆的，是強渡大渡河、飛奪瀘定橋的戰鬥。因為在 1863 年 5 月，太平天國驍勇善戰的翼王石達開就是在大渡河畔紫打地（今安順場附近）陷入清軍重圍的，為保全三軍，他親往清軍總兵唐友耕營地求降，押到成都後被四川總督駱秉章殺害。而他麾下勇猛剽悍的 7000 將士除部分被遣散的老弱病殘及新兵外，其餘全部在放下武器後慘遭殺戮，留下一段可歌可泣的悲壯故事。

72 年後，蔣介石給四川軍閥楊森打來電報，命令他所率的 6 個旅全部開到大渡河前線佈防，希望楊森能重演這段歷史。為此蔣介石特意在電報最後寫上一句為其打氣的話：「子惠兄此次參與大渡河會戰，必定馬到成功，朱、毛成為石達開第二已無疑問，而兄即今日之駱秉章也。」

飛奪瀘定橋

然而，蔣介石打錯了算盤。

毛澤東不是石達開。

紅軍也不是太平軍。

楊得志率領的紅一團如同神兵天降一般，突然從數百里外出現在安順場渡口，殲守敵兩個連。17 勇士憑藉繳獲的一隻小船，冒着槍林彈雨強渡大渡河。但幾萬人馬靠小船一趟趟來回擺渡，無疑是杯水車薪，且時間也拖不起。毛澤東審時度勢，當機立斷，一聲令下，楊成武指揮紅四團連夜強行軍，猶如「飛將軍自重霄入」，突然出現在 120 公里開外的瀘定橋畔，22 名勇士又創下飛奪瀘定橋的壯舉。

令蔣介石失望的是，第二個石達開的悲劇沒有重演。

令毛澤東驕傲的是，我紅軍將士又創造了一次奇跡！

長征：人定勝天的奇跡

在長征途中，紅軍不僅要與圍追堵截的數百萬敵軍殊死搏鬥，還要與沿途惡劣的自然環境和氣候搏鬥。一路上所遇到的艱難險阻，是令人難以想象的：

—— 紅一方面軍歷時一年，共翻越山脈 18 座，其中 5 座終年覆

蓋冰雪；跨過 24 條河流，攻佔 62 座縣城，轉戰 12 省 25000 里；

——紅二方面軍歷時一年，轉戰 10 省 92 縣，沿途攻佔縣城 92 座，行程 19000 里；

——紅四方面軍歷時 19 個月，轉戰 4 省，曾三過縱深近 1000 里的水草地，行程 10000 里；

——紅 25 軍歷時 10 個月，轉戰鄂豫陝甘四省，行程近萬里。

數字是枯燥的，然而在這些數字的背後，是何等的艱苦卓絕！

長征中，最艱苦的路程，莫過於爬雪山、過草地了。

「雪皚皚，野茫茫，高原寒，炊斷糧」，這正是在皚皚雪山、茫茫草地上艱難跋涉的缺衣少食的紅軍之真實寫照。特別是那些二過、三過雪山、草地的紅軍將士們，因為人跡罕至，給養無着，不得不挖野菜、吃草根、抓老鼠、嚼皮帶，甚至連糞便中尚未消化的青稞粒都挑出來洗淨咽下。可即使這樣，仍有上萬名紅軍戰士永遠倒在了那裏。

但是紅軍並沒有被大自然所露出的猙獰面目所嚇倒，而是以驚人的毅力義無反顧地迎上前去，與之拚搏、抗爭。

不應忘記的是，在長征紅軍的隊伍裏，還活躍着數千名女戰士的身影。其中紅四方面軍是長征女戰士最多的部隊，出發時有 2000 人左右，到達陝北時只有 300 多人。作為戰士，

過草地

作為女性，甚至作為母親，她們要付出比男戰士多得多的艱辛。可是她們與千千萬萬男戰友們一樣行軍作戰，一樣爬雪山、過草地，一樣挖野菜、吃草根。她們當中有的負傷，有的分娩，有的帶着孩子，有的還是小腳，卻硬是毫不退縮，勇往直前。

她們，不愧是 20 世紀中國女兵、中國女性的驕傲！

我們每個人都應記住這兩句話：「苦不苦，想想長征兩萬五；累不累，想想革命老前輩。」與長征相比，還有什麼苦我們不能吃，還有什麼累我們不能受呢？

長征：民族關係的奇跡

位於四川西南部一個足有 20 萬平方米面積的高山淡水湖，擁有一個很好聽的名字 —— 彝海。

1935 年 5 月 22 日，劉伯承將軍依照當地彝族同胞的風俗習慣，同彝族沽基部落首領小葉丹在彝海邊一起以水代酒，歃血為盟，結為兄弟。在小葉丹的幫助下，紅一方面軍主力順利通過了千百年來從未有過的一支漢族軍隊能打這裏過去的彝民聚居區，為向大渡河挺進贏得了寶貴的時間。

從此，「彝海結盟」成為紅軍長征史上的一段佳話。

從此，在中國民族關係史上又掀開了新的一頁。

然而，四川冕寧的彝族聚居區並不是紅軍經過的唯一的一個少數民族聚居區。在長征途中，紅軍還先後經過了瑤、侗、苗、羌、回、藏、東鄉、裕固等十餘個少數民族聚居區。他們以尊重少數民族的風俗習慣、嚴格的紀律和秋毫無犯的實際行動，不僅使沿途的少數民族消除了敵意，而且認定這支頭戴紅五星、衣衫襤褸但卻精神飽滿、鬥

志高昂的漢族軍隊確實是各族窮人自己的隊伍。因此，他們不僅沒有像國民黨所希望的那樣與紅軍作對，反而有很多少數民族兄弟加入了紅軍的行列。僅在川西北草原，就有 5000 多名藏、羌族青年投身革命。

紅軍老戰士王作義曾講到：1935 年 5 月，他在家鄉越西被一條紅軍寫的「各民族一律平等」的標語所吸引。這位年僅 16 歲的彝族青年作為 500 名彝族青年中的一員，與 500 名漢族青年一起毅然參加紅軍，成為紅一方面軍三軍團的一名戰士，踏上了漫漫長征路。當年參加紅軍的千百個彝族熱血青年，今天只剩下他一個。講到動情處，老人落淚了。

但是，共和國永遠不會忘記那些同樣為民族解放事業而獻身的少數民族將士們！

長征途中還發生過這樣一件事：1935 年 7 月，紅軍到達藏民居住地區的毛兒蓋後，某團司號兵賀敏仁違反紀律，擅自進入喇嘛廟內拿了藏民供奉的銀元，打算給姐姐賀子珍養傷用。被發現後，師部把他捆起來並要槍決他。賀敏仁懇求一起參軍的老鄉替他給姐姐寫封信，但未來得及寫。他所在團的團長、政委主張就此事給毛澤東發個電報，等批覆後再執行。可是因為延誤了收發電報的時間，等中央關於要緩期執行的批示下達時，賀敏仁已被師部槍決了。

後來，賀子珍提到此事時說：「如果這件事發生在平時，當然可以爭個是非曲直，但當時是戰爭，是紅軍生死存亡的緊要關頭，一切要服從這個大局，不能干擾毛澤東對軍隊指揮工作的進行。即使是有人有意的陷害，我也要用紅軍的紀律嚴格要求自己的親人。」

這就是一個共產黨員、一個長征女戰士的寬闊胸懷。

這件事也從一個側面，解開了紅軍創造民族關係的奇跡之謎！

長征：一支年輕軍隊的奇跡

1927 年 8 月 1 日南昌城內一聲槍響，宣告了人民軍隊的誕生。當紅軍踏上長征之路時，距南昌起義也不過七個年頭。無論就這支軍隊的領導層還是各級指揮員和士兵，主要是由年輕人組成的。

長征開始時，領導核心成員的年齡是：中央總負責人博古，27 歲；中央組織部部長李維漢，38 歲；中央宣傳部部長張聞天，34 歲；中華蘇維埃共和國中央政府主席毛澤東，41 歲；中央軍委主席、中國工農紅軍總司令朱德，48 歲；中央軍委副主席、中國工農紅軍總政委周恩來，36 歲；總參謀長劉伯承，36 歲；中央軍委副主席、總政治部副主任王稼祥，28 歲；軍事顧問、德國人李德，34 歲。他們的平均年齡為 35.6 歲。

1955 年授銜的我軍 10 位元帥中有 9 位、10 位大將中有 8 位參加了長征；同年授銜的 1360 多名將軍中，90% 以上參加了長征。僅就這些將軍授銜時的平均年齡來看：上將為 45.6 歲，中將為 45.1 歲，少將為 42.9 歲。往前追溯 21 年，即長征開始時的 1934 年，他們的平均年齡是多少呢？上將 24.6 歲，中將 24.1 歲，少將 21.9 歲，清一色的年輕人！

僅以膾炙人口的《長征組歌》作者蕭華為例：12 歲參加革命，13 歲在家鄉江西興國任團縣委書記，17 歲任少共國際師政委，18 歲參加長征，先後任紅一軍團第十五師、第二師政委。1955 年授銜時是全軍最年輕的上將，年僅 39 歲，尚不到不惑之年！

就是這支由年輕的領袖們指揮、年輕的將領們率領和由年輕的士兵們組成的年輕的軍隊，卻在人類戰爭史上創造了拖不垮、打不爛的

萬里長征的奇跡。

就是這支走過雪山草地、走過二萬五千里長征的年輕軍隊，以後又走向延安，走向西柏坡，走向北京，走向全國，迎來了一個年輕共和國的誕生。

奇跡的長征，長征的奇跡！

偉大的長征，給中國共產黨和中國人民留下了偉大的長征精神。正如江澤民所指出的那樣：長征精神，「就是把全國人民和中華民族的根本利益看得高於一切，堅定革命的理想和信念，堅信正義事業必然勝利的精神；就是為了救國救民，不怕任何艱難險阻，不惜付出一切犧牲的精神；就是堅持獨立自主、實事求是，一切從實際出發的精神；就是顧全大局、嚴守紀律、緊密團結的精神；就是緊緊依靠人民群眾，同人民群眾生死相依、患難與共，艱苦奮鬥的精神」。

有着堅定的信仰、能創造出長征奇跡和長征精神的中國共產黨人和人民軍隊，在今天的新長征中，還有什麼奇跡不能創造出來？！

鏈接：四路紅軍長征出發前共有將近 20.6 萬兵力，共經過 14 個省，10 個少數民族聚居和雜居區。

黔東南是長征中經過的第一個少數民族聚居區。1934 年 11 月底，紅軍進入湘桂黔邊境苗、瑤等族地區時，紅軍總政治部在這裏專門頒佈了《關於我軍沿途注意與苗民關係，加強紀律檢查的指示》，要求紅軍經過苗民地區「不打苗民土豪」，不殺苗民的牛，還號召廣大指戰員都要送一件東西給少數民族同胞作為禮物。紅軍官兵紛紛拿出自己所留無幾的衣服、毛巾等，送給各族

兄弟姐妹，贏得了他們的愛戴。紅軍總政治部這些措施得到民族上層和群眾的支持，使紅軍得以順利通過。當地許多年輕人紛紛報名參軍，長征中的第一批少數民族戰士，就是從這裏投身革命的。

紅軍進入羌族聚居區後，紀律嚴明，秋毫無犯。當地一位土司安登榜深受感動，深信紅軍是真正平等對待羌人的軍隊，於是毅然動員 200 多名羌族勇士集體參加紅軍。他作戰勇敢，在走出草地的戰鬥中壯烈犧牲。四川茂縣當年僅有 3.4 萬人口，就有 2000 多名羌族兒女跟着紅軍走了。

劉華清將軍回憶：當年紅二十五軍西進北上過程中，途經一些少數民族地區。部隊每到一地，都要調查了解社會情況，幫助當地百姓解決困難，嚴格遵守紀律，堅決保護群眾利益。1935 年 8 月中旬，部隊進入甘肅靜寧縣以北的單家集和興隆寺等回民聚居地，軍政委吳煥先及時對全體指戰員進行紀律和政策教育，並寫在街上。他還親自到清真寺拜訪，召開座談會，宣傳共產黨的抗日救國主張和紅軍紀律。有十多位回族青年參加了紅軍。正是有了這種支持，紅二十五軍才在長征中，戰勝了敵人 80 多個團的多次「圍剿」，並擴大到 3400 多人，成為長征途中唯一得到壯大的紅軍隊伍。

1936 年 4 月底，紅二軍團、六軍團渡過金沙江後，萬餘名身穿單衣、腳穿草鞋的南方籍紅軍指戰員在滇西北的中甸（今雲南迪慶藏族自治州香格里拉縣）翻越雅哈雪山。紅二軍團、六軍團雖遠離中央、遠離根據地，但始終嚴明軍紀，堅守民族大義。對

前來襲擾的藏族武裝只是驅趕，並不真打，結果造成大量傷亡。雪山腳下的干巖房和資納臘村的峭壁上，百餘名年輕的紅軍官兵流盡了最後一滴血。

進入藏區後，由於紅軍進城後不住寺廟，不擾藏家，這些義舉終於感動了因聽信「紅軍吃人」的謠言而逃離家園的藏民。一些淳樸善良的藏族老人主動為犧牲的紅軍收屍。他們把一具具小紅軍的遺體蜷起來，折成嬰兒出生時的樣子，用粗繩捆紮，順江而下。來不及水葬的幾十具紅軍遺體則就地掩埋，解放後再重新安葬於烈士陵園。

四川阿壩藏族羌族自治州轄域面積不足 6 萬平方公里，人口僅 20 餘萬，年產糧食不過億斤，牲畜不到 40 萬頭，人均年有糧 500 斤左右、有牲畜不到兩頭。從 1935 年 4 月至 1936 年 8 月，先是紅四方面軍接應中央紅軍到此開闢新蘇區，接着是三個方面軍長征先後過境和留駐在這裏，總共 16 個月。阿壩地區藏、羌、回、漢各族人民總共為紅軍籌集糧食 3000 多萬斤，大小牲畜 20 多萬頭，土鹽 5000 餘斤，還有大量乾牛肉、豬膘、食油和蔬菜等。為數甚巨的糧食和物資，是保證紅軍征服雪山草地的基本物質基礎。在物資上支援紅軍的同時，有 5000 多位少數民族優秀青年加入到紅軍隊伍中，還有 10000 多人參加了遊擊隊。到全國解放，這些藏族、羌族等少數民族紅軍戰士倖存的不足 60 人！

紅軍走後，許多支持過紅軍的農牧民被當局殘酷迫害。面對敵人的殘暴，川西北各族群眾沒有低頭，許多藏族、羌族同胞冒着殺身之禍，把長征中掉隊的紅軍傷病員保護起來，像對待自己

的親人一樣細心呵護。

毛澤東到延安後，曾經高度評價過藏族、羌族人民對紅軍的巨大支援。他說：長征在川西北，我們是欠了藏民、羌人的債的。有一天，我們必須向他們償還那時不得不從他們那裏拿走的給養。他曾深情地說，這是中國革命史上特有的「牦牛革命」。鄧小平在主政西南時也說過：紅軍北上，把少數民族地區搞苦了，當時為保存紅軍，沒有別的辦法，將他們的糧食吃光了，要向他們賠償，從經濟上幫助他們得到利益。

在長征路上，紅軍通過與彝、苗、瑤、壯、布依、土家、侗、納西、白、傈僳、藏、羌、回、蒙古等少數民族的直接交往，加深了對各少數民族政治、經濟、宗教、文化、風俗習慣的了解，同時也以自己的實際行動讓沿途經過的各少數民族認識了紅軍是一支為包括各少數民族窮人打天下的隊伍，從而不僅得到了他們的全力支持，使紅軍得以順利地通過了這些地區，而且從多方面積累了民族工作經驗，為中國共產黨的民族理論和民族政策的形成和發展打下了堅實的基礎。

在 20 世紀 60 — 70 年代，中國相繼實現了「兩彈一星」的重大突破，譜寫了 ——

民族正氣的史詩

1964 年 10 月 16 日下午 3 時整，在中國西部上空爆炸了一顆中國人自己研製的原子彈。消息傳出，頓時中國沸騰了，世界也沸騰了！

此後，喜訊一個接着一個：1966 年 10 月 27 日上午 9 時 9 分 14 秒，中國第一顆裝有核彈頭的地地導彈在預定高度實現核爆炸成功；

1967 年 6 月 17 日上午 8 時，中國第一顆氫彈空爆試驗成功；

1970 年 4 月 24 日 21 時 35 分，中國第一顆人造衛星發射成功⋯⋯

20 世紀 50 年代、60 年代，對中國而言是極不尋常的時期。

當時面對嚴峻的國際形勢，為打破核大國的訛詐與壟斷，為了世界和平和國家安全，在條件十分艱苦的情況下，中共中央審時度勢，果斷決定研製「兩彈一星」。重點突破國防尖端技術，作出了對中華人民共和國的發展和安全具有重大戰略意義的英明決策。

老一代科學家和廣大研製人員風餐露宿，頑強拚搏，團結協作，克服了各種難以想象的艱難險阻，突破了一個又一個技術難關，取得了中華民族為之自豪的偉大成就。

「兩彈一星」的研製成功是自力更生的結果。當時，不僅帝國主義封鎖中國，連一些社會主義國家也和中國斷絕了交往。為此，中國

只有自己另起爐灶，自力更生。

當時的中國領導人毛澤東、周恩來等人意識到，新中國要在世界民族之林有一席之地，就必須反對核戰爭、核壟斷，維護世界和平，中國就一定要有強大的國防，包括研製自己的原子彈。1958 年 6 月，毛澤東指出：「搞一點原子彈、氫彈，我看十年功夫完全可能。」周恩來總理親自主持了研製的組織領導工作，國防科委主任聶榮臻是這項工作的具體領導人和組織者。為了了解原子能的進展，毛澤東曾請科學家李四光、錢學森等進行專門彙報；為了加強原子能的普及，周恩來曾指示組織有關科學家成立原子能通俗講座組織委員會；在蘇聯停止技術援助後，中國領導人決定完全依靠自己的力量研製原子彈。1958 年 5 月 17 日，蘇聯發射人造地球衛星成功後僅僅半年，毛澤東就提出：「我們也要搞人造衛星。」這些都展示了毛澤東、周恩來等偉人作為政治家的智慧和膽識。

與美國不同的是，中國採取了積極防禦的國防戰略。中央制定發展核武器的方針是立足有限目標、先進技術，即用先進技術打破核壟斷，因此集中力量突破重點，並不追求核武器的多樣化；當時，中國還比較窮，因此科學家們選擇了既有發展前途又踏實穩妥的途徑，大多時間是在計算機上做模擬試驗，集思廣益，保證了技術路線幾乎沒有走過彎路。所以，中國進行的核試驗雖然次數少，但卻幾乎次次成功。

「兩彈一星」的研製者們懷着強烈的報國之志，自覺把個人的理想與祖國的命運緊緊聯繫在一起，把個人的志向與民族的振興緊緊聯繫在一起。許多功成名就、才華橫溢的科學家放棄國外優厚的條件，義無反顧地回到祖國。自 1950—1957 年，約有 3000 名留學生回國。這一段時期回國的科學家有李四光、吳自良、朱光亞、王希季、趙忠

堯、錢學森、鄧稼先、程開甲、黃昆、楊承宗、楊澄中、謝希德、唐
敖慶、徐光憲、吳文俊、郭永懷、張文裕、林蘭英、師昌緒、楊家
墀、陳能寬，等等。

　　其中，有些科學家回歸的路途遙遠而曲折。如 1949 年 10 月，著
名的地質學家李四光從英國輾轉瑞士、意大利，於 1950 年 5 月回國。
趙忠堯回國時曾被無理監禁兩個多月。錢學森排除美國當局的種種干
擾，在被無理阻擾、滯留 5 年之後才回到祖國。其中一部分科學家，
直接領導和參加了兩彈一星的研製工作。

　　像美國的曼哈頓工程一樣，「兩彈一星」的研製也是一個大科學
工程。在研製「兩彈一星」的偉大歷程中，全國各地區、各部門成千
上萬的科學技術人員、工程技術人員、後勤保障人員團結協作，群策
群力，匯成了一支向現代科技高峰前進的浩浩蕩蕩的隊伍。廣大研製
工作者求真務實，大膽創新，突破了一系列關鍵技術，使中國科研能
力實現了質的飛躍。

　　「兩彈一星」的研製工作者們，是一支特別能吃苦、特別能戰鬥
的隊伍。他們在茫茫無際的戈壁荒原，在人煙稀少的深山峽谷，風餐
露宿，不辭辛勞，克服了各種難以想象的艱難險阻，經受住了生命極
限的考驗。他們運用有限的科研和試驗手段，依靠科學，頑強拚搏，
發憤圖強，銳意創新，突破了一個個技術難關。他們所具有的驚人毅
力和勇氣，顯示了中華民族在自力更生的基礎上自立於世界民族之林
的堅強決心和能力。許多研製工作者甘當無名英雄，隱姓埋名，默默
奉獻，有的甚至獻出了寶貴的生命。他們用自己的熱血和生命，寫就
了一部為祖國為人民鞠躬盡瘁、死而後已的壯麗史詩！

　　當年，在大西北「死亡之海」羅布泊，在那個「牙縫裏長久留着
細細沙粒，漱也漱不盡」，「空中滿天舞着黃沙，隔着玻璃也會鑽進被

窩」的地方，幾十萬大軍為祖國製造「爭氣彈」奉獻着青春與才華，甚至是生命。

20 世紀 50 年代後期，數以十萬計的工程兵、鐵道兵部隊和建築工人從四面八方祕密向大西北開進，形成繼解放大西北以來最大規模的軍事集結，開始了導彈、原子彈研製試驗基地和工業企業建設的巨大工程。

一群群駱駝向戈壁荒灘深處走去。這些背着炒麵、住着帳篷、用冰化水、口嚼乾菜的軍人，按照蘇聯專家的要求，在荒漠上挖了十幾萬個地質坑，確定核試驗場的佈局。後來，選定的地方被認為不妥，上級要求部隊移師羅布泊。

說實話，這些拿慣了槍的軍人們並不習慣揮舞鐵鍬、地質錘，他們不問為什麼在地上挖坑是基於「不該問的就別問」的習慣。可這回，他們忍不住了：我們到底要到什麼地方去？去幹什麼？

中國要製造導彈、火箭、原子彈，我們就是去給它們建家的！振奮之後的軍人們立刻意識到了自己的使命和責任。扛過槍的肩膀扛起了枕木，鐵路專線在一米米向「家」延伸。沙暴多次淹沒這條生命線，有時連路旁的電線杆都數不清了，可它就是沒有誤過一趟車。因為，這兒有一支解放軍唯一的專門負責扒沙的「特殊兵種」，他們用

修築通往導彈試驗基地的鐵路

雙手與沙暴較量着。

通往羅布泊的路上，有一棵樹。

當年，到羅布泊是一項「上不能告父母，下不能告妻兒」的神祕事業。有一對夫妻接到命令後，互相隱瞞着出發了。當來到這棵樹下等車時，才發現彼此的目標是一致的，意外和驚喜不言而喻。張愛萍將軍聽說這個動人的故事後說：就把它叫夫妻樹吧。

當年，一批批熱血青年就是這樣，義無反顧地走向了通往羅布泊的道路。核試驗基地急需大型電影經緯儀，沿途須經盤山險道、河川、峽谷。沒有路，運輸人員帶着推土機、炸藥包和炒麵，一邊修路一邊走，硬是將設備安全、及時地送到基地。

「娃娃博士」鄧稼先帶着從各地調來的第一批大學畢業生，踏上了這條漫漫長路。沒有書，就從最基礎的書學起；沒有大型計算機，就用手搖式計算機日夜運算，裝計算稿紙的麻袋堆滿了房間；沒有辦公桌，就趴在水泥地上設計圖紙；沒有現代化的設施，就從一把老虎鉗、兩把銼刀、幾張鋁皮和幾張三合板，外加十幾支蠟燭和幾把手電筒，開始了中國衛星、火箭的設計與研製⋯⋯

「兩彈一星」的創造者們有着強烈的愛國主義精神。他們中的許多人都在國外學有所成，擁有優越的科研和生活條件。但是為了投身於中華人民共和國的建設事業，他們衝破重重障礙和阻力，毅然回到祖國。幾十年中，他們為了祖國和人民的最高利益，默默無聞，艱苦奮鬥，以其驚人的智慧和高昂的愛國主義精神創造着人間奇跡。「中華民族不欺侮別人，也絕不受別人欺侮」，是他們的堅定信念。愛國主義是他們創造、開拓的動力，也是他們克服一切困難的精神支柱。

「兩彈一星」的創造者們有着強烈的艱苦奮鬥、無私奉獻的精神。正是有了這樣的精神，「兩彈一星」的創造者們不怕狂風飛沙，不懼嚴

寒酷暑，沒有條件，創造條件；沒有儀器，自己製造；缺少資料，刻苦鑽研。就是這樣，他們以驚人的毅力和速度從無到有、從小到大，創造出「兩彈一星」的驚人業績。

「兩彈一星」的創造者們有着強烈的勇於探索、勇於創新的精神。在「兩彈一星」的研製過程中，我們看到了高水平的技術跨越。從原子彈到氫彈，中國僅用兩年零八個月的時間，比美國、蘇聯、法國所用的時間要短得多。在導彈和衛星的研製中所採用的新技術、新材料、新工藝、新方案，在許多方面跨越了傳統的技術階段。完全可以無愧地說，「兩彈一星」是中國人民創造活力的產物。

中國在物質技術基礎十分薄弱的條件下，成功地研製出「兩彈一星」，為中國實現技術發展的跨越創造了寶貴的經驗：

—— 堅持中國共產黨的統一領導，充分發揮社會主義制度的政治優勢。毛澤東曾多次親自主持會議，成立了以周恩來為主任的專門委員會。經過縝密研究，中央制定了一系列重大方針、原則和政策措施。在中國共產黨的統一領導下，全國「一盤棋」，集中攻關。二十六個部委、二十多個省區市、一千多家單位的精兵強將和優勢力量大力協同，表現了社會主義中國攻克尖端科技難關的偉大創造力量。

—— 堅持自力更生，自主創新。在當時的國際條件下，「兩彈一星」事業依靠中國自己的力量來進行。廣大研製工作者敢於創新、善於創新。他們攻破了幾千個重大的技術難關，製造了幾十萬臺件設備、儀器、儀錶。他們知難而進，奮力求新，不僅使研製工作在較短時期內連續取得重大成功，而且有力地保證了中國獨立地掌握國防和航天的尖端技術。

—— 堅持有所為、有所不為，集中力量打「殲滅戰」。「兩彈一星」事業，所以能夠對增強中國的綜合國力發揮重大作用，關鍵在於

它的成功使中國在一些重大尖端技術領域取得了歷史性的突破，進入了世界前列。

　　—— 堅持尊重知識，尊重人才。「兩彈一星」事業，匯集了中國一大批傑出的科學家、科研人員、工程技術人員和管理工作者。中國共產黨和國家充分信任和大膽使用來自各個方面的科技專家，委以重任，充分發揮他們的積極性、主動性和創造性。同時，在艱苦的研製工作中，培養和造就了年輕一代的科技人才。

　　—— 堅持科學管理，始終抓住質量和效益。「兩彈一星」事業，技術密集，系統複雜，綜合性強，廣泛運用了系統工程、並行工程和矩陣式管理等現代管理理論與方法，建立了協調、高效的組織指揮和調度系統，從而提高了整體效益，走出了一條投入少、效益高的發展尖端科技的路子。

　　從此之後，中國的國防科技工業不斷發展壯大，先後掌握了中子彈設計技術和核武器小型化技術；研製和發射了各種型號的戰略戰術導彈和運載火箭；潛艇水下發射成功；還發射了多顆返回式衛星、地球同步軌道及太陽同步軌道衛星……

　　「兩彈一星」不僅為中國建立戰略導彈部隊提供了裝備技術保障，增強了軍隊在高技術條件下的防禦能力和作戰能力，而且帶動了中國高技術及其產業的發展，促進了經濟建設和科技進步。

　　「兩彈一星」事業所取得的巨大成就，是中國人民挺直腰桿站起來的重要標誌，增強了民族凝聚力，激發了振興中華的愛國熱情。正如鄧小平曾經指出的那樣：「如果六十年代以來中國沒有原子彈、氫彈，沒有發射衛星，中國就不能叫有重要影響的大國，就沒有現在這樣的國際地位。這些東西反映一個民族的能力，也是一個民族、一個國家興旺發達的標誌。」

東風革命烈士陵園

在中國第一個導彈、衛星綜合試驗及發射基地 —— 酒泉發射中心，在位於基地十號區東北四公里處，有一個佔地三萬平方米的「東風革命烈士陵園」。在這裏，長眠着二十基地、工程兵 7169 部隊、空二基地等 630 多位將帥士兵及其家屬。他們當中，有開國元勛、中國導彈及原子彈和航天事業的主要奠基人聶榮臻元帥，有基地第一任司令員、老紅軍孫繼先中將，有眾多的高級工程師和科技工作者，以及許多默默無聞的科研人員和他們的家屬。

他們對中國航天事業的無私奉獻，將永垂史冊！

鏈接：1999 年 9 月 18 日，在慶祝中華人民共和國成立 50 週年之際，中共中央、國務院、中央軍委決定，對當年為研製「兩彈一星」作出突出貢獻的 23 位科技專家予以表彰，並授予于敏、王大珩、王希季、朱光亞、孫家棟、任新民、吳自良、陳芳允、陳能寬、楊嘉墀、周光召、錢學森、屠守鍔、黃緯祿、程開甲、彭桓武「兩彈一星功勛獎章」，追授王淦昌、鄧稼先、趙九章、姚桐斌、錢驥、錢三強、郭永懷「兩彈一星功勛獎章」（以上排名按姓氏筆畫為序）。上述獲獎的 23 位中國科學家，均被稱為兩彈一星元勛。

于敏（1926 —　）核物理學家，中國科學院學部委員，河北寧河（今天津）人。1960 年底開始從事核武器理論研究，在氫彈

原理突破中解決了熱核武器物理中一系列關鍵問題。

王大珩（1915－2011）光學專家，生於江蘇吳縣。中國光學界的主要學術奠基人、開拓者和組織領導者，開拓和推動了中國國防光學工程事業。

王希季（1921－　）衛星和衛星返回技術專家，生於昆明，白族。在美國弗吉尼亞理工學院獲碩士學位。任航天工業部總工程師，返回式衛星總設計師。

朱光亞（1924－2011）核物理學家，湖北武漢人。1957 年後從事核反應堆的研究工作。1994 年中國工程院成立，朱光亞出任工程院首任院長。

孫家棟（1929－　）運載火箭與衛星技術專家，遼寧復縣人。長期領導中國人造衛星事業，中國探月工程總設計師。20 世紀 60 年代，孫家棟受命為衛星計劃技術總負責人。

任新民（1915－　）航天技術和火箭發動機專家，安徽寧國人。中國導彈與航天事業開創人之一，曾任衛星工程總設計師。

吳自良（1917－2008）物理冶金學和材料學家，生於浙江浦江縣。1948 年獲美國卡內基理工大學理學博士學位。在分離鈾235 同位素方面作出突出貢獻。

陳芳允（1916－2000）無線電電子學、空間系統工程專家，浙江黃巖人。1964 年至 1965 年，提出方案並參與研製出原子彈爆炸測試儀器，並為人造衛星上天作出了貢獻。

陳能寬（1923－　）金屬物理學家、材料科學和工程專家，生於湖南慈利縣。1960 年以後從事原子彈、氫彈及核武器的發展

研製。

楊嘉墀（1919 — 2006）中國航天科技專家、衞星和自動控制專家、自動檢測學的奠基者，江蘇吳江人。領導和參加了衞星總體及自動控制系統研製。

周光召（1929 —　　）理論物理學和粒子物理學家。湖南長沙人。20 世紀 60 年代初開始核武器的理論研究工作，曾任中國科學院院長。

錢學森（1911 — 2009）空氣動力學家，浙江杭州人，1959 年 8 月加入中國共產黨，博士學位，中將軍銜，被譽為「中國導彈之父」，「中國火箭之父」，「導彈之王」，2007 年被評為感動中國年度人物。

屠守鍔（1917 — 2012）火箭技術和結構強度專家，浙江湖州人。曾任地空導彈型號的副總設計師，遠程洲際導彈和長征二號運載火箭的總設計師。

黃緯祿（1916 — 2011）自動控制和導彈技術專家，安徽蕪湖人。中國導彈與航天技術的主要開拓者之一，曾任中國液體戰略導彈控制系統的總設計師。

程開甲（1918 —　　）核武器技術專家。江蘇吳江人。中國第一顆原子彈研製的開拓者之一、核武器試驗事業的創始人之一，核試驗總體技術的設計者。與張存浩一起榮獲 2013 年度國家最高科學技術獎。

彭桓武（1915 — 2007）理論物理學家，生於吉林長春。在英國愛丁堡大學獲博士學位。曾參與並領導了中國的原子彈、氫彈

的研製計劃。

王淦昌（1907－1998）核物理學家，生於江蘇常熟。中國慣性約束核聚變研究的奠基者，中國核武器研製的主要科學技術領導人之一。

鄧稼先（1924－1986）地球物理學家和核物理學家。安徽懷寧人。在原子彈、氫彈研究中，領導了爆轟物理、流體力學、狀態方程、中子輸運等基礎理論研究。

趙九章（1907－1968）地球物理學家和氣象學家，浙江吳興人。是中國地球物理和空間物理的開拓者，人造衛星事業的倡導者、組織者和奠基人之一。

姚桐斌（1922－1968）冶金學和航天材料與工藝技術專家，江蘇無錫人。中國導彈與航天材料、工藝技術研究所的主要創建者、領導者。

錢驥（1917－1983）地球物理與空間技術和空間物理學家、氣象學家、航天專家，江蘇金壇人。中國人造衛星事業的先驅和奠基人。

錢三強（1913－1992）原子核物理學家，浙江湖州人。中國原子能事業的主要奠基人和組織領導者之一，在研究鈾核三裂變中取得了突破性成果。

郭永懷（1909－1968）空氣動力學家，生於山東省榮成縣。中國大陸力學事業的奠基人之一，在力學、應用數學和航空事業方面有卓越貢獻。

讓我們永遠記住這些為「兩彈一星」做出傑出貢獻的元勛吧！

20 世紀 60 年代，河南林州人民創造了曾被周恩來譽為新中國兩大奇跡之一的 ——

人工天河紅旗渠

河南省林州市（原林縣）正處於太行山的南端，河南、山西、河北三省的交界處。

20 世紀 60 年代，在遼闊的中國大地，乃至在全世界，都在傳頌着一個新的「愚公移山」的故事：林縣人民靠一錘、一釺、一雙手苦幹十個春秋，建成了曾被外國某總統譽為世界第八大奇跡的人工天河 —— 紅旗渠。

在林州，曾有這樣一首民謠廣為流傳：「咱林縣，真苦寒，光禿山坡旱河灘。雨大沖得糧不收，雨少旱得籽不見。一年四季忙到頭，吃了上碗沒下碗。」據林縣縣誌記載：從明正統元年（1436）到中華人民共和國成立的 1949 年的 514 年中，林州曾發生自然災害一百多次，大旱絕收達 30 次，顆粒無收，民不聊生……

中華人民共和國成立後，林州人民在中國共產黨的領導下，大力開展打旱井、修渠道、挖池塘、引山泉等興修水利活動，修建了英雄渠、淇河渠等一批小型渠道。1958 年底至 1959 年 5 月，林州又遇大旱，河水斷流，井塘乾涸，水庫底朝天，已建成的水渠成了乾渠。

大旱，給人們帶來災難，但也給人們帶來思索：

挖山泉、打水井，地下不給水；

挖旱池、打旱井，天上不給水；

修水渠、建水庫，河又不給水。

怎樣才能徹底解決水的問題？

20 世紀 50 年代末，楊貴「懷揣着改變山區面貌，造福林縣人民」的強烈願望與抱負，走上了林縣縣委書記的工作崗位。上任伊始，他即率調查組跑遍林縣的山山水水，為林縣把脈。他很快發現：缺水，是制約林縣人民生存和發展的最大障礙。當時，全縣的 90 多萬畝耕地中，只有 1 萬多畝水澆地，其他耕地全是靠天收穫；小旱薄收，大旱絕收，種麥畝產僅有七八十斤，秋糧畝產也不過百把斤。全縣 550 個行政村，就有 305 個村人畜吃水困難，有的村群眾要跑 5~10 華里才能取到水。一個區 3 萬 ~5 萬人，只有 3~5 眼活水井，一到乾旱年頭，井旁的人和水桶就會排成長隊，人們從早等到晚，每天只能擔上一挑水。為了取水，群眾之間經常發生打架鬥毆，甚至傷人亡命事件。全縣每年因遠道取水而導致的誤工約 300 萬個。當時，在林縣群眾中流傳着「吃水如吃油」的俗話。

他決心「把天上水蓄起來，把地下水挖出來，把境外水引進來」，並促使縣委作出了修建紅旗渠的重大決策：北水南調 —— 引山西省平順縣境內的漳河水入林縣！

當時，林縣的自然、經濟、政治條件都不好，環境極其艱苦。何況對修渠能否成功，即使修成了能否得到公正評說，都沒有絕對把握。但是，面對爭議，楊貴並沒有瞻前顧後，患得患失。事實也證明：這是一個得民心、順民意、解民憂、去民愁的好決策，因此得到了 60 萬林縣人民的衷心擁護。

修建紅旗渠，從開始的這一天起，就決定了它是一場艱苦卓絕的鬥爭。因為，這時正處於極端困難的三年自然災害時期。據楊貴後來

回憶說，當時手裏只有 290 多萬元經費和 3000 多萬斤儲備糧可以動用。林州人民就是在沒有任何機械設備，在每天很少糧食的情況下，在極其險惡的大自然中開始了一項開創世紀性的偉大工程。

沒有參考資料，土專家就親自勘測、精心設計。

沒有炸藥和水泥，就土法上馬，自己研製。

由於總幹渠的 70 多公里要全部在峰巒疊嶂的太行山腰上開鑿，農民們就用長繩把自己吊在懸崖峭壁上施工。頭上是巨石嶙峋，腳下是萬丈深澗。負責打眼放炮的人，一錘下去一個白點，常常打壞 10 根鋼釺還鑿不成一個炮眼。一旦炮響，亂石滾滾，血汗交进，這是人與大自然的肉搏，悲壯激烈，驚天地而泣鬼神！

太行山目睹了這樣的悲壯場面：天寒地凍，河水寒徹透骨，80 個民工在沒有任何機械、材料的情況下，僅僅憑藉一副肩膀兩隻手，在寒風大雪中忍着雙手佈滿裂口的疼痛，爭分奪秒地鍛出了 3 萬塊料石。當眼見一塊塊料石投進水裏卻被大水沖走的時候，幾百名太行漢子硬是跳進冰冷的河中，臂挨着臂，肩挨着肩，架起一道道人墻。當岸上的人們急步流星地抬石頭、背沙袋，在人墻下用一塊塊巨石疊起 70 米長的攔河大壩時，河裏的人們卻凍紫了嘴唇、凍僵了四肢⋯⋯

太行山的懸崖上，永遠留下了任羊成凌空除險的身影。這位被人們稱為到「閻王殿」報了名的人，在梨樹崖、老虎嘴、鸚鵡崖、小鬼臉等千百米懸崖絕壁上，僅憑腰間所繫的一根繩索，凌空飛盪，手握一把鐵鍬，手起手落，排險除石。落石砸掉了他四顆門牙，砸斷了他的腿。他的英雄事跡，曾經感動過許許多多的人。著名記者穆青採訪他時，也被他的事跡感動得流下了熱淚⋯⋯

在山西境內的石城鄉附近，至今還留有一處近 200 個「貓耳洞」組成的洞穴群。在這裏，100 多個民工曾經度過了近兩年的艱苦歲

月，當地人現在還稱它為「林紅村」。

簡陋的工具，惡劣的施工條件，繁重的體力勞動，考驗着林州人的決心和意志。三年自然災害，沒能使林州人在大自然面前屈服，而是更加勃發了林州人不屈不撓的創業精神。在修渠民工每人每天只有 6 兩的口糧、3 斤蔬菜的情況下，民工們上山採樹葉，下河撈河草，吃的是糠菜團、喝的是野菜湯，幾乎把山上所有能吃的東西全填進肚子裏充飢。營養的缺乏，過度的疲勞，使許多人得了浮腫病。

名聞遐邇的青年洞，就是在這樣艱難困苦的條件下開鑿的。320 名青年經過 17 個月艱苦卓絕的苦戰，終於在 1961 年 7 月 15 日從堅硬的巖石上鑿通了一條寬 5 米，高 6.2 米，長 616 米的輸水洞。由於參加鑿洞的突擊隊是從全縣民工中抽調出來的優秀青年，為了紀念青年們的豐功偉績，它被正式命名為「青年洞」。1995 年 4 月 14 日，時任中共中央政治局常委、書記處書記的胡錦濤，參觀紅旗渠青年洞後，他說：「當年林州人民在那樣困難的情況下，能把紅旗渠修起來，真

任羊成

不容易。紅旗渠精神在改革開放的年代，仍需要大力弘揚，希望你們利用青年洞、神工鋪等景點，辦成青少年教育基地，繼續發揚紅旗渠精神，再創林州輝煌，譜寫好林州發展四部曲。」

紅旗渠，凝聚着林州人民團結協作的精神。

林州人民在與大自然搏鬥的實踐中體會到：只有團結起來，才能生存，只有團結起來，才能使大山讓路、河流改道。在當時，不知有多少人、多少村、多少鄉，顧大局，識大體，團結協作，共創大業。

大戰鸚鵡崖，便是林州人民團結協作的集體力量的展示。位於林州和山西省平順縣交界處的鸚鵡崖、雞冠山、穀堆寺，三座險峰像三把擎天飛劍，直抵蒼穹。

萬丈崖壁上處處吊掛着搖搖欲墜的怪石，望而生畏；

萬丈崖壁下滾滾濁漳河但見波濤在翻騰，更添險惡。

山西當地有一民謠：「鸚鵡崖是鬼門關，風捲白雲上了天，猴子爬不上，禽鳥不敢攀。」

鸚鵡崖工段地勢險要，任務艱巨，人少了不好對付。總指揮部根據勘測情況，決定組織 15 個公社大會戰，由 5000 餘名熱血青年組成的攻堅大軍，在 3000 米長的鸚鵡崖工段擺開了氣勢磅礴的戰場。他們依靠團結協作力量，硬是用鋼釺、鐵錘，打出了 384 個山窟窿，把鸚鵡崖、雞冠山、穀堆寺打成了馬蜂窩，裝上了炸藥，按照指揮部統一號令，一齊引爆，驚天動地，濃煙滾滾，亂石騰空，半架崖壁裹着硝煙倒了下來。

1960 年春，經過一個月的苦戰，紅旗渠渠道攔河壩 95 米的壩體只剩下 10 米寬的龍口尚未合龍，奔騰咆哮的河水噴湧而出。500 多名共產黨員和共青團員跳進冰雪未消、寒氣逼人的激流中，手挽手、臂挽臂地排起三道人墻，高唱《團結就是力量》的歌曲，終於攔住了洶

湧的河水。在他們的身後，很快砌起了底寬 13.46 米、頂寬 2 米、高 3.5 米的攔河大壩。

偉大的紅旗渠，就是林州人民在與大自然的鬥爭中一米一米地艱難向前延伸的。

珍貴的紅旗渠水，就是林州人民淌着一滴一滴的血汗換來的。

寶貴的紅旗渠精神，也就是在修建的過程中一步一步地孕育而成的。

紅旗渠的修建用了 10 年的時間，它是林州人民整整一代人用青春、鮮血和生命築就的。據統計，開工第一天就有 37000 人報名。按照規定，18 歲至 60 歲之間的青壯年負責修渠，但不到或超出這一年齡段的往往瞞報年齡參加。當時林州有 50 萬人口，其中就有 30 萬人參與了紅旗渠的建設。

在修建這一宏偉工程的過程中，自林州 1960 年 2 月至 1969 年 7 月，這一工程建設總投資 6865.64 萬元，累計消耗鋼材 123.5 噸，水泥 6705 噸，炸藥 2740 噸；削平了 1250 座山頭，鑽透了 211 個隧洞，架起了 152 座渡槽，挖砌土石 1696.19 萬立方米，相當於從哈爾濱到廣州高 3 米、寬 2 米的一道「萬里長城」。

在修建這一宏偉工程的過程中，整個總幹渠、3 條幹渠及支渠配套工程共投工 3740.17 萬個，投資 6865.64 萬元，其中國家補助 1025.98 萬元，佔總投資的 14.94%，自籌資金 5839.66 萬元，佔 86.06%（其中含投工折款，一工 1 元錢）。

人們形容該工程是「劈開太行山」，建成了「人工天河」。

在修建紅旗渠的整個過程中，當時的林縣共產黨人始終走在前面，發揮着先鋒模範作用。從縣委書記、縣長到各級幹部，都帶頭扛起工具上工地，與群眾心往一處想，勁往一處使，汗往一處流。凡是

最危險的地方，凡是最困難的活，差不多都是黨團員和幹部先衝上去。全縣的共產黨員、各級幹部幾乎都到工地勞動過。在滴水成冰的冬天，幹部把房子讓給民工住，自己住工棚或山洞；當糧食緊缺的時候，幹部把饅頭讓給民工吃，自己則吃糠菜。縣委書記楊貴甚至因捱餓暈倒在工地上。

紅旗渠建設勞模李天德回憶，在紅旗渠工地上，看不出誰是幹部誰是民工。紅旗渠第三任總指揮長、副縣長馬有金是掄大錘的好手，掄開 12 磅大錘，一口氣能打一百多下。由於長期風吹日曬，他的臉膛黝黑，人稱「黑老馬」，「縣長」的職務倒是很少被提起。特別是在領給養補助時，幹部的標準始終低於群眾。1960 年 2 月至 8 月，民工補 2 市斤，幹部補 1.5 市斤；1961 年至 1966 年，民工補 1.8 市斤，幹部補 1.2 市斤。參與修渠的大小幹部上千名，他們用行動彰顯了中國共產黨的純潔信念和優良作風。他們，不愧為特殊鋼鐵煉成的人！

在修建紅旗渠的過程中，共有 189 名英雄兒女獻出了寶貴生命，256 名民工重傷致殘。人民永遠不會忘記他們的名字：年僅 27 歲的紅旗渠總設計師吳祖太烈士、神炮手常根虎、鑿洞能手岳松棟、爆破英雄元金堂、鐵姑娘隊

紅旗渠竣工通水

長郝改秀、范巧竹、郭秋英、韓用娣……

在 30 萬農民工的參與下，林縣人終於修建了總長 1500 多公里的紅旗渠，解決了 57 萬人和 37 萬頭家畜吃水的問題。1964 年，林縣的糧食畝產量增加至 410 斤，從而成為全省第一個糧食畝產量達到《全國農業發展綱要》的縣。在通水後的前 20 年裏，糧食畝產就提高了五倍！

20 世紀 70 年代，周恩來曾經自豪地告訴外國友人：新中國有兩大奇跡，一是南京長江長橋，另一個是林縣紅旗渠。1968 年 7 月 15 日，周恩來在一次關於外事工作的談話中說：「第三世界國家的朋友來訪，要讓他們多看看紅旗渠是如何發揚自力更生艱苦創業的精神的。」

1970 年，林縣被批准為對外開放縣。僅 20 世紀 70 年代前來紅旗渠參觀的外國友人就達 11300 餘人，涉及五大洲 119 個國家和地區。1974 年 2 月 25 日，時任國務院副總理的李先念陪同贊比亞總統卡翁達前來參觀，因山路陡峭不敢前行而被抬上青年洞的卡翁達看到這一奇觀後感慨不已地說：「太偉大了！感謝毛主席和周總理為我安排了這麼好的參觀項目，我建議所有的發展中國家都來看看你們的紅旗渠！」

《紅旗渠》紀錄片的最早拍攝者之一趙化老人曾回憶，20 世紀 80 年代中期，他在非洲考察時，包括埃塞俄比亞、蘇丹在內的許多國家仍在放映紀錄片《紅旗渠》。「他們對我豎大拇指，說『中國人太偉大了，我們要學習中國人劈山引水、自力更生的精神！』我深為自己是中國人民的一員而自豪！」有的國際友人還盛讚紅旗渠為「世界第八大奇跡」。

綿綿紅旗渠水，吟唱着一曲林州人民不怕犧牲、無私奉獻的讚歌；

綿綿紅旗渠水，記述着林州人民「艱苦創業，改造自然」的偉績；

綿綿紅旗渠水，也就是林州人民「自力更生，戰天鬥地」的豐

碑！

從此，紅旗渠被林州人民稱為「生命渠」「幸福渠」。

現在，紅旗渠已不僅僅是一項單純的水利工程。

現在，紅旗渠也不僅僅是一個單純的旅遊景點。

人們到這裏來，不僅是要看這條渠。更重要的是，紅旗渠所代表的是一種時代的精神。

紅旗渠精神是以獨立自主為立足點，以艱苦創業、無私奉獻為核心，以團結協作的集體主義精神為導向，既繼承和發展了中華民族勤勞堅韌的優秀傳統，又體現了當代中國人的理想信念和不懈追求。

弘揚「紅旗渠」精神，就是要弘揚「自力更生、艱苦奮鬥」的精神。試想，在嚴重自然災害時期，用 10 年時間，劈開太行山，在懸崖峭壁上建成了總長 1500 公里的「人工天河」，其工程之巨大，開鑿之艱難，是今天的人難以想象的。

1990 年 11 月，紅旗渠‧林慮山風景名勝區被河南省人民政府公佈為省級名勝區，2004 年 1 月被國務院公佈為國家重點風景名勝區；1996 年、1997 年，紅旗渠被國家有關部委確定為「全國中小學愛國主義教育基地」和「全國愛國主義教育示範基地」；2002 年，紅旗渠景區被評為國家 AAAA 級旅遊區和中國旅遊知名品牌；同年又通過了國家水利風景區評審驗收。

毫無疑問，紅旗渠已經成為一座豐碑。

它是一座自力更生、艱苦創業的豐碑；

也是一座團結協作、無私奉獻的豐碑；

更是一座立黨為公、執政為民的豐碑！

1978 年 11 月 24 日晚，18 個農民祕密開會。他們並不會想到，在一份密約上摁的手印和蓋的圖章，竟然 ——

一紙密約引發改革大潮

　　安徽省鳳陽縣是明朝開國皇帝朱元璋的故鄉，以鳳陽花鼓出名。而自從出了皇帝朱元璋後，鳳陽人民討飯就同鳳陽花鼓一樣，聞名全國。有一首廣泛流傳的鳳陽花鼓唱道：説鳳陽，道鳳陽，鳳陽本是好地方，自從出了朱皇帝，十年倒有九年荒。大戶人家賣牛羊，小戶人家賣兒郎，奴家沒有兒郎賣，身背花鼓走四方。

　　《鳳陽花鼓》節奏明快，但講述的卻是青黃不接時數萬農民扶老攜幼、成群結隊逃荒要飯的情景。鳳陽縣的一些生產隊由隊長帶領，拿着蓋上公章的介紹信，打起鳳陽花鼓，集體踏上乞討之路。

　　1978 年特大災荒後，鳳陽人「走四方」更是達到了高峰。與其坐等餓死，不如斗膽「包產到戶」，哪怕為此坐班房也在所不惜。

　　悄悄邁出第一步的，是鳳陽縣梨園公社小崗生產隊。全隊共 20 戶人家（包括兩戶單身），共 115 人，517 畝農田，10 頭耕牛，幾把犁耙，曾是當地著名的「吃糧靠返銷，用錢靠救濟，生產靠貸款」的「三靠村」。1966 年到 1978 年，總計 156 個月裏，竟然有 87 個月靠救濟度過。總計吃掉救濟糧 11.4 萬公斤，比他們自己生產的糧食多出 1/3；花去救濟錢 15000 元，比他們自己掙的錢多出 1/10。20 戶人家

中，11 戶的門是用高粱稈紮成的。當時村裏人人討過飯，全都是茅草房，很多人家只有一牀棉被，一條褲子。來了親戚，幾乎家家都要找鄰居借碗。

1978 年大旱，飢餓的小崗村人為了填飽肚皮，秋收後 90% 的村民陸續拖兒帶女外出乞討。就在這一年的 12 月 11 日夜晚，時任小崗生產隊隊長的嚴俊昌和副隊長嚴宏昌、會計嚴立學召集全隊 18 戶戶主（除了關友德、嚴國昌兩位戶主去江西討飯外），聚集在嚴立華家的破草屋裏，圍坐在煤油燈前，冒着坐牢的危險，召開了一次祕密會議，決定實行包產到戶。他們明知此舉是當時的政策所不允許的，所以「立字為憑，有罪同擔」，以託孤的形式，在大包乾的協議上，鄭重地按下了自己的紅手印或圖章。這份祕密的協議是這樣寫的：

> 我們分田到戶，每戶戶主簽字蓋章，如以後能幹，每戶保證完成每戶的全年上交和公糧，不在（再）向國家伸手要錢要糧，如不成、我們幹部作（坐）牢殺頭也干（甘）心，大家社員也保證把我們的小孩養活到十八歲。
>
> 關廷珠　關友德　嚴立符　嚴立華　嚴國昌　嚴立坤　嚴金昌
>
> 嚴家芝　關友章　嚴學昌　韓國雲　關友江　嚴立學　嚴俊昌
>
> 嚴美昌　嚴宏昌　嚴付昌　嚴家其　嚴國品　關友申

參加會議的 18 位戶主，除嚴宏昌、嚴立學和韓國雲加蓋了名章外，其餘 15 人均在自己的姓名上按了手印。外出討飯的關友德，他的手印由其叔叔關庭珠代按，嚴國昌的手印則由其兒子嚴立坤代按。然後，他們連夜抓鬮分牲畜、農具並丈量土地，一個早晨就將土地、牲畜、農具等生產資料包乾到戶。

由於當時氣氛緊張，加上 18 位參與者的文化水平低，這份密約寫得歪歪扭扭，標點符號也不規範，還有幾個錯別字。然而這些純樸本分的農民，以自己的驚人之舉，拉開了中國農村改革的序幕，被載入中國史冊。

密約的簽署者們

現在，小崗村人當年祕密簽下的那份摁了十幾個紅手印的密約，已經被中國革命博物館收藏，成為中國改革開放的一個重要見證，小崗村也因此成為中國農村改革的發源地，被譽為「中國農村改革第一村」「中國改革的聖地」。

小崗村大包乾第一年，就獲得大豐收：全隊糧食總產 6.6 萬多公斤，是上年的 4 倍之多，也相當於 1966 至 1970 年 5 年糧食產量總和；生豬飼養量 135 頭，超過歷史上任何一年；油料總產 1.75 萬公斤，相當於過去 20 年產量的總和；交售給國家糧食 1.25 萬公斤，超額完成任務近 8 倍，結束了自農業合作化 23 年以來從未向國家交售一粒糧的歷史；人均收入 400 元，是 1978 年 22 元的 18 倍。全村一舉脫貧，從此告別了「逃荒要飯的日子」。

小崗村原來曾流傳過一首民謠：「春緊夏鬆秋光蛋，碾子一住就要飯。」現在則編了一首新的順口溜：「大包乾，就是好，幹部群眾都想搞。只要搞上三五年，吃陳糧，燒陳草，個人富，集體富，國家

還要蓋倉庫。」當時，群眾這樣概括「包乾到戶」：「大包乾，直來直去不拐彎，保證國家的，留足集體的，剩下都是自己的。」

小崗生產隊的「包乾到戶」，首先得到縣委書記陳庭元的理解和支持。到 1978 年底，當安徽省委工作組把《農民普遍要求實行「包產到戶」》送到萬里手上時，萬里批了四個字：「我看可以！」1979 年 1 月 5 日，萬里對鳳陽縣委書記陳庭元說：單幹也沒什麼了不起。後來萬里又表示：「那就讓他們幹三五年。」

第二年，「包產到戶」迅速燃遍了近 5000 萬人口的安徽省大部分地區，糧食大幅增產，但是安徽省委卻承受着改革帶來的巨大壓力。萬里領導的安徽省委和全省要求改革的廣大幹部群眾面對舊的條條框框和各種壓力，堅持實事求是的精神，始終對實行「包產（乾）到戶」不動搖。

1980 年初，安徽召開省委工作會議，研究如何使已見成效的改革得到鞏固，繼續發展。就在這個會上，鳳陽縣委書記、嚴格為小崗保密的陳庭元，才第一次向省委坦白交代了小崗村包乾到戶的祕密，並把一份書面材料交給了萬里。幾天後，會議一散萬里就親自踏着殘雪到小崗村去了。小崗人興高采烈地把花生往萬里棉軍大衣口袋裏塞，

萬里不要。一位老太太笑着說：「往年想給也沒有！」小崗人要求讓他們試上 3 年，萬里回答：「地委批准你們幹 3 年，我批准你們幹 5 年！」小崗人說：「有人打官司要告我們。」萬里回答：「這個官司我包打了！」

萬里在小崗村

摘牌與掛牌

在萬里的強力推進下，小崗村的大包乾經驗一夜之間就在安徽全境推廣，民謠説「要吃米，找萬里」。後來，這個小村莊成了中國改革的一個著名符號。

到 1979 年底，包產到戶、包乾到戶在全國儘管還只是個別地方試行，比重僅佔 9%，但各地紛紛仿效，參加人數迅速增加。從 1979 年到 1984 年，在短短的 6 年時間裏，中國糧食產量從 6000 億斤增加到 8000 億斤。

1980 年 4 月，四川廣漢向陽人民公社管理委員會的牌子被小心翼翼地摘下來，取而代之的是向陽鄉人民政府的牌子。耐人尋味的是，與 1950 年代人民公社成立時的喧鬧不同，它的消失悄無聲息。沒有廣播，沒有登報，四川省廣漢縣的向陽公社成為全國第一個重建的鄉政府。1982 年 11 月，五屆全國人大正式立法確定中國恢復設立鄉鎮一級的人民政府。到 1983 年底，全國已有 1188 個縣、14630 個人民公社實現了政社分開，建立了鄉鎮人民政府。到 1985 年 6 月，全國基本上完成了這一歷史性工作。人民公社的解體，鄉鎮人民政府的建立，給中國農村帶來了舉世公認的變化。

但是大包乾的做法與傳統體制相違，引起了激烈的爭論，在推行過程中也遇到了重重阻力。1978 年底，中共十一屆三中全會通過的《關於加快農業發展若干問題的決定（草案）》，雖然提出在生產隊統一核算和分配的前提下，可以包工到組，聯產計酬。但同時又明確規定「不許包產到戶」。

在 1979 年 3 月召開的國家農委座談會上，很多人以及會議通過的《紀要》都認為「包產到戶」就是分田單幹，「是一種倒退」。會議

期間的 3 月 15 日，《人民日報》發表署名張浩《「三級所有，隊為基礎」》的讀者來信及編者按，認為「包產到組」是一種違反中共政策的「錯誤做法」，在安徽引起一片恐慌。正在人們不知所措之際，萬里說話了：「《人民日報》能給你飯吃？」他對《人民日報》文章的作用輕描淡寫地說，「不就是一封讀者來信嗎，就起這樣的震動？」「正確不正確，你自己不知道嗎？為什麼不看群眾，不看實踐？」要求頂住壓力繼續搞大包乾。他還回敬批評者說，「你走你的陽關道，我走我的獨木橋。」

1980 年 2 月，萬里調到中央工作後，新的省委領導對「包產（乾）到戶」提出不同看法，連續召開會議想扭轉「包產（乾）到戶」，一時間，安徽上下掀起一陣陣反對「包產（乾）到戶」的聲浪。

就在安徽農村改革承受巨大壓力、面臨夭折的時候，1980 年 5 月 31 日，鄧小平力挽狂瀾，在《關於農村政策問題》的重要講話中旗幟鮮明地指出：「安徽肥西縣絕大多數生產隊搞了包產到戶，增產幅度很大。『鳳陽花鼓』中唱的那個鳳陽縣，絕大多數生產隊搞了大包乾，也是一年翻身，改變面貌。有的同志擔心，這樣搞會不會影響集體經濟。我看這種擔心是不必要的。」鄧小平的講話一舉改變了安徽農村改革的困境，「包產（乾）到戶」如決堤之水在全省迅猛蔓延開來。當年底，全省 66% 的生產隊實行了「包產（乾）到戶」，到 1982 年 6 月，全省實行「包乾到戶」的生產隊已達 95%。

1980 年 9 月 14 日，在中南海召開了各省、市、自治區第一書記座談會，討論農業生產責任制問題。對於包產到戶，眾書記各持己見，只有安徽的萬里等公開聲明落後地區可以搞包產到戶；其餘要麼模棱兩可，要麼堅決反對。會後，中共中央發了一個很謹慎的文件：包產到戶是「依存於社會主義經濟，而不是脫離社會主義軌道，沒有

什麼復辟資本主義的危險」。

「群眾願意採取哪種生產形式，就應該採取哪種形式，不合法的使它合法起來」，是鄧小平一貫堅持的做法。因此中央權衡利弊後，對人民群眾的這種首創精神給予肯定，並把這種創造總結提高，形成家庭聯產承包責任制並加以推廣，由此開啟了中國改革開放「農村包圍城市」的偉大征程。

1981 年，全國農村絕大部分地區都建立和穩定了家庭聯產承包責任制。到 1983 年底，全國「大包乾」的生產隊佔總數的 98% 以上。從 1982 年到 1986 年，中共中央連續發出 5 個「一號文件」，反覆肯定了包產到戶這一聯產承包責任制的生產形式。1982 年的「一號文件」，明確指出包產到戶、包乾到戶或大包乾「都是社會主義生產責任制」，同時還説明它「不同於合作化以前的小私有的個體經濟，而是社會主義農業經濟的組成部分」。1982 年 12 月，五屆全國人大五次會議審議通過的《中華人民共和國憲法》明確規定改革農村人民公社政社合一的體制，設立鄉政府。

1983 年 1 月的「一號文件」，從理論上説明了家庭聯產承包責任制「是在黨的領導下中國農民的偉大創造，是馬克思主義農業合作化理論在我國實踐中的新發展」。1984 年 10 月 1 日，在建國 35 週年的慶典上，興高采烈的中國農民簇擁着「一號文件」和「聯產承包好」的彩車出現在天安門廣場。

到 1984 年底，全國各地建立了 9.1 萬個鄉（鎮）政府、92.6 萬個村民委員會。吃大鍋飯，搞平均主義，損害了群眾利益和社員積極性，自然解決不了農村生產力發展的問題，至此，實行了 20 多年的人民公社制終於退出了歷史舞臺。中國農村 99% 的生產隊選擇了家庭聯產承包責任制，統分結合的農業經濟新體制在全國範圍內逐步形成。

鏈接：1977 年 6 月，中共中央任命萬里為安徽省委第一書記。當時的安徽有多貧困，也許當年萬里在安徽定遠縣考察時與一位農民的對話可以說明：

「你有什麼要求？」

這位農民打開破棉襖，拍着肚子說：「沒有別的要求，只要能吃飽肚子就行了。」

萬里說：「這個要求太低了，還有什麼要求？」

這位農民又拍拍肚子說：「這裏面少裝點山芋乾子就行了。」

萬里感慨地對隨行的新華社記者說，解放 28 年了，我們連農民這麼低的要求都沒有滿足。

據 1977 年統計，安徽全省農民人均收入只有 66 元，其中阜陽地區只有 33 元。全省 28.7 萬個生產隊只有不到 10% 的生產隊能夠維持溫飽，僅鳳陽縣每年外出要飯的人口達五六萬人。

為了改變這種狀況，萬里做了一個大膽的嘗試：給農民鬆綁，給予他們一定的自主權。在 1977 年 11 月 15 日的安徽全省農村工作會議上，在萬里的主持下，通過了稱為「安徽六條」的《關於當前農村經濟政策幾個問題的規定（試行草案）》（簡稱「省委六條」）。

這個文件提出：尊重生產隊的自主權；允許農民搞家庭副業，其收獲除完成國家任務之外，可以到集市上出售。還特別規定：生產隊可以實行定任務、定質量、定工分的責任制，只需個別人完成的農活還可以責任到人。

這是粉碎「四人幫」後全國出現的第一份關於農村政策的突

破性文件。「省委六條」的推出，扭轉了「農業學大寨」的做法；集體聯產，突破了「三級所有，隊為基礎」；家庭聯產，徹底改變了人民公社僵化的生產管理方式。在當時的歷史條件下，它觸動了人們那敏感的神經，具有很大的政治風險，但卻點燃了安徽農民心中改革的火種。

1978 年秋，在一次省委座談會上，研究如何解決鳳陽農民外流討飯的問題。有人說，那裏農民有討飯的「習慣」。萬里聽後氣憤地指出：「胡說！沒聽說過討飯還有什麼習慣，講這種話的人立場站到哪裏去了，是什麼感情？」「社會主義還要飯，那叫什麼社會主義？解放快 30 年了，老百姓還這麼窮，社會主義優越性哪裏去了？」還強調：「共產黨不代表人民利益，不關心人民生活，算什麼共產黨？」

這一年，安徽省發生了百年不遇的特大旱災。除長江、淮河流域外，全省絕大多數河川斷流，土地龜裂，又颳了 3 次熱風。全省受災農田 6000 多萬畝，糧食減產，夏收分麥子時，鳳陽縣小崗村每個勞動力才分到 7 斤。

在省委召開的緊急會議上，萬里心急如焚地說：「我們不能眼看農村大片土地撂荒，那樣明年生活會更困難，與其拋荒，倒不如讓農民個體耕種，充分發揮各自潛力，儘量多種『保命麥』度過災荒。」

經過討論和激烈的鬥爭，安徽省委做出了「借地種麥」的決定。凡是集體無法耕種的土地，借給社員種麥種菜；鼓勵多開荒，誰種誰收，國家不徵統購糧，不分配統購任務。

　　這項戰勝農業災害的決策，極大地調動了廣大農民生產自救的積極性。全家男女老幼齊下地，加上天公作美，借地農民普遍獲得了好收成。

　　「借地度荒」，只是當時一種臨時性的變通辦法，但正是這一「借」，讓農民嘗到了「甜頭」，暫時擺脫了飢餓的農民，下定了將這一政策固定下來的決心。肥西縣山南區在執行過程中按照當年「責任田」的辦法，對全區十幾萬畝土地最早實行「包產到戶、聯產計酬」的家庭聯產承包責任制。安徽省委不但未加制止，反而決定把山南公社作為推廣「包產到戶」的試點。與此同時，省內其他地方也自發出現了「包產到戶」的做法。在安徽省委的支持下，山南公社的「包產到戶」迅速擴展到全縣，並在全省各地推行開來。

　　據當年農業部人民公社管理局的統計，1978 年，全國農民每人年平均從集體分配到的收入僅有 74.67 元，其中 2 億農民的年平均收入低於 50 元；有 1.12 億人每天能掙到 1 角 1 分錢，1.9 億人每天能掙到 1 角 3 分錢，有 2.7 億人每天能掙 1 角 4 分錢。相當多的農民辛辛苦

今日小崗村

苦幹一年，不僅掙不到一分錢，反而倒欠生產隊的錢。所以不難想見，已經嘗到「包產到戶」甜頭的農民，再也不願回頭了。

據中央農村政策研究室原主任杜潤生回憶，早在 20 世紀 60 年代，就有 20%~30% 的生產隊實行過包產到戶，但遺憾的是它們都沒有成功。即使有個別地方像浙江台州白水洋鎮皂樹村那樣實行了包產到戶，但因是偷偷摸摸的局部試驗，在全國幾乎沒有示範意義，產生不了多大影響力。

真正在全國產生重大影響，並把「大包乾」模式推向全國的應該說還是小崗村。包產到戶的實行，不僅釋放了小崗村農業生產的巨大潛力，而且也推廣到全國，讓全中國人的吃飯問題迅速得到解決。當然，包括當年小崗村在那張密約上摁下手印和圖章的 18 位農民在內的所有人都不曾預料到，農村改革的星星之火會從那裏迅猛地燃遍全國農村，中國改革的大幕會從那裏正式揭開！

中國，一個最早萌發飛天夢想、一個最早發明和使用火箭的偉大民族，依靠自己的力量，終於實現了載人航天飛行的千年夢想 ——

日躍東方，叩啟天穹

在 20 世紀，人類已進入「太空文明」時代。

浩瀚無際的太空，神祕遼闊的宇宙，有多少無窮的祕密等待着人類去探索和發現。

2003 年 10 月 16 日 6 時 23 分，蒼茫的內蒙古草原敞開胸懷，深情地擁抱朝陽和在朝陽中緩緩降落的中國第一位航天員 —— 楊利偉。

這次的成功發射，標誌着中國成為繼蘇聯（現由俄羅斯承繼）和美國之後，世界上第三個有能力獨自將自己的航天員送入太空並成功返回的國家。

這是中國人民在攀登世界科技高峰的征程上完成的又一個偉大壯舉。

這是中國航天發展史上聳立的又一座里程碑。

這是中國人在推進中國特色社會主義事業進程中取得的又一個輝煌成就。

這也是中國人民為世界航天事業做出的又一個重要貢獻。

當「神舟」五號載人飛船在太空運行 14 圈、歷時 21 小時 23 分、順利完成各項預定操作任務重返神州，當飛天英雄楊利偉巡天歸來，人類航天史也由此翻開了嶄新的一頁 —— 探索太空的隊伍中，又多了

一支新生的力量！

這是中華民族的驕傲。

這是每個中華兒女的驕傲！

2005 年 10 月 17 日，在太空運行 76 圈、經過 115 小時 33 分鐘太空飛行，費俊龍、聶海勝兩名航天員乘坐的第二艘「神舟」六號載人飛船又順利返回祖國懷抱。中國第一艘執行「多人多天」任務的「神舟」六號載人航天飛行的成功，標誌着中國在發展載人航天技術、進行有人參與的空間實驗活動方面取得了又一個具有里程碑意義的重大勝利！

2008 年 9 月 25 日，「神舟」七號載人飛船順利升空，航天員為翟志剛、劉伯明、景海鵬。飛船在太空飛行 46 圈、歷時 68 小時。27 日 16 時 35 分 12 秒，42 歲的翟志剛打開了「神舟」七號飛船軌道艙的艙門，在劉伯明的幫助下順利出艙，邁出了中國人在太空的第一步！這標誌着中國成為世界上繼美國、俄羅斯之後，第三個獨立掌握出艙活動關鍵技術的國家。為後面月球登陸和建立空間站，做了準備工作。

2011 年 9 月 29 日，中國第一個目標飛行器「天宮一號」發射成功。它的發射標誌着中國邁入中國航天「三步走」戰略的第二步第二階段，即掌握空間交會對接技術及建立空間實驗室，也被認為是中國空間站的起點。

2011 年 11 月 1 日，「神舟」八號無人飛船升空。升空後兩天，「神八」與此前發射的「天宮一號」目標飛行器進行了兩次自動對接工作，使中國成為繼美國和俄羅斯之後，世界上第三個掌握完整的太空對接技術的國家。

2012 年 6 月 16 日 18 時 37 分，「神舟」九號飛船載着劉旺、劉洋和景海鵬三位航天員在酒泉衛星發射中心發射升空，劉洋成為中國首

「神舟八號」與「天宮一號」對接

位女航天員。18 日約 11 時左右轉入自主控制飛行，14 時左右與「天宮一號」實施兩次自動交會對接，其中第二次是由航天員手動控制完成，這是中國實施的首次載人空間交會對接。三位航天員成功進入「天宮一號」內部，進行各種太空試驗。

2013 年 6 月 11 日 17 時 38 分，「神舟」十號飛船載着聶海勝、張曉光、王亞平三位航天員在酒泉衛星發射中心發射升空，23 日 10 時 07 分，飛船與「天宮一號」成功實現手控交會對接，並按計劃開展了相關科學實驗，王亞平還作為中國第一位「太空教師」進行了太空授課。

克服了交會對接難關後，接下來要解決補加技術和再生式生命保證技術，實現 2020 年前後在太空中建成一個 60 噸級載人空間站的目標。

在華夏飛天之夢一步步成為現實的時候，讓我們回顧一下中國航天事業所走過的光輝歷程吧：

1956 年 3 月，國務院制訂了《一九五六年至一九六七年科學技術發展遠景規劃綱要（草案）》，其中提出要在 12 年內使中國噴氣和火箭技術走上獨立發展的道路。它標誌着中國開始謀劃發展獨立的航天事業。

1958 年 1 月，國防部制訂了噴氣與火箭技術十年（1958—1967）發展規劃綱要。1957 年 10 月蘇聯第一顆人造地球衛星發射之後，錢學森等一些著名科學家建議開展中國衛星工程的研究工作。

1958 年 4 月，在甘肅酒泉開始興建中國第一個運載火箭發射場，標誌着中國航天第一個自主發射基地的誕生。

1960 年 2 月 19 日，中國自行設計製造的試驗型液體燃料探空火箭首次發射成功。這是中國研製航天運載火箭征程上的一次重大突破。

1965 年，中央專門委員會批准第七機械工業部制訂的 1965—1972 年運載火箭發展規劃，標誌着中國開始正式立項研製航天運載火箭。

1966 年 11 月，「長征一號」運載火箭和「東方紅一號」衛星開始立項研製。

1968 年 2 月 20 日，中國空間技術研究院成立，專門負責研製各類人造衛星。

1968 年 4 月 1 日，中國航天醫學工程研究所成立，開始進行載人航天醫學工程研究。

1970 年 4 月 24 日，「東方紅一號」衛星在甘肅酒泉航天發射基地由「長征一號」火箭發射成功，美妙的「東方紅」樂曲首次響徹太空。這是中國發射的第一顆人造衛星，使中國成為世界上繼蘇聯（1957 年 10 月 4 日）、美國（1958 年 1 月 31 日）、法國（1965 年 11 月 26 日）和日本（1970 年 2 月 11 日）之後，第五個自主發射人造衛星的國家。

東方紅一號　　　　　實踐一號　　　　　　　神舟飛船

1971 年 3 月 3 日，中國發射了科學實驗衛星「實踐一號」。這是中國發射的第一顆科學試驗衛星，衛星在預定軌道上工作了八年。此後又陸續發射了「實踐二號」「實踐三號」「實踐四號」和「實踐五號」，從而大大推進了中國空間科學的發展。

1975 年 11 月 26 日，中國發射了第一顆返回式遙感衛星，衛星按預定計劃於當月 29 日返回地面。這使中國成為世界上繼美國和蘇聯之後，第三個掌握人造衛星返回技術的國家。

1981 年 9 月 20 日，中國用一枚運載火箭發射了三顆科學實驗衛星，這是中國第一次一箭多星發射，使中國成為世界上第三個掌握一箭多星發射技術的國家。

1990 年 7 月 16 日，「長征」2 號捆綁式火箭首次在西昌發射成功，其低軌道運載能力達 9.2 噸，為發射中國載人航天器打下了基礎。

1992 年 1 月，中國正式啟動載人航天工程，命名為「921 工程」，這項工程後來被命名為「神舟」號飛船載人航天工程。

實際上，中國載人航天研究的歷史可以追溯到 20 世紀的 70 年代。早在「東方紅」一號上天之後，當時的國防部五院院長錢學森就曾提出，中國要搞自己的載人航天。當時，國家把這個項目命名為「714 工程」，並把飛船命名為「曙光」一號。但是，由於綜合國力、工業基礎的薄弱，這一項目最終下馬。

然而，「神舟」號飛船已分別於 1999 年 11 月 20 日、2001 年 1 月 10 日、2002 年 3 月 25 日和 2002 年 12 月 29 日成功地進行了四次無人試驗發射，首次載人航天、實現中國人「飛天」夢想的夙願已是指日可待……

從「嫦娥奔月」神話到莫高窟壁畫的「飛天」，蘊涵着中華民族幾千年的豐富瑰麗的想象。

　　從「兩彈一星」奇跡到「神舟」系列飛船的功勛，承載着幾代中國人對國家富強的美好期待和對世界和平的善良願望。

　　從 1999 年 11 月 20 日「神舟」一號飛船飛向茫茫太空，到「神舟」五號飛船首次載人飛行大獲成功，再到「神舟」六號、七號、八號和九號飛船的勝利歸來，中國的載人航天事業留下了清晰而堅定的足跡。

　　中國人一飛衝天，一鳴驚人，將使太空世界更加波瀾壯闊，絢麗多姿；中國航天科技工作者的載人航天精神，將在人類和平與進步的史冊上永放光芒！

　　回眸從「兩彈一星」到載人航天所走過的不平凡歷程，一次次托舉起中華民族尊嚴與自豪的是這樣一種精神：愛國、奉獻，自強、創新，團結、協同。廣大航天科技工作者不負人民的重託，滿懷為國爭光的雄心壯志，自強不息，頑強拚搏，團結協作，開拓創新，表現出「特別能吃苦，特別能戰鬥，特別能攻關，特別能奉獻」的載人航天精神。

　　在當下這個誘惑與選擇都已是多元的時代，他們不計名利、得失，年復一年默默無聞地辛勤工作，毫無保留地奉獻着自己的青春、汗水、智慧甚至是寶貴的生命。直到今天，雖然載人航天飛行已經成功，當鮮花和掌聲潮湧般到來時，我們仍然不會知道絕大多數航天人的名字。

　　十年磨一劍，奮鬥鑄輝煌。

　　我們不會忘記：中華人民共和國成立以來，在中共中央正確決策和指揮下，廣大航天工作者艱苦創業，不懈奮鬥，為發展中國航天事業建立的豐功偉績。

　　我們不會忘記：中國載人航天工程實施以來，參加工程研製、建

設和試驗的航天人牢記人民的重託，勇敢地肩負起攀登航天科技高峰的神聖使命，以驚人的毅力和勇氣，戰勝各種難以想象的困難，創造了非凡的人間奇跡，必將載入中華民族的光輝史冊！

中國載人航天飛行圓滿成功，是中國人民在攀登世界科技高峰征程中的一個偉大壯舉。中國航天人在這讓全世界矚目和震撼的宏大工程中鑄就的「特別能吃苦、特別能戰鬥、特別能攻關、特別能奉獻」的載人航天精神，為我們偉大的民族精神又增添了一筆寶貴財富。它將同「井岡山精神」「長征精神」「延安精神」「兩彈一星」等精神一樣，永耀中華民族史冊！

載人航天飛行的成功，標誌着中國航天技術和國防科技工業取得了新的重大突破，整體科技水平實現了新的歷史性跨越。航天事業作為高新科技綜合集成的國防科技事業，集中反映着一個國家的整體科技水平。「神舟」系列飛船的成功發射和回收，中國載人航天工程由無人飛行進入載人航天飛行階段，使中國航天技術實現了一次重大突破，標誌着中國人民在攀登世界科技高峰的征程中又邁出了具有歷史意義的一步。以載人航天為龍頭，信息技術、材料科學、生命科學、空間科學等新興高科技得到了快速發展，中國科技的整體水平也得到了進一步提高。

載人航天飛行的成功，進一步增強了中國的綜合國力，提高了中國的國際地位。當今世界，國家之間的競爭體現為綜合國力的競爭。航天高科技是綜合國力的重要組成部分，多學科集成的載人航天工程作為當今航天技術領域的前沿，成為世界強國競相搶佔的科技制高點。首次載人航天飛行成功，使中國成為繼前蘇聯和美國之後第三個獨立自主地完整掌握載人航天技術的國家，中國的國際威望和大國地位顯著提高。

　　載人航天飛行的成功，大大激發了中華民族的自豪感和凝聚力，為實現中華民族在 21 世紀的偉大復興而努力奮鬥。航天事業是一項振奮人心的攀登科技高峰的事業，載人航天工程是迄今為止中國航天史上規模最大、系統最複雜、技術難度最高的一項國家重點工程。載人航天飛行的圓滿成功，進一步激發了中華民族開創美好未來、實現偉大復興「中國夢」的信心和決心，中國人完全有能力獨立自主地攻克任何尖端技術，有能力在世界高科技領域大展宏圖，有能力以輝煌的成就，為人類作出更大的貢獻。

　　載人航天飛行的成功，為中國探索太空事業進一步發展奠定了堅實基礎。載人航天工程在多方面取得了重要成果：突破了大量的關鍵技術，大大提高了中國航天科技水平；建設並完善了一批先進性與實用性兼備、適應中國航天事業持續發展需要的載人航天工程設施；培養了一支德才兼備、素質精良的科技與管理人才隊伍；豐富和發展了中國大型航天工程的管理經驗，探索了一條具有中國特色的載人航天發展之路。

　　從進軍「兩彈一星」到載人航天飛行成功，四十五年風雨，彈指一揮間。

　　四十五載年輪，印下了中國尖端科技事業所經歷的坎坷與輝煌，載錄着一個民族在歷史大跨越中的自強、自信與自豪。

　　載人航天是規模宏大、高度集成的現代化系統工程，由航天員、飛船應用、載人飛船、運載火箭、發射場、測控通信、着陸場等七大系統組成，涉及航空、船舶、兵器、機械、電子、化工、冶金、紡織、建築等多個領域和有關省市區，匯聚了全國 110 多個研究院所、3000 多個協作配套單位和幾十萬工作人員，形成了空前規模的社會主義大協作體系。習近平在談到推進科技體制改革問題時指出：「我們

要注意一個問題，就是中國社會主義制度能夠集中力量辦大事是我們成就事業的重要法寶。中國很多重大科技成果都是依靠這個法寶搞出來的，千萬不能丟了！」

參加工程研製建設的各地區、各方面、各部門、各單位同心同德、群策群力，大力協同、密切配合，保證了載人航天工程的高效運行。

它突破了一系列關鍵技術，使中國在世界高科技領域佔有了一席之地；

它帶動了一大批相關產業，推動了經濟和社會的發展進步；

它培養、造就、錘煉了一支能創新、能吃苦、能協作的高素質高技術人才隊伍，為中國航天事業實現新的突破積蓄了強大的發展後勁……

四十五度春秋，從「兩彈一星」到載人航天，航天人創造了一個又一個人間奇跡，鑄就了民族精神的豐碑。

他們讓我們感到無比的自豪和驕傲。

讓我們永遠銘記他們的成就和功績！

鏈接：中華民族，是一個極富想象力的民族，很早就有飛天的夢想，也留下了許多飛天的神話傳說。萬戶，就是其中一位佚名的傳奇人物。

國際天文學聯合會月面形態命名報告中稱：「萬戶在 14 世紀末發明了可操縱的火箭推進裝置，試驗用 47 支巨型火箭載人飛向天空，不幸在試驗中罹難。」這份報告的依據是 20 世紀 50 年代英國出版的《火箭與噴氣》一書。書中引用了這個駕火箭想飛天

的故事，並附有一幅插圖。該書作者稱，萬戶是「世界上第一個試圖利用火箭作飛行的人」。

據記載，14 世紀末期，曾有一位明代軍事技術家萬戶在飛行器（其實是張椅子）底部裝了 47 隻火箭筒，利用總引火線串聯，並在兩旁裝上大風箏，自己坐在椅子上，雙手拿着大風箏，以此在空中滑翔。他將自己綁在飛行器的座椅上，命人點燃火箭。一聲轟鳴，萬戶在火焰和氣流中急速升空，不久即在煙霧中消失。他希望藉助火箭的推力拔地而起，再利用風箏的浮力，在空中作短時間滑翔，然後利用風箏平穩着陸。

萬戶在國外備受重視，而國內卻鮮為人知。中國古代在火藥、火器與火箭技術方面素有悠久而光輝的歷史，中華大地乃是火藥、原始飛彈和多級火箭（古代叫飛空砂筒）的故鄉。因此，到 14 世紀末，萬戶用 47 支巨型火箭進行載人飛行是不足為怪的。遺憾的是，萬戶的故事僅見於國外書刊，國內尚未找到相關的史籍記載。

以現代的眼光看，萬戶的行動可以說是很創新大膽，但也沒考慮自身安全，所以飛行了幾百米便機毀人亡。實際上，美國《文明》雜誌曾介紹過美國火箭學家赫伯特‧基姆（Herbert Zim）早在 1945 年出版的 *RocKets and Jets* 一書中，就提到了「萬戶飛天」的事跡，更說萬戶是「嘗試利用火箭作為交通工具的第一人」，將他的壯舉稱為「首次進行火箭飛行的嘗試」。

基姆的著作被清華大學教授劉仙洲翻譯為中文，從此「萬戶飛天」的故事便得到廣泛引用；後來在德國、英國、俄羅斯等國

的火箭專家的著作中，也常提及此事。因此，萬戶可以說是人類航天的先鋒，他的首次火箭載人飛行嘗試雖然不成功，更因而壯烈犧牲，但其技術設想也有劃時代意義，所以受到近代火箭學家及航天技術專家的肯定及稱頌。

當美國航天員登陸月球，並繪出月球的地圖後，美國科學家將月球背面的一個環形山以 Wang Hu（即萬戶的英文名）命名，以表揚他對人類航天研究的貢獻，使這位中國人的名字與世界著名天體學家伽利略等人的名字一同出現在月球地圖上，作為永久紀念。

2008 年 5 月 12 日，一場突如其來的特大地震降臨四川省阿壩藏族羌族自治州汶川縣一帶 ──

汶川大地震：中國力量大凝聚

2008 年 5 月 12 日 14 時 28 分，四川省阿壩藏族羌族自治州汶川縣一帶突然山崩地裂，一場特大地震突然降臨！

這是中華人民共和國成立以來最大的一次地震，震級里氏 8.0 級，地震烈度 11 度，破壞面積超過 10 萬平方公里！

瞬間破碎的家園，生死離別的家庭，廢墟掩埋的生命，頓時揪緊了全國人民的心！

我們看到，震後僅 18 分鐘，解放軍應急預案就緊急啟動，國家也及時啟動了最高級別應急預案；

我們看到，中共中央總書記在第一時間就發出了「儘快搶救傷員，保證災區人民生命安全」的重要指示；

我們看到，大約兩小時後，國務院總

汶川大地震

理、抗震救災總指揮部總指揮溫家寶便飛赴災區一線親臨指揮；

我們看到，緊急抽調的解放軍和武警官兵十多萬大軍爭分奪秒、晝夜兼程，克服艱難險阻，向災區挺進；

我們看到，醫療人員、中外專業搜救隊伍、各種志願者隊伍以及大量救災物資，從全國各地湧向災區；

我們看到，國務院公告：2008 年 5 月 19 日至 21 日為全國哀悼日。2008 年 5 月 19 日 14 時 28 分，國旗低垂，汽笛長鳴，山河齊哀，舉國同悲，13 億中華兒女為大地震遇難同胞默哀 3 分鐘；

我們看到，全國人民紛紛捐款捐物獻血，向災區人民奉獻自己的愛心……

這次抗震救災，就是以人為本的一次生動體現！

截至 5 月 18 日 12 時，軍隊和武警共出動救災人員 113080 人，救災飛機 1069 架次，救災專列 92 列，全軍在救災過程中動用大型運輸車、吊車、衝鋒舟等各型裝備 11 萬臺（件），派出醫療隊、防疫隊等115 支，調運各類物資 7.8 噸，從廢墟中救出被埋人員 21566 人，救治傷員 34051 人，轉移安置災民 205370 人，搶修道路 557 公里。

這次汶川大地震中，湧現出許許多多優秀的共產黨員，他們的先進事跡，感動着全國人民。

蔣敏，一名普普通通的女警官。在得知 10 位親人遇難的情況下，她忍着巨大的悲痛堅守崗位，雖多次昏倒在搶險救援現場卻堅持戰鬥在抗災第一線，被譽為「全國最堅強警花」；

廖凱，一名普普通通的鄉黨委書記。他從廢墟中爬出後，迅速帶領救援組趕到傷亡慘重的北川中學，成功救出 200 多人；

譚千秋，一名普普通通的中學教師。他以自己的生命換取 4 名學生的行動，向人們展現了一位人類靈魂工程師的高尚靈魂；

劉剛文，一名普普通通的農村黨員。地震後，「不要慌，我是黨員，一切聽我的指揮！」他紅着雙眼的一聲喊，立即穩定了驚慌失措的群眾。全村小組 135 人沒有一個人落下，全部平安！

正是這些普普通通的黨員，創造了抗震救災的奇跡！

在災區，共有 17500 多名副縣級以上領導幹部投身抗震救災一線。哪裏災情最嚴重、哪裏危險最大、哪裏困難最多，哪裏就有領導幹部的身影。

他們中，有不少人自己才剛剛從廢墟裏爬出來，有不少人失去了自己的親人，有不少人還不知道自己親人的下落，但是他們卻義無反顧地先去搶救人民群眾。

這些優秀的共產黨人以自己的行動，向人們展示了衝鋒在前、捨小家顧大家的高尚品質。

這些優秀的共產黨人以自己的行動，向人們表明了他們就是中國共產黨唯一宗旨的忠實執行者。

這些優秀的共產黨人以自己的行動，向人們詮釋了「為人民服務」的真諦。

全心全意為人民服務的精髓，在他們身上得到了實在而完美的體現！

> **鏈接**：當時的俄新社報道：「我們知道，一個總理能在兩小時就飛赴災區的國家，一個能夠出動十萬救援人員的國家，一個企業和私人捐款達到數百億的國家，一個因爭相獻血、志願搶救傷員而造成交通堵塞的國家，永遠不會被打垮。」
>
> 北京時間 2013 年 4 月 20 日 8 點 02 分，四川省雅安市蘆山縣

又發生了一場 7.0 級的大地震。震源深度為 13 公里，震中距成都約 100 公里，成都、重慶及陝西的寶雞、漢中、安康等地均有較強震感。

據雅安市政府應急辦通報，震中蘆山縣龍門鄉 99% 以上房屋垮塌，衛生院、住院部停止工作，停水停電。截至 2013 年 4 月 24 日 10 時，共發生餘震 4045 次，3 級以上餘震 103 次，最大餘震 5.7 級。受災人口 152 萬，受災面積 12500 平方公里。據中國地震局網站消息，截至 4 月 24 日 14 時 30 分，地震共計造成 196 人死亡，失蹤 21 人，11470 人受傷。

地震發生後，第一時間啟動應急預案，緊急集結、迅速挺進、全面救援……在中共中央統一領導、統一指揮、統一部署下，抗震救災戰鬥迅速打響。國務院召開抗震救災緊急會議，迅速成立抗震救災指揮部，根據國家抗震救災應急預案啟動抗震救災一級響應機制，一個個災情信息、一項項救災進展不斷匯總而至，一項項果斷決策、一道道及時指令隨即傳出落實……

災情就是命令，時間就是生命！

8 時 03 分，震後 1 分鐘，中國地震局發佈自動地震速報信息；

8 時 16 分，發佈正式地震速報信息；

8 時 20 分啟動地震應急 I 級響應。

震後 1 小時內，公安部、民政部、國家衛生計生委、交通運輸部等迅速啟動應急響應機制，救災指揮系統各相關部門全部到位。

強震發生僅僅 10 分鐘，成都軍區及四川省軍區抗震救災指揮部同時成立；約 2000 人的救援隊伍隨即奔赴蘆山，武警四川總隊所屬官兵就近展開救援。

同一時刻，中國國際救援隊通過官方微博，呼籲災區尚有手機信號的群眾「快快告訴我們您的位置、震感和看到的破壞情況」，成為第一個發聲的專業救援組織；

8 點 29 分，壹基金也通過官方微博宣佈，正在聯繫其設在四川當地的志願者組織，了解災情，隨時准備行動；

8 點 30 分，武警四川總隊出動 1200 人趕赴災區；

8 點 40 分，四川省地震災害緊急救援隊、四川省應急救援總隊趕赴雅安災區；

地震發生整整一小時，第一張震區航拍圖片已經發佈⋯⋯

如此快速、多方面的反應，不僅遠遠超過汶川地震的應急響應水平，也是歷次重大自然災害中所未有過的！

當天上午 11 點，中國國家地震局把先前啟動的地震三級應急響應，調整為一級。按照國家相關規定的標準，此時蘆山地震已知的一些數據尚不滿足啟動一級應急響應的條件，屬於破例而為。

更重要的是，蘆山抗震救災建立起了統一高效的調度指揮機制。在中共中央統一領導和部署下，在國務院抗震救災指揮部直接指揮下，四川省統一領導、統籌安排，國務院各有關部門分工負責、密切配合，地方、軍隊、武警、中央部門等各方救援力量明確分工，落實責任，形成了大力協同、密切合作的機制。

有關方面在道路管理、通訊保障等方面的進步，也顯而易

見。汶川地震的最初幾天，交通管理很混亂，這次的蘆山救災，開通了綠色通道，第一天是生命的綠色通道，第二天才開通救災物資的綠色通道，顯得更為有序。

面對突如其來的強震，立黨為公、執政為民理念再一次化為有力行動，中共中央沉着應對、科學指揮，廣大黨員舍生忘死、衝鋒在前。

「黨旗飄起來，黨徽亮出來，黨員站出來」，臨時安置點上，隨處可見佩戴袖標的黨員身影。

在雅安大地上，5100 多支黨員突擊隊、8 萬餘名黨員衝鋒在前。震後 20 多個小時，災區基層黨組織和廣大黨員幹部實現逐村逐戶搜救，從廢墟中救出 320 多人。

這一切再次證明，中國共產黨是中國人民的主心骨，是戰勝一切艱難險阻的堅強領導核心！

這一切也印證了中國共產黨以人為本、執政為民的理念，展現了一種制度協同整合、高效應急的優勢，見證了一個國家舉國攜手、握指成拳的巨大力量！

習近平 2013 年 5 月 21 日至 23 日在四川蘆山地震災區看望慰問受災群眾時強調，蘆山強烈地震搶險救援階段工作取得重大勝利，抗震救災任務仍然十分艱巨，要繼續全力救治傷員，妥善安置受災群眾，科學佈局災後恢復重建。

2013 年 9 月，習近平在哈薩克斯坦納扎爾巴耶夫大學演講時倡議用新的合作模式，共同建設絲綢之路經濟帶。同年 10 月，習近平在訪問印尼期間，又提出構建 21 世紀海上絲綢之路的倡議 ——

「一帶一路」：合作共贏的宏偉藍圖

「一帶一路」倡議的提出，對密切中國同中亞、南亞、西亞周邊國家以及歐亞國家之間的經濟貿易關係，深化區域多層次的交流合作，維護周邊環境，無疑都具有重大意義。

一帶，指的是「絲綢之路經濟帶」，是在陸地。它有三個走向，從中國出發，一是經中亞、俄羅斯到達歐洲；二是經中亞、西亞至波斯灣、地中海；三是中國到東南亞、南亞、印度洋。「一路」，指的是「21 世紀海上絲綢之路」，重點方向是兩條，一是從中國沿海港口過南海到印度洋，延伸至歐洲；二是從中國沿海港口過南海到南太平洋。

絲綢之路經濟帶延展的歐亞大陸包含四大區域，即中亞、南亞、西亞和中東歐國家。其中南亞是絲綢之路經濟帶和 21 世紀海上絲綢之路的交會部。未來在這四個區域將會形成「四個支點、四個輻射面和四條路徑」即以上海合作組織為支點，輻射獨聯體國家；以中巴經濟走廊和孟中印緬經濟走廊為支點，輻射南亞國家；以海合會為支點，輻射西亞國家；以《中國 — 中東歐國家合作布加勒斯特綱要》為核心，輻射中東歐國家。在這四大區域中，中亞地區為核心區，南亞地區為緊密區，西亞地區為延伸區，中東歐地區為拓展區。

　　絲綢之路經濟帶涵蓋中亞、南亞、西亞和歐洲的部分地區，連接亞洲和歐洲兩大經濟圈。該區域包含 50 多個國家，人口總計 36.3 億，佔全球人口總量的 51.4%，2013 年 GDP 總計 19.7 億美元，佔全世界 GDP 總額的 27%，與中國的貿易額為 5138.3 億美元，佔同期中國對外貿易進出口總額的 12.4%，是世界上最具發展潛力的經濟帶。

　　事實上，冷戰結束後，構建新絲綢之路的設想和倡議就多次被多國所提及。例如，吉爾吉斯斯坦早在 1998 年就提出了「絲綢之路外交構想」；中亞國家曾多次提出復興偉大的絲綢之路；俄羅斯近些年來屢次提出建立歐亞統一空間的設想；美國 2011 年 10 月也提出將其中亞、南亞政策統一命名為新絲綢之路戰略。但相比之下，中國提出的「一帶一路」構想計劃更詳，範圍更廣，涉及的國家和地區更多，受益面也更大。因此，中國提出的「一帶一路」構想不僅受到中亞各國的積極響應，同時也受到上海合作組織成員國及觀察國、聯合國與歐盟等國際組織的讚揚和響應。因為它的提出，順應了世界多極化、經濟全球化、文化多樣化以及社會信息化這一發展大潮流。

　　對中國而言，「一帶一路」的構想是一個引領和深化未來中國西部大開發、構建全方位開放新格局的重大戰略舉措。西部地區擁有中國 72% 的國土面積、27% 的人口，與 13 個國家接壤，陸路邊境線長達 1.85 萬公里。然而整個西部地區對外貿易的總量卻只佔全國的 6%，利用外資和對外投資所佔的比重不足 10%。而「絲綢之路經濟帶」的核心區域大體包括上海合作組織 6 個成員國、5 個觀察國和歐亞經濟共同體國家，總人口近 30 億。因此，「一帶一路」戰略構想的實施，不僅將使中國西部地區與中亞、南亞、西亞的貿易往來和經濟合作得到進一步加強，中國的西南、西北及東北將會由腹地變為開放的前沿，而且通過「一帶一路」的建設，有利於中國形成陸海統籌、

東西互濟的全方位對外開放的新格局。例如，目前中國至歐洲的貨物
通過蘇伊士運河的海路運輸需要走 45 天。據估算，從中國連雲港到荷
蘭的阿姆斯特丹，如果通過絲綢之路，運輸距離可比海運縮短 9000 多
公里，時間縮短近一個月，運費節約近 1/4。

　　對中國緊鄰區域而言，「一帶一路」的構想符合上海合作組織框
架下區域經濟合作發展的新方向。作為上海合作組織的成員國，無
論是中國，還是俄羅斯、中亞國家，都面臨着加快發展經濟的重大任
務，區域經濟合作是該組織元首峰會和總理會議的重要議題，而絲綢
之路經濟帶與歐亞經濟共同體存在一定的互補性。尤其是雙方大都處
於絲綢之路經濟帶之間，有關國家通過絲綢之路經濟帶的建設從中獲
得更大的發展空間。

　　對國際社會而言，「一帶一路」的構想體現了合作共贏的新理念
和新模式。通過「一帶一路」的建設，可以使亞洲、歐洲、非洲乃至
世界各國的經濟聯繫更加緊密，相互合作更加深入，發展空間更加廣
闊，對提升世界經濟發展繁榮與和平進步具有重大而深遠的意義。也
必將成為一項造福於世界各國人民的偉大事業。

　　如今，中國提出構建並推動「一帶一路」的倡議，體現了中國對
歐亞非三大洲進行廣泛交流與合作的博大胸懷，具有豐厚的歷史積澱
性和延續性。這不僅有利於推動中國自身的發展，使古老的絲綢之路
重新煥發生機，而且惠及世界各國人民。目前，中國已是世界第二大
經濟體，經過四十年的對外開放，中國多邊合作的經驗越來越豐富，
已經具備了在世界多邊舞臺上發出更多的聲音、引導多邊合作的能
力。同時，歐亞大陸上的許多國家也都希望藉中國的「東風」發展經
濟，準備與中國開展更加緊密的經濟合作，這也為「絲綢之路」的全
面復興創造了良好的條件。

　　2015 年 3 月 28 日，國家發展改革委、外交部、商務部聯合發佈了《推動共建絲綢之路經濟帶和 21 世紀海上絲綢之路的願景與行動》的綱領性文件，標誌着「一帶一路」頂層設計方案的正式出臺。願景與行動共分為以下幾個部分：一、時代背景；二、共建原則；三、框架思路；四、合作重點；五、合作機制；六、中國各地方開放態勢；七、中國積極行動、共創美好未來。透過這份願景與行動，可以清晰地看到「一帶一路」給中國、沿線國家和百姓帶來的實實在在的利益。

　　—— 願景與行動提出了「一帶一路」的合作方向。絲綢之路經濟帶重點暢通中國經中亞、俄羅斯至歐洲（波羅的海）；中國經中亞、西亞至波斯灣、地中海；中國至東南亞、南亞、印度洋。21 世紀海上絲綢之路重點方向是從中國沿海港口過南海到印度洋，延伸至歐洲；從中國沿海港口過南海到南太平洋。

　　—— 願景與行動提出了共建國際大通道和經濟走廊。陸上依託國際大通道，共同打造新亞歐大陸橋、中蒙俄、中國 — 中亞 — 西亞、中國 — 中南半島等國際經濟合作走廊；海上以重點港口為節點，共同建設通暢安全高效的運輸大通道，中巴、孟中印緬兩個經濟走廊與推進「一帶一路」建設關聯緊密，要進一步推動合作，取得更大進展。

　　—— 願景與行動提出了各省份在一帶一路規劃中的定位。其中，新疆被定位為絲綢之路經濟帶核心區，福建則被定位為 21 世紀海上絲綢之路核心區。

　　就國內佈局而言，西北和西南地區要發揮新疆獨特的區位優勢和向西開放重要窗口作用，打造絲綢之路經濟帶核心區；打造西安內陸型改革開放新高地，加快蘭州、西寧開發開放，推進寧夏內陸開放型經濟試驗區建設；發揮內蒙古聯通俄蒙的區位優勢，完善黑龍江對俄

鐵路通道和區域鐵路網，以及黑龍江、吉林、遼寧與俄遠東地區陸海聯運合作，建設向北開放的重要窗口。

西南地區要發揮廣西與東盟國家陸海相鄰的獨特優勢，形成 21 世紀海上絲綢之路與絲綢之路經濟帶有機銜接的重要門戶；發揮雲南區位優勢，建設成為面向南亞、東南亞的輻射中心；推進西藏與尼泊爾等國家邊境貿易和旅遊文化合作。

沿海和港澳臺地區要支持福建建設 21 世紀海上絲綢之路核心區；打造粵港澳大灣區；發揮海外僑胞以及香港、澳門特別行政區獨特優勢作用，積極參與和助力「一帶一路」建設；為臺灣地區參與「一帶一路」建設作出妥善安排。

內陸地區要打造重慶西部開發開放重要支撐和成都、鄭州、武漢、長沙、南昌、合肥等內陸開放型經濟高地；打造「中歐班列」品牌，建設溝通境內外、連接東中西的運輸通道。

中國是世界第二大經濟體，也是一個製造大國。而亞洲有 40 億人口，非洲有 10 億人口，拉美有 5 億人口，因此市場潛力非常巨大。據外界預計，「一帶一路」戰略將產生 21 萬億美元的經濟規模。僅僅在公路、鐵路、港口、油管、橋樑、輸電網路、光纜傳輸等基礎設施的互聯互通上，就將衍生出龐大的商機。特別是中國經濟發展已經進入新常態，將繼續給包括亞洲國家在內的世界各國提供更多市場、增長、投資和合作的機遇。未來 5 年，中國進口商品將超過 10 萬億美元，對外投資將超過 5000 億美元，出境旅遊人數將超過 5 億人次。

目前，已有 60 多個國家表示願意參與「一帶一路」的建設，並以多種形式與中國探討、落實一些共建的方法和途徑。這些國家的總人口約 44 億，經濟總量約 21 萬億美元，分別約佔全球的 63% 和 29%。隨着合作的深入，「一帶一路」將有可能成為世界上跨度最長

的經濟大走廊。在這條經濟走廊上，2014 年中國與沿線國家的貨物貿易額達到 1.12 萬億美元，佔中國貨物貿易總額的 1/4。而未來 10 年，這個數字將翻一番，突破 2.5 萬億美元。數字翻番，帶來的將是更大的市場空間，更多的就業機會和更廣的合作領域。一帶一路的沿線國家，也將形成更加緊密的利益共同體、命運共同體和責任共同體。

到 2016 年底，中國出資 400 億美元設立的絲路基金，已經順利啟動；倡導成立 1000 億美金的亞洲基礎設施投資銀行，成員已達 80 多個國家和地區，遍及亞洲、歐洲、非洲、南美洲和大洋洲，在全球範圍內掀起一股「亞投行熱」。

習近平強調指出：「為了使我們歐亞各國經濟聯繫更加緊密、相互合作更加深入、發展空間更加廣闊，我們可以用創新的合作模式，共同建設『絲綢之路經濟帶』。這是一項造福沿途各國人民的大事業。」他還強調，「東南亞地區自古以來就是『海上絲綢之路』的重要樞紐，中國願同東盟國家加強海上合作，使用好中國政府設立的中國—東盟海上合作基金，發展好海洋合作伙伴關係，共同建設 21 世紀『海上絲綢之路』」。

可以預見的是，「一帶一路」這一合作共贏的宏偉藍圖必將在中國人民和世界各國人民的共同努力下得以實現！

　　鏈接：中國是歷史上第一個發明絲綢的國家。它的發明與應用，極大地豐富了人們的物質文化生活，是中國古代人民對人類文明的重大貢獻之一。

　　遠在有歷史記載以前，中國就已發明了養蠶技術。1977 年，在浙江餘姚的河姆渡遺址中，考古學家挖掘出一個骨製盅。人們

驚奇地發現，盅上刻製有 4 條形態逼真的蠶紋，蠶的頭部和身上的橫節紋歷歷在目。這就說明早在七千年前，河姆渡人就開始注意養蠶了。1958 年，在浙江吳興錢山漾新石器時代遺址下層，已發現由家蠶絲織成的絹片、絲帶和絲線，說明古籍中「伏羲氏化蠶」「嫘祖教民養取絲」的傳說是有據可考的。

在公元前 16 至公元前 11 世紀的商代，中國種桑、養蠶、繅絲、織綢的技術，已有很大的發展，成為一項取得重大成就的手工業。那時的人不但會織平紋的很細的絹，而且還能織菱形方格的絹。中國從商代就有官辦的絲綢作坊，周代的統治者設有專職的官吏「上絲」管理絲織。周代人還能控制絲支的粗細，並能把絲加以捻緊，然後織成縐織物，說明了當時繅絲技術已有高度發展。

到了漢代，在長安設有專供皇家紡織的「東西二織室」，並在河南、山東、四川等絲綢的產區設立國家的工官，給皇帝收集絲綢錦緞，統治者驕奢淫逸的生活，甚至連犬馬都以錦為衣。隋唐以後，官辦的絲織生產規模更大。

在人類歷史上，曾經有過漫長的農業文明全球化進程，而主導這一歷史進程的正是中國。當時，中國與西方世界的交流有兩條通道，一條在內陸，一條在海上。

通常以為絲綢之路開闢於西漢張騫出使西域之後，事實上早在春秋戰國時期就已經形成了。春秋戰國時期，絲織業更是有了長足的進步，這時絲織物開始成批地向外推銷。從漢代起，中國的絲綢不斷大批地運往國外，成為世界聞名的產品。從中亞西北

遷到黑海西北的塞人部落，通過他們的遊牧方式，在公元前 6 到 5 世紀，在中國和希臘城邦之間充當了最古老的絲綢貿易商，他們開闢的從天山北麓通往中亞細亞和南俄羅斯的道路，形成了最早的絲綢之路。阿爾泰地區出土的公元前 5 世紀貴族石頂巨墓中的有花紋的斜紋綺和有刺繡的平紋綢，均來自中國內地。而在絲路西端的希臘，其雕刻和繪畫中人像的衣着質料，在當時只有中國才能製造，亦可作為佐證。

中國絲綢在羅馬帝國深受歡迎。據記載，愷撒大帝和被稱為埃及艷后的克里奧帕特拉都喜歡穿中國的絲綢。開始絲綢的價格很貴，每磅竟然高達黃金 12 兩！後來由於銷售日增，以至平民百姓也紛紛穿起了絲綢。據西方史書記載，羅馬人第一次見到絲綢是在公元前 53 年。與愷撒並稱羅馬「三巨頭」的克拉蘇出征東方，與西亞的帕提亞王朝開戰。在著名的卡雷戰役中，帕提亞人突然展開鮮艷的軍旗，在明晃晃的太陽底下揮舞着。旗子耀眼刺目，晃得羅馬人軍心大亂，倉皇潰逃，克拉蘇本人也死於此役。

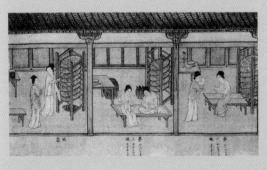

據考證，那些鮮艷的旗子就是羅馬人以前從未見過的絲綢。

帕提亞位於波斯地區，與中國的交往始於張騫通西域。公元

養蠶繰絲

前 138 年到 119 年，為了聯合大月氏共同抗擊匈奴，張騫奉漢武帝之命，從長安出發，經河西走廊和新疆境內兩通西域。他本人並沒有到過帕提亞，但他派的副使去過。從此絲綢作為昂貴的國禮之一和重要的貿易商品進入西亞。皇帝的饋贈和民間的交換帶來了絲綢之路最初的繁榮。很快，各國陸續派使前來漢朝建立關係，中國的絲綢也開始源源不斷地通過中亞、西亞銷往歐洲。

那時從中國到西方去的大路，被歐洲人稱為「絲綢之路」，中國也被稱之為「絲國」。「絲綢之路」的概念最早是由德國地理學家、東方學家李希霍芬 1877 年在其巨著《中國》的首卷中，首次將「自公元 114 年至公元 127 年間連接中國與河中以及印度的絲綢貿易的西域道路」稱為「絲綢之路」，從此這一概念廣為傳播。它指的是中國古代和中世紀從黃河流域和長江流域經由印度、中亞通往南亞、西亞以及歐洲、北非，以絲綢為主要媒介的貿易交往通道，由於這條路西運的貨物中以絲綢製品的影響最大，故得名「絲綢之路」，簡稱「絲路」。最初，「絲綢之路」只是指從中國長安出發，橫貫亞洲，進而連接非洲、歐洲的陸路通道。其後，「絲綢之路」的含義被不斷擴大，被人們看作是東西方政治、經濟、文化交流的橋樑。

但是，中國人雖然將絲綢賣到西方，卻一直嚴守絲綢生產技術的祕密。直到 552 年，居住在君士坦丁堡的拜占庭帝國皇帝查士丁尼獲得了一批走私絲綢及技術。後來，阿拉伯人得到了製絲技術，並加以發展，絲綢技術才慢慢地在近東地區流傳開來。

千年絲路輸送的不僅僅是絲綢，往來的也不僅僅是貿易，還

承載着來自不同國度和民族的人的情感與文化，是連接亞洲、歐洲和非洲三大洲之間的一條古代文明之路。這條由「西北絲綢之路」「草原絲綢之路」「西南絲綢之路」和「海上絲綢之路」組成的四通八達的「絲路」，在中外關係史上發揮了重要作用。到今天，「絲綢之路」幾乎成了中西文化交流的代名詞。

「西北絲綢之路」東起長安，經河西走廊到敦煌，從敦煌起分為南北兩路：南路從敦煌經樓蘭（今新疆若羌縣境內）、于闐（今新疆和田）、莎車，穿越蔥嶺（今帕米爾高原）到安息（今伊朗），往西到達條支（今波斯灣）、大秦（羅馬帝國及地中海東部沿岸地區）；北路從敦煌到交河（今新疆吐魯番市境內）、龜茲（今新疆庫車）、疏勒（今新疆喀什境內），穿越蔥嶺到大宛（今烏茲別克斯坦費爾干納市），往西經安息到達大秦。漢武帝派張騫出使西域，形成了西北絲路的基本幹道。漢魏隋唐的千餘年間是西北絲路的全盛時期。通過這條通道，中國絲綢傳入西亞和歐洲，中國的蠶種也傳到了中亞細亞和歐洲。西亞、歐洲的商隊也通過這條道路進入中國進行貿易。

「草原絲綢之路」是中國絲綢傳入歐洲的第一條通道。它從蒙古高原到阿爾泰山，再經過準噶爾盆地，到哈薩克丘陵，或者直接由巴拉巴草原到黑海地區。它是一條由草原「草原絲綢之路」起點張家口遊牧民族主導的東西方文化交流通道，將中國、波斯和希臘三個文化圈聯繫起來，促進了歐亞大陸東西兩端的文化交流。

「西南絲綢之路」開闢更早，對中國歷史影響頗大，長期以來

卻鮮為人知。1986 年發掘的廣漢三星堆遺址，證明此道上於殷商時期就有了商業往來，說明此路比西北絲綢之路要早得多。

「西南絲綢之路」是中國古代重要的商業道路，沿途生活着中國 20 多個民族。其起點是成都，分為靈關道、五尺道和永昌道 3 條，在葉榆（今雲南大理境內）會合，行經保山、滇越（今騰沖）、撣國（今緬甸）至身毒（今印度），又稱蜀身毒道。「西南絲綢之路」在戰國時代就已經開發。張騫出使西域時，在大夏發現從身毒轉販而來的蜀布、邛竹杖，他向漢武帝報告後，元狩元年（前 122 年）漢武帝派張騫打通蜀身毒道。唐代這條商路更加興旺發達。中國的絲綢、鐵器、漆器從成都出發，沿着西南深山密林中的通道，輸出到南亞、西亞以及歐洲，國內全程約 3000 公里。

「海上絲綢之路」是連接東西方的古代海上交通大動脈。「絲綢之路」的概念提出後，有些學者提出質疑，認為中國的絲綢不僅從陸路運往西方，而且也經由海道。法國漢學家沙畹在其所著《西突厥史料》中即提出，「絲綢之路有海陸兩道」，將東西方的海上交通路線稱之為「海上絲綢之路」。通過近百年來學者們的不懈努力，「海上絲綢之路」作為一個相對於「陸上絲綢之路」的獨立概念被越來越多的人所認識並接受。

現在人們已經知道，早在先秦時期，嶺南先民已經穿梭於南中國海乃至南太平洋沿岸及島嶼，當時的南越國以番禺（即今天的廣州）和徐聞為主要貿易港口，輸出漆器、陶器和絲織品等，輸入珠璣、玳瑁和果品。

春秋時期已經有了發達的造船術，當時的吳國就能夠造出長28米、寬3.6米的大船。到東漢時，航船已使用風帆，羅馬帝國（即大秦）的商人也第一次由海路到達廣州進行貿易，而中國帶有官方性質的商人亦到達了羅馬。這標誌着橫貫亞、非、歐三大洲，且具有真正意義上的海上絲綢之路業已形成。

「海上絲綢之路」的興起，在漢武帝滅掉南越國之後。從此，西漢的商人常出海貿易。在唐宋時期，由於西域戰火不斷，陸上絲綢之路被戰爭阻斷，致使海上絲綢之路大興。伴隨着中國造船、航海技術的發展，中國通往高麗（即今天的朝鮮和韓國）、日本、東南亞、馬六甲海峽、印度洋、紅海及非洲大陸的航路紛紛開通。

古代海上絲綢之路主要包括南海起航線和東海起航線兩條幹線，它由中國沿海港出發，穿過東亞、東南亞、南亞、西亞至非洲東部，越印度洋，抵紅海經陸路進入歐洲，或橫渡黃海、東海，向東航行朝鮮半島和日本，是古代中國與外國交通貿易和文化交往的海上大通道。通過「海上絲綢之路」，大量絲綢運往東南亞地區、阿拉伯國家以及北非一帶，並通過那裏再轉運至歐洲各國。在隋、唐時運送的大宗貨物是絲綢，到了宋、元，瓷器的出口便成為主流。各國商人也由海路來到中國，運輸中國的瓷器、絲綢、茶葉、漆器等到印度、羅馬，也把西方的香料、寶石輸入中國。

元代延續了唐宋時期海上絲綢之路的繁榮。從文獻中可見，與中國交往的海外國家和地區多達220餘個。元代還制定了堪稱

中國歷史上第一部外貿管理法規——「至元法則」和「延祐法則」。

　　但是進入明清，海上絲綢之路卻開始衰落了。明洪武三年（1370），為了抵制蕃貨，政府發佈了禁海令：「不得擅出海與外國互市」。清朝康熙年間亦頒佈「除東洋外不許與西洋等國貿易」等禁海令，乾隆以後實行「閉關鎖國」政策，最終導致海上絲綢之路的一蹶不振。

　　不過，隨着全球化時代的蓬勃發展，中國與古老的海上絲綢之路沿線國家和地區的文化與貿易往來仍然非常頻繁。

結束語

中國有力量，源於在中華民族幾千年綿延發展的歷史長河中所積澱的厚重文化和內在的生生不息的強大生命力；

中國有力量，源於無數中國共產黨人歷經二十八載，前仆後繼，為求得民族獨立和人民解放所進行的可歌可泣的浴血奮戰；

中國有力量，源於中國共產黨歷經六十多年的艱辛探索，找到了一條具有鮮明中國特色、明顯制度優勢、強大自我完善能力的先進制度 —— 中國特色社會主義制度；

中國之所以有力量，源於中國共產黨始終以社會主義核心價值觀作為激勵全中國各族人民的自強不息的內在動力；

中國有力量，源於中國共產黨把全國人民擰成一股繩，團結一心，眾志成城，為實現兩個一百年目標而共同奮鬥。

中國有力量，中國力量不是「國強必霸」的負面力量，而是一種積極的力量，是世界和平的依靠力量。文化是一個民族的靈魂，是民族的血脈和基因。中華文化的核心是「仁」「和」，儒家文化講仁愛，道家文化講自然，佛教文化講善惡。正如習近平強調的那樣：「中華民族歷來是愛好和平的民族，一直追求和傳承和平、和睦、和諧的堅定理念。中華民族的血液中沒有侵略他人、稱霸世界的基因，中國人民不接受『國強必霸』的邏輯。」

習近平滿懷深情地勉勵國人：「站立在 960 萬平方公里的廣袤土地上，吸吮着中華民族漫長奮鬥積累的文化養分，擁有 13 億中國人民聚合的磅礴之力，我們走自己的路，具有無比廣闊的舞臺，具有無比

深厚的歷史底蘊，具有無比強大的前進定力。中國人民應該有這個信心，每一個中國人都應該有這個信心。」

習近平從戰略思想和戰略佈局的高度提出了全面建成小康社會、全面深化改革、全面依法治國、全面從嚴治黨的「四個全面」的戰略佈局，為中國改革開放和社會主義現代化建設邁上新臺階提供了強力保障。

習近平強調：「上下同欲者勝。只要我們 13 億多人民和衷共濟，只要我們黨永遠同人民站在一起，大家擼起袖子加油幹，我們就一定能夠走好我們這一代人的長征路。」

戰略佈局已經定位，壯麗藍圖已經擬就，美好前景已經展現。

儘管我們知道，前面的道路不可能一帆風順，擬好的藍圖不可能一蹴而就，美好的前景不可能唾手可得。但是我們堅信：

只要全國各族人民心往一處想，勁往一處使，憑藉 13 億人的智慧和凝聚起來的磅礴力量，當今世界就沒有任何力量可以阻擋中國的前進步伐，近代以來中國人民夢寐以求的國家富強、民族復興、人民幸福的「中國夢」的實現指日可待！